Interkulturelle Studien

Reihe herausgegeben von
W.-D. Bukow, Köln, Deutschland
C. Butterwegge, Köln, Deutschland
J. Reuter, Köln, Deutschland
H.-J. Roth, Köln, Deutschland
E. Yildiz, Innsbruck, Österreich

Interkulturelle Kontakte und Konflikte gehören längst zum Alltag einer durch Mobilität und Migration geprägten Gesellschaft. Dabei bedeutet Interkulturalität in der Regel die Begegnung von Mehrheiten und Minderheiten, was zu einer Verschränkung von kulturellen, sprachlichen und religiösen Unterschieden sowie sozialen Ungleichheiten beiträgt. So ist die zunehmende kulturelle Ausdifferenzierung der Gesellschaft weitaus mehr als die Pluralisierung von Lebensformen und -äußerungen. Sie ist an Anerkennungs- und Verteilungsfragen geknüpft und stellt somit den Zusammenhalt der Gesellschaft als Ganzes, die politische Steuerung und mediale Repräsentation kultureller Vielfalt sowie die unterschiedlichen Felder und Institutionen der pädagogischen Praxis vor besondere Herausforderungen: Wie bedingen sich globale Mobilität und nationale Zuwanderungs- und Minderheitenpolitiken, wie geht der Staat mit Rassismus und Rechtsextremismus um, wie werden Minderheiten in der Öffentlichkeit repräsentiert, was sind Formen politischer Partizipationen von MigrantInnen, wie gelingt oder woran scheitert urbanes Zusammenleben in der globalen Stadt, welche Bedeutung besitzen Transnationalität und Mehrsprachigkeit im familialen, schulischen wie beruflichen Kontext? Diese und andere Fragen werden in der Reihe „Interkulturelle Studien" aus gesellschafts- und erziehungswissenschaftlicher Perspektive aufgegriffen. Im Mittelpunkt der Reihe stehen wegweisende Beiträge, die neben den theoretischen Grundlagen insbesondere empirische Studien zu ausgewählten Problembereichen interkultureller als sozialer und damit auch politischer Praxis versammelt. Damit grenzt sich die Reihe ganz bewusst von einem naiven, weil kulturalistisch verengten oder für die marktförmige Anwendung zurechtgestutzten Interkulturalitätsbegriff ab und bezieht eine dezidert kritische Perspektive in der Interkulturalitätsforschung.

Weitere Bände in der Reihe http://www.springer.com/series/12594

Hanna Mai · Thorsten Merl
Maryam Mohseni
(Hrsg.)

Pädagogik in Differenz- und Ungleichheitsverhältnissen

Aktuelle erziehungswissenschaftliche Perspektiven zur pädagogischen Praxis

Herausgeber
Hanna Mai
Berlin, Deutschland

Maryam Mohseni
Berlin, Deutschland

Thorsten Merl
Köln, Deutschland

Interkulturelle Studien
ISBN 978-3-658-21832-4   ISBN 978-3-658-21833-1   (eBook)
https://doi.org/10.1007/978-3-658-21833-1

Die Deutsche Nationalbibliothek verzeichnet diese Publikation in der Deutschen Nationalbibliografie; detaillierte bibliografische Daten sind im Internet über http://dnb.d-nb.de abrufbar.

Springer VS
© Springer Fachmedien Wiesbaden GmbH, ein Teil von Springer Nature 2018
Das Werk einschließlich aller seiner Teile ist urheberrechtlich geschützt. Jede Verwertung, die nicht ausdrücklich vom Urheberrechtsgesetz zugelassen ist, bedarf der vorherigen Zustimmung des Verlags. Das gilt insbesondere für Vervielfältigungen, Bearbeitungen, Übersetzungen, Mikroverfilmungen und die Einspeicherung und Verarbeitung in elektronischen Systemen.
Die Wiedergabe von Gebrauchsnamen, Handelsnamen, Warenbezeichnungen usw. in diesem Werk berechtigt auch ohne besondere Kennzeichnung nicht zu der Annahme, dass solche Namen im Sinne der Warenzeichen- und Markenschutz-Gesetzgebung als frei zu betrachten wären und daher von jedermann benutzt werden dürften.
Der Verlag, die Autoren und die Herausgeber gehen davon aus, dass die Angaben und Informationen in diesem Werk zum Zeitpunkt der Veröffentlichung vollständig und korrekt sind. Weder der Verlag noch die Autoren oder die Herausgeber übernehmen, ausdrücklich oder implizit, Gewähr für den Inhalt des Werkes, etwaige Fehler oder Äußerungen. Der Verlag bleibt im Hinblick auf geografische Zuordnungen und Gebietsbezeichnungen in veröffentlichten Karten und Institutionsadressen neutral.

Verantwortlich im Verlag: Cori Antonia Mackrodt

Gedruckt auf säurefreiem und chlorfrei gebleichtem Papier

Springer VS ist ein Imprint der eingetragenen Gesellschaft Springer Fachmedien Wiesbaden GmbH und ist ein Teil von Springer Nature
Die Anschrift der Gesellschaft ist: Abraham-Lincoln-Str. 46, 65189 Wiesbaden, Germany

Inhaltsverzeichnis

**Pädagogik in Differenz- und Ungleichheitsverhältnissen.
Eine Einführung** 1
Thorsten Merl, Maryam Mohseni und Hanna Mai

**Wer Wissen schafft: Zur Positionierung von
Wissenschaftler*innen** 19
Maryam Mohseni, Thorsten Merl und Hanna Mai

**Herstellung von Differenz und Diskriminierung in
schulischen Zuordnungspraktiken zur
Kategorie** *nichtdeutsche Herkunftssprache* 37
Isabel Dean

**„…, dazu musst du einen Coolen befragen"
Differenzkonstruktionen in der Grundschule** 55
Juliane Spiegler

**Bildung postkolonial?! – Subjektivierung und
Rassifizierung in Bildungskontexten** 69
Denise Bergold-Caldwell und Eva Georg

„*blue scholars***" – Interdependente Klassismusanalyse
als kollektive Forschung** 91
Dirk Eilers

„Als ob uns was geschenkt worden wäre …" 105
Friederike Reher

„All included"? Into what? – Heteronormativitätskritische
Perspektiven auf diskriminierungssensible Bildungsarbeit 119
Mart Busche

„Empowerment bedeutet, aus einem Schatz schöpfen zu
können": Zu den Bedingungen des Gelingens von
Empowerment-Workshops.. 137
Maryam Mohseni

Positionierungen miteinander vergleichen – Zur
Herstellung von Differenz und sozialer Ungleichheit
durch Adressierungen von Professionellen....................... 155
Florian Weitkämper und Tom Weidenfelder

Zur irritierenden Präsenz und positionierten
Professionalität von Pädagog*innen of Color 175
Hanna Mai

Anstelle einer Autor*innenübersicht............................. 193

Pädagogik in Differenz- und Ungleichheitsverhältnissen. Eine Einführung

Thorsten Merl, Maryam Mohseni und Hanna Mai

In alltäglichen (pädagogischen) Praktiken werden kontinuierlich Differenzen hergestellt, etwa zwischen Junge und Mädchen, deutsch und nicht-deutsch oder gesund und krank. Unterschiedliche Differenzlinien strukturieren dabei gesellschaftliche Ordnungen und Normalitätsvorstellungen. Unter Rückgriff auf Differenzen werden interpersonelle, strukturelle und institutionelle Diskriminierungsverhältnisse und soziale Ungleichheit legitimiert. Auch Subjektwerdung findet innerhalb dieser Differenzierungspraxis statt, indem sich Individuen entlang von Differenzlinien selbst positionieren oder entlang dieser positioniert werden.

Vor dem Hintergrund dieser Relevanz von Differenzverhältnissen, findet in den Erziehungswissenschaften mittlerweile eine rege Auseinandersetzung bezüglich der Bedeutung von Differenz für die Pädagogik statt. Hierbei haben die Auseinandersetzungen mit Differenz, die in die Erziehungswissenschaften u. a. durch feministische und queere Forschung, die Einsprüche postkolonialer, rassismuskritischer und abelismuskritischer Theoriebildung Eingang gefunden haben, nach Lutz und Wenning zu einer „erhöhten Aufmerksamkeit für Prozesse gesellschaftlicher Ausdifferenzierung, Re-Hierarchisierung und

---

T. Merl (✉)
Köln, Deutschland
E-Mail: thorsten.merl@uni-koeln.de

M. Mohseni
Berlin, Deutschland
E-Mail: maryam.mohseni@web.de

H. Mai
Berlin, Deutschland
E-Mail: hanna.h.mai@gmx.de

sozialer Ausschlüsse beigetragen" (Lutz und Wennig 2001, S. 16 f.). Sie haben dabei insbesondere dazu angeregt Normalitätskonstruktionen in der Pädagogik sowie deren diskriminierenden Auswirkungen zu hinterfragen (vgl. ebd.). Erziehungswissenschaftliche Differenzforschung kann mittlerweile eine beträchtliche Zahl an Publikationen vorweisen. Exemplarisch seien hier folgende Sammelbände genannt: Lutz und Wenning (2001) Mecheril und Witsch (2006), Tervooren et al. (2014), Diehm et al. (2017), zu Differenz in der Sozialen Arbeit Kleve et al. (2003) sowie Kessl und Plößer (2010), zum Bereich Hochschule Darowska et al. (2010) und Mecheril et al. (2013) sowie zum Feld Schule Budde (2013), Budde et al. (2015), Leiprecht und Steinbach (2015) sowie Bohl et al. (2017). Der vorliegende Sammelband trägt hierzu aktuelle empirische und theoretische Perspektiven bei. Zugleich besteht der reflexive Anspruch, auch die Positionierung der hier veröffentlichenden Wissenschaftler*innen als relevantes Kriterium für die Autor*innenschaft zu beachten.[1] In diesem Beitrag legen wir einleitende differenztheoretische Grundlagen zur Verortung des Sammelbandes dar. Darüber hinaus stellen wir die Beiträge des Bandes vor.

Differenz bedeutet zunächst einmal, dass etwas verschieden zu etwas Anderem ist; mathematisch ausgedrückt: $a \neq b$. In diesem grundlegenden Verständnis ist jegliche Wahrnehmung von etwas oder jegliches Denken über etwas bereits auf Unterscheidung und damit auf Differenz angewiesen. Etwas kann nur dann als etwas Bestimmtes erscheinen oder gedacht werden, wenn es zugleich etwas Anderes nicht ist, das heißt, different zu etwas Anderem ist. Kulturelle Phänomene bestehen aus Unterscheidungen (vgl. Hirschauer 2014, S. 170), ohne Differenzen wäre Bedeutung undenkbar: „,difference' signifies. It carries a message" (Hall 1997, S. 235). Ein einzelnes Element kann für sich alleine genommen nicht als different beziehungsweise verschieden bezeichnet werden. Differenz ist demnach kein eigenständiger Status, sondern etwas, das aus der Operation des Vergleichens resultiert. Insofern lässt sich Differenz genauer als *relative* Differenz begreifen (vgl. Dederich 2013, S. 42 ff; Ricken und Reh 2014).

Die Operation des Vergleichs geschieht dabei vor dem Hintergrund eines Vergleichshorizonts, welcher auch als *tertium comparationis* bezeichnet wird: Etwas ist different zu etwas Anderem, im Hinblick auf eine Gemeinsamkeit. Die hervorbringende Feststellung, dass etwas different zu etwas Anderem ist, konstruiert daher auch eine Gleichheit, bezüglich der überhaupt erst von Differenz gesprochen werden kann (vgl. Prengel 2001, S. 95, 2006; Ricken und Reh 2014; Budde 2015, S. 24).

---

[1] Vergleiche hierzu den Beitrag „Wer Wissen schafft: Zur Positionierung von Wissenschaftler*innen"

Es ist diese Beziehung, wonach Verschiedenheit immer auf etwas Gemeinsames verweist, die zu der Argumentation führt, genau in der Unterschiedlichkeit von Individuen sei deren Gleichheit begründet. Diese Argumentation findet sich pointiert beispielsweise in jener Figur wieder, die Prengel (2001) als „egalitäre Differenz" bezeichnet. Zugleich steckt im Zusammenspiel von Vergleichshorizont und Differenz ein impliziter Schematismus eines Allgemeinen und einem davon abgrenzbaren Besonderen: Vor dem Hintergrund des Allgemeinen lässt sich das je Besondere in Differenz zueinander denken. Ebenso ist in der Figur des *tertium comparationis*, zumindest potenziell, die Annahme verborgen, dass ein solches Gemeinsames der Differenz beziehungsweise der Operation des Differenzierens vorausgeht, demnach also existiert und die Differenz zuallererst begründet. Diesbezüglich haben jedoch postmoderne Theorien darauf hingewiesen, dass gerade eine solche Gemeinsamkeit bzw. ein Universalismus, die/der in der Lage wäre Differentes zu fundieren, nicht existiert. Mit dem Begriff des „Widerstreits" verweist Lyotard (1989, 1990) deshalb darauf, dass verschiedene lokale Wahrheiten (inkommensurabel) nebeneinander existieren und keine von diesen alleinige Gültigkeit beanspruchen kann. Ebenso wenig lassen sich diese lokalen Wahrheiten im Sinne der Inkommensurabilität in einem abstrakten Allgemeinen auflösen. Aus diesen Überlegungen folgt, dass ebenso wie die Hervorbringung der Differenz durch die vergleichende Unterscheidung auch die Hervorbringung des Gemeinsamen als eine konstruierte und vermeintliche Gemeinsamkeit verstanden werden kann: „Der Vergleich bringt bereits den ersten Gewaltakt mit sich: die Mißachtung der Einzigkeit" (Bauman 1999, S. 91 f.). Anhand der theoretischen Impulse der Postmoderne entsteht demnach ein Verständnis von Differenz als *radikale Pluralität* beziehungsweise radikale Differenz (vgl. Mecheril und Vorrink 2014, S. 95), demzufolge sich Differenzen auf keine zugrunde liegende Gemeinsamkeit zurückführen lassen.

Die postmoderne Argumentation, dass kein der Differenz zugrunde liegendes und diese begründendes Allgemeines existiert, wird auch in (post-)strukturalistischen Perspektiven geteilt. Hier basiert die Argumentation allerdings auf der linguistischen Grundannahme, dass die Beziehung von einer Vorstellung (Bezeichnetes/Signifikat) und dessen Lautbild (Bezeichnendes/Signifikant) arbiträr, also beliebig ist. Damit geht die Bedeutung von etwas nicht aus sich selbst hervor, sondern entsteht dadurch, dass etwas etwas anderes nicht ist. Nicht ein zugrunde liegendes Wesen, sondern „Verschiedenheiten sind die Träger der Bedeutung" (Saussure 2001, S. 140). Dementsprechend kann „kein Element gesellschaftlicher Wirklichkeit identitätslogisch aus sich heraus bestimmt werden […], sondern erst durch die Differenz zu dem, was es nicht ist" (van Dyk 2012, S. 188 f.).

Da Differenzen also ein konstitutives Element der Entstehung von Bedeutung sind, stellt sich für die Erziehungs- und Sozialwissenschaften die Frage, wie welche Differenzen in bestimmten Feldern zu bestimmten Zeiten relevant werden und welche (symbolischen) Ausschlüsse damit produziert werden. Denn Differenz ist Hall zufolge eine grundlegende Ambivalenz inhärent:

> It is both necessary for the production of meaning, the formation of language and culture, for social identities and a subjective sense of the self (…) and at the same time, it is threatening, a site of danger, of negative feelings, of splitting, hostility and aggression towards the ‚Other' (Hall 1997, S. 238).

Diese Feindlichkeit gegenüber der*m ‚Anderen' verweist darauf, dass Differenzen nicht schlicht egalitäre Verschiedenheiten, sondern hierarchische Differenzen sind. So konstatiert Derrida (1986), dass „man es bei einem klassischen philosophischen Gegensatz nicht mit der friedlichen Koexistenz eines Vis-à-Vis, sondern mit einer gewaltsamen Hierarchie zu tun hat. Einer der beiden Ausdrücke beherrscht […] den anderen, steht über ihm" (ebd., S. 87 f.). Wenn nicht in Frage gestellt wird, so Derrida (1974, S. 12), ob es die Präsenz einer ursprünglichen Bedeutung oder eines zugrunde liegenden Sinns überhaupt gebe, dann bilden vor diesem Hintergrund Differenzdualismen wie Natur – Kultur *keine* egalitären Gegensätze: Vor dem Hintergrund der unhinterfragten Annahme einer Existenz des Ursprünglichen erscheint die Natur als das ‚Eigentliche' und Kultur schließlich nur als die veränderte Natur; als die ‚uneigentliche' Natur. Die Hierarchie des Verhältnisses von Natur und Kultur lässt sich jedoch auch genau andersherum konstatieren. Wenn nämlich Natur und Kultur vor dem Hintergrund der unhinterfragten impliziten Annahme von menschlicher Kultiviertheit unterschieden bzw. relationiert wird, gilt Kultur als das ‚Eigentliche' und Natur als die noch nicht kultivierte Natur, also als Mangel. Das bedeutet, dass immer dasjenige Element eines Begriffspaares bzw. einer Differenz als ‚das Eigentliche' gilt, das in der Relationierung dem unhinterfragt Zugrundeliegenden (hier entweder Kultiviertheit oder Natürlichkeit) am nächsten kommt. Dieses Element ist der den Gegensatz beherrschende Term. Differenzen hierarchisch zu denken bedeutet demnach weniger, sie im Sinne von ‚*a ist different zu b*' zu verstehen, sondern eher in Form von ‚*a ist different zu nicht-a*'. In einem solchen Verständnis von Differenz ist ‚*a*' positiv bestimmt, während ‚*nicht-a*' als Mangel im Verhältnis zu ‚*a*' steht (vgl. Klinger 1995, S. 41). So lässt sich zeigen, „wie eine der Seiten der Differenz als die negative, schlechte, unerwünschte Version des anderen […] konstruiert wird" (Wrana 2014, S. 87). Aus diesen grundsätzlichen differenztheoretischen Positionen leiten Lutz und Wenning (2001, S. 17 ff.) für soziale Differenzkategorien ab, dass jene ebenfalls hierarchisch strukturiert sind. Sie nennen unter anderem die Kategorien männlich – weiblich, hetero – homo, zivilisiert – unzivilisiert, nicht-behindert – behindert und konstatieren, dass diese „komplementär *scheinen,* aber hierarchisch funktionieren: die linke Seite wird als Norm hantiert, die Rechte als Abweichung" (ebd., S. 20).

Die exemplarisch genannten Differenzkategorien zeigen zudem, dass Differenzen zumeist binär strukturiert sind. Die Zugehörigkeit in Bezug auf unterschiedliche Differenzkategorien wird demzufolge als Entweder-Oder verstanden; entweder ist man scheinbar behindert oder man ist es nicht. Binäre Differenzkonstruktionen vereinen so das gesamte mögliche Spektrum an differenten Ausprägungen unter einem Dualismus. Sie sind deshalb insofern reduktionistisch, als sie zugleich Mehrfachzugehörigkeiten und hybride Identifizierungen negieren (vgl. Hall 1997; Bhabha 2004; Ha 2004).

Die hierarchische Strukturierung von Differenzen ist zudem nur vor dem Hintergrund historisch-gesellschaftlicher Bedingungen zu verstehen, die zu Fixierungen kontingenter Differenzen führen. Dies zeigt sich beispielsweise anhand rassistischer Differenz: Der koloniale Rassismus fungierte für Europäer*innen als Legitimation für die Eroberung, Ausbeutung und Vernichtung von Menschen außerhalb Europas (vgl. Rommelspacher 1998, S. 40). Grundlegend hierfür war die Konstruktion der außereuropäischen ‚Anderen' als Gegensatz zum Subjekt der Aufklärung, das sich als *weiß*, männlich und bürgerlich konstituiert und sich Eigenschaften wie Vernunft, Wahrheit, Mäßigung und Freiheit zuschreibt und sich darin von den verobjektivierten ‚Anderen' unterscheidet (vgl. Terkessidis 1998, S. 91). In der rassistischen Logik entwickelte sich der Dualismus frei – unfrei zwischen Kolonisierenden und Kolonisierten zu einer quasi natürlichen Differenz, die einerseits eine Rechtfertigung für die Unterwerfung bot, andererseits aber nur durch eine „Desartikulation" (ebd., S. 91) eines vorangegangenen Aktes der Unterwerfung möglich wurde. Nur vor dem Hintergrund der historisch gewachsenen Etabliertheit und Asymmetrie solcher Differenzkonstruktionen lässt sich verstehen, dass heute Merkmale wie die Hautfarbe oder die Sprache diskriminierungsrelevante Merkmale sein können (vgl. Scherr 2016). Diskriminierung meint dabei im Kern die Benachteiligung von Personen aufgrund der Verortung dieser Personen in sozial relevanten Differenzkategorien.[2]

---

[2]Diese Benachteiligung kann sowohl unmittelbar in Interaktionen bestehen, als auch mittelbar bspw. aufgrund institutioneller Regelungen, die vermeintlich eine neutrale Gleichbehandlung darstellen, implizit aber bestimmte Personengruppen benachteiligen (vgl. exempl. Antidiskriminierungsstelle des Bundes 2014).

Die Etabliertheit bestimmter sozialer Differenzkategorien führt zugleich dazu, dass Individuen entlang dieser Kategorien unumgänglich ein Verhältnis zu sich selbst, zu Anderen und zur Welt entwickeln; also unumgänglich entlang sozialer Differenzkategorien zu spezifischen Subjekten werden. Das bedeutet, dass Menschen nicht umhin kommen, im Hinblick auf Klasse, Geschlecht, Race/Ethnizität/Nation, dis-/ability[3] und andere Differenzkategorien positioniert zu werden beziehungsweise sich zu positionieren. Dies wird deutlich, wenn man sich fragt, ob es möglich ist, beispielsweise in geschlechtlicher Hinsicht *nicht* positioniertes Subjekt zu sein. Diese zwar argumentativ formulierbare Position eines Individuums ist gegenwärtig keine intelligible Subjektposition.

Zudem bedürfen Bedeutung und damit auch Differenzen der performativen Hervorbringung in Form von Wiederaufführungen, um als solche bestehen und damit auch wirkmächtig sein zu können. Performativität wird dabei nicht als absichtsvoller Akt verstanden, „sondern als die ständig wiederholende und zitierende Praxis, durch die der Diskurs die Wirkungen erzeugt, die er benennt" (Butler 1997, S. 22; Herv. i. O.). Ein solches Verständnis von Differenzen impliziert zugleich, dass sich Bedeutung im wiederholenden Vollzug von Praktiken verschieben können. Mit dem Begriff der *Iteration* besteht ein Verständnis von Wiederholung, wonach in der Wiederholung auch Veränderung stattfinden kann (vgl. Butler 2001: 95). Dies wird beispielsweise möglich, wenn sich Menschen, die zuvor als „Krüppel" fremd bezeichnet wurden diesen Begriff, wie in den 1970er Jahren geschehen, zur Selbstbezeichnung aneignen. So hat sich die sogenannte Krüppelbewegung formiert und in diesem Namen Kritik am gesellschaftlichen Umgang mit behinderten Menschen formuliert sowie politische Forderungen vertreten (vgl. Köbsel 2012). In dem Moment, in dem sie in diesem Namen auftraten, für sich selbst sprachen und die Verwirklichung von Rechten einforderten, führten sie in der Wiederholung eine subversive Veränderung der Bedeutung des Begriffs ‚Krüppel' durch. ‚Krüppel' sind durch diese Praxis nicht mehr nur Personen, über die gesprochen und entschieden wird, sondern Personen, die sich selbst vertreten. Auch die Selbstbezeichnung der *black power* Bewegung oder der Slogan „Black is Beautiful" der Black Consciousness-Bewegung in den USA sind Beispiele der Wiederaneignung von Begriffen (vgl. Hall 1999: 86). „Iterabilität wird so zum Nicht-Ort der Subversion, zur Möglichkeit einer Neuverkörperung der Subjektivationsnorm[en]" (Butler 2001: 95). Ein solches

---

[3]Wir verwenden die Schreibweise *‚dis-/ability'*, weil diese im Schriftbild darstellt, dass Behinderung (disability) ein relationales Verhältnis bezeichnet, das nur in Relation zu Fähigkeit (ability) bzw. Fähigkeitserwartungen besteht.

performativitätstheoretisches Verständnis erlaubt es, Differenzverhältnisse auch in einem politischen Sinn als durch die Praxis veränderbare Differenzverhältnisse denken zu können.

Für pädagogische Arbeitsfelder wäre es dabei ein Missverständnis, Differenzverhältnisse als ‚gesellschaftliches Außen' zu verstehen, mit denen pädagogische Akteur*innen schlicht einen ‚richtigen' oder nicht diskriminierenden Umgang finden können und müssen. Vielmehr sind pädagogische Institutionen und Arbeitsfelder, wie nachfolgend exemplarisch gezeigt wird, selbst Teil einer durch Macht- und Differenzverhältnisse strukturierten Gesellschaft. So belegen beispielsweise die viel zitierten PISA-Studien, dass das deutsche Bildungssystem Ungleichheit (re)produziert, indem sie nachweisen, dass die soziale Herkunft und die familiäre Migrationsgeschichte in einem engen Zusammenhang mit dem Bildungserfolg stehen (vgl. Autorengruppe Bildungsberichterstattung 2016, S. 14). Dass somit die Herkunft von Schüler*innen in der Schule relevant wird, steht im Widerspruch zum meritokratischen Selbstverständnis der Gesellschaft, demzufolge einzig die individuell erbrachte Leistung vor dem Hintergrund gleicher Chancen unterschiedliche Bildungserfolge legitimiert. Mit Blick auf Bildungsungleichheit und Diskriminierung im und durch das Bildungssystem wurde in differenztheoretischen Diskussionen der Erziehungswissenschaft darauf verwiesen, dass Schule als Teil eines nationalstaatlichen Bildungssystems in die (Re)Produktion natio-ethnokultureller Homogenitätsvorstellungen und -bestrebungen eingebunden ist. Folglich wird die faktische Heterogenität der Schüler*innen als ‚Störfaktor' behandelt. Dies gilt auch in Bezug auf die Differenzdimensionen Klasse, Herkunftssprache, dis-/ability, sexuelle Orientierung oder Religion. Vor dem Hintergrund dieser Homogenitätsorientierung gelten die als ‚anders' Betrachteten als defizitär und der Umgang mit ihnen richtet sich primär auf ihre Anpassung an bestehende Strukturen und Normen.

Dabei kann die Gleichbehandlung von Adressat*innen mit ungleichen Ausgangsbedingungen durchaus mittelbare Diskriminierung zur Folge haben (siehe oben). Da Gleichbehandlung aber grundsätzlich als gerecht erscheint, lässt sich ein solcher pädagogischer Umgang mit Bourdieu als verborgener Mechanismus der Macht verstehen (vgl. Bourdieu 1992). Auf derartige Diskriminierungen auf individueller, institutioneller oder struktureller Ebene, die mit der schulischen Ausrichtung an Homogenität einhergehen, haben mittlerweile viele Beiträge und Studien hingewiesen (vgl. exempl. Gomolla und Radtke 2009; Gogolin 1994; Weber 2003). Dabei meint institutionelle Diskriminierung solche Formen der Diskriminierung, die (entlang unterschiedlicher Differenzlinien) als Effekt aus alltäglichen institutionellen Praktiken hervorgehen (vgl. Gomolla und Radtke 2009, S. 18/19). So hat die Studie von Gomolla und Radtke gezeigt, wie die Institution

Schule in der Logik ihrer Organisationsstruktur handelt und dabei auf z. B. kulturrassistische Argumentationsstrukturen zurückgreift, um Entscheidungen nachträglich zu begründen. Weiterempfehlungen für das Gymnasium werden beispielsweise versagt und damit gerechtfertigt, dass bei Kindern mit Migrationshintergrund die häusliche Unterstützung fehle. Gymnasien und Realschulen nehmen allerdings durchaus Kinder mit weniger ausgeprägten deutschen Sprachkenntnissen auf, wenn ihre Mehrzügigkeit oder ihr Bestand gefährdet ist. In Zeiten hoher Nachfrage hingegen werden die fehlenden Deutschkenntnisse als Begründung einer Absage genutzt, obwohl die Sprachfähigkeit kein formales Kriterium für die Aufnahme in die Schule bildet. Hieran zeigt sich, wie das schulische Bildungssystem und das pädagogische Handeln zur Bestätigung bestehender Unterschiedsschemata beitragen, indem optional auf diskriminierende Mechanismen zurückgegriffen wird. „Fest eingebaut in die Organisation ist […] die deterministische Logik, mit der die zugeschriebenen Eigenschaften/Kollektivmerkmale derjenigen, die benachteiligt sind, selbst für die Entscheidung und alle Folgen verantwortlich gemacht werden" (Gomolla und Radtke 2009, S. 277).

Auch am Beispiel der Sonderpädagogik lässt sich zeigen, wie die Nicht-Passung von Schüler*innen zu den institutionell bestehenden Homogenitätserwartungen, hier in Bezug auf bestimmte Fähigkeiten der Schüler*innen, zu systematischer Benachteiligung führt. So konstruiert die schulische Kategorie des sonderpädagogischen Förderbedarfs, die im Kern auf der Differenzkategorie dis-/ability beruht, solche Schüler*innen als abweichend, die mit dem Konzept des Unterrichts und den darin implizierten schulischen Anforderungen (vermeintlich) nicht kompatibel sind, also den Normalitätserwartungen nicht entsprechen. Dabei ist empirisch gut belegt, dass insbesondere die Zuschreibung einer sogenannten ‚Lernbehinderung' sozial selektiv verläuft, weil „über 90 % der Schüler in der Schule für ‚Lernbehinderte' aus unteren bis untersten sozialen Schichten stammen" (Werning und Lütje-Klose 2003, S. 48; vgl. auch Cloerkes 2007, S. 95 sowie Pfahl 2012, S. 418) Die Zuschreibung einer ‚Lernbehinderung' korreliert jedoch auch mit der natio-ethno-kulturellen Nicht-Zugehörigkeit zu Deutschland (vgl. Kronig 2003; Kultusministerkonferenz 2012, XVI) und damit, männlich zu sein (vgl. Faulstich-Wieland 2008; Powell und Pfahl 2008). Dass eine Sonderbeschulung zugleich nachteilige Folgen für die gesellschaftliche Positionszuweisung hat, zeigt sich allein schon daran, dass 75,3 % der Schüler*innen, die im Jahr 2010 eine Förderschule verlassen haben, *keinen* Hauptschulabschluss erreicht haben (vgl. Kultusministerkonferenz 2012, XVI). Aufgrund der Nicht-Passung bestimmter Schüler*innen zu den Normalitätserwartungen der Schule wird so systematisch soziale Ungleichheit durch das Schulsystem reproduziert.

Ebenso lässt sich am Beispiel der Sozialen Arbeit die Verwobenheit pädagogischer Arbeitsfelder in gesellschaftliche Machtverhältnisse zeigen. So hat die Soziale Arbeit immer auch den Auftrag, mit denjenigen zu arbeiten, die nach den jeweils herrschenden gesellschaftlichen Definitionen als ‚abweichend' gelten (vgl. Müller 1995) und ihnen dabei zu helfen, „weniger anders zu sein" (ebd., 136). Als Vermittlerin zwischen Individuum und Gesellschaft ist in die Soziale Arbeit somit die „Ambivalenz von Hilfe und Kontrolle konstitutiv eingeschlossen" (Otto und Seelmayer 2004, S. 45). Als ihr inhärente Machtverhältnisse können daher zum einen eine „Normalisierungsmacht" (Maurer 2001) beschrieben werden. Zum anderen bringt Soziale Arbeit die wirkmächtige Differenzierung von Hilfebedürftigen und Nicht-Hilfebedürftigen und die damit einhergehenden Stigmatisierungen mit hervor. Dieser Prozess der Herstellung von Differenz ist unhintergehbare Voraussetzung für Soziale Arbeit, er stellt ihre Handlungsfähigkeit und Legitimation sicher, wobei Soziale Arbeit nicht nur an gesellschaftliche Differenzierungen und damit verbundenen Stigmatisierungen anknüpft, sondern diese selbst produziert (vgl. Mecheril und Melter 2010, S. 126 f.; sowie Dederich 2010).

Wenn pädagogische Praxis, wie hier anhand einzelner Schlaglichter skizziert, in gesellschaftliche Machtverhältnisse verstrickt ist und diese (re-)produziert, erwächst daraus die Notwendigkeit, einer kritischen und reflexiven Auseinandersetzung mit den Entstehungsbedingungen, Wirkungsweisen und (unintendierten) Folgen machtvoller Differenzverhältnisse im eigenen Arbeitsfeld. Dies gilt für die unmittelbare pädagogische Interaktion ebenso wie für das Handeln auf institutioneller und bildungspolitischer Ebene.[4]

Neben der Reflexion der eigenen Verstrickung liegt die Herausforderung im pädagogischen Umgang mit Differenz zudem in der Komplexität von Differenzkategorien. Sie sind Indikatoren für gesellschaftliche Ungleichheit, können auf zugewiesene Positionierungen und abwertende Stigmatisierungen, aber auch auf selbstgewählte Lebensentwürfe, subversive Resignifizierungen und empowernde Selbstpositionierungen verweisen. Der Umgang mit Differenz in der Pädagogik wird daher als ständiges Dilemma zwischen einerseits der Anerkennung von Differenz und andererseits der Reproduktion der darin bestehenden Ungleichheit durch erneute Zuschreibung thematisiert (s. Kiesel 1996, Balzer und Ricken 2010, Kuhn 2013).

---

[4]Dabei ist zu bedenken, dass es unmöglich ist, „Politik durch Pädagogik zu ersetzen" (Hamburger et al. 1984, S. 32). Es gibt demnach auch eine Notwendigkeit, sich für die Veränderung gesellschaftlicher Verhältnisse auf politischer Ebene einzusetzen. Genauso ist aber auch der eigene Handlungsspielraum innerhalb von Institutionen nicht zu leugnen.

Vor dem Hintergrund unseres Verständnisses von Differenz und der Bedeutung von Differenzverhältnissen für die Erziehungswissenschaft und die Soziale Arbeit, möchten wir mit dem vorliegenden Sammelband neue kritische Beiträge zur theoretischen und empirischen Auseinandersetzung mit Differenz vorstellen. Dabei verorten wir uns in der Tradition kritischer Gesellschaftstheorien, die durch ihre wissenschaftliche Tätigkeit zum Abbau von gesamtgesellschaftlichen Ungleichheitsverhältnisse beitragen möchten (vgl. Lösch 2013). Wir sehen uns mit Disziplinen verbunden, die von einer positionierten, politischen Wissenschaft mit einem emanzipativen Bestreben ausgehen, ihren Ursprung in sozialen Bewegungen haben und sich mittlerweile im Fächerkanon von Hochschulen mehr oder weniger institutionalisieren konnten (zu Gender und Queer Studies vgl. Degele 2008; zu Black Studies Rojas 2007; zu Disability Studies vgl. Köbsell und Waldschmidt 2006; zu Postkolonialer Theorie vgl. Castro Varela und Dhawan 2015, zu Klassismus vgl. Kemper und Weinbach 2009). Kritische erziehungswissenschaftliche Differenzforschung wurde und wird stetig unter Bezugnahmen auf Erkenntnisse und Problemstellungen dieser Disziplinen weiterentwickelt (vgl. exemplarisch Freire 2008; Giroux 2011; Riegel 2016).

Unser Anspruch ist es, eine machtkritische Perspektive auf Differenz auch in der Konzipierung dieses Buches zum Ausdruck zu bringen. Das bedeutet konkret, dass die Positionierung der Autor*innen und Herausgeber*innen für diesen Sammelband als Zugangskriterium Beachtung fand, um dadurch einen Beitrag zu veränderten Repräsentationsverhältnissen in der erziehungswissenschaftlichen Publikationslandschaft zu leisten. Aus diesem Grund findet sich im nächsten Beitrag eine ausführliche Auseinandersetzung mit Fragen von Repräsentationsverhältnissen und positionierter Wissenschaft in Verbindung mit der Entstehung dieses Sammelbandes.

Zu den Beiträgen

Die ersten drei Beiträge des vorliegenden Bandes beschäftigen sich mit der Herstellung und den Wirkungsweisen von Differenzverhältnissen im Bereich Schule.

Isabel Dean legt den Fokus auf den Berliner Schulkontext, in dem im Jahr 1996 die Kategorie *nichtdeutsche Herkunftssprache* (ndH) eingeführt wurde, um die Schüler*innenschaft nicht länger nur nach Nationalität zu erfassen. Letztere Praxis hatte bis Mitte der 1990er Jahre die Segregation von Schüler*innen in sogenannte ‚Ausländerklassen' begründet. Wie ndH verstanden wird, ist allerdings in der Praxis zu einem guten Teil den Schulen überlassen und wird von diesen uneinheitlich angewandt. Vor diesem Hintergrund untersucht der

Beitrag konkrete Zuordnungspraktiken zur Differenzmarkierung ndH durch Schulleitungen bzw. deren Mitarbeiter*innen in den Schulsekretariaten und fragt darüber hinaus, wie die Einführung neuer Steuerungsformen im Sinne eines New Public Management und die damit verbundenen gestiegenen Wettbewerbslogiken zwischen Schulen die institutionelle Separation vermeintlicher Problemschüler*innen sowie die Reduktion des Anteils solcher Schüler*innen befördert.

Der Beitrag von Juliane Spiegler folgt der (kulturtheoretischen) Annahme, dass Differenzen nicht nur in die Schule hineingetragen, sondern dort auch (re-)produziert werden und so die Grundschule als „Normalisierungsmacht" wirksam ist. Im Vordergrund steht die Rekonstruktion eines Fallbeispiels, in welchem die von einer Grundschülerin in einem ethnografischen Interview aufgerufenen Differenzkategorien und Positionszuschreibungen nachgezeichnet und vor dem Hintergrund von Judith Butlers Theorie der Subjektivation analysiert werden.

Denise Bergold-Caldwell und Eva Georg werfen einen kritischen Blick auf den Begriff ‚Bildung' im Kontext der Migrationsgesellschaft. So wird Bildung als Antwort auf gesellschaftliche Ungleichheit formuliert, trägt aber in ihren derzeitigen Ausprägungen auch dazu bei, Ungleichheiten zu reproduzieren und aufrecht zu erhalten. Sie plädieren dafür den Begriff kritisch zu betrachten und auf darin wirksam werdende Machtmechanismen zu befragen. Auch die derzeit überwiegenden pädagogischen Antworten auf den Umgang mit vermeintlich kultureller Differenz geraten ins Blickfeld der Analyse. Aus rassismuskritischer und postkolonialer Perspektive diskutieren sie anhand von Beispielen aus einer aktuellen Studie zu Rassismus im Kontext Schule die Auswirkungen rassistischer gesellschaftlicher Strukturierungen auf Subjektivierungsprozesse. Das Ziel müsse es zum einen sein, Machtstrukturen in Institutionen und Inhalten aufzudecken und zum anderen Subjekte dazu zu befähigen, in demokratische Debatten einzutreten und sich gegen Ungleichheiten einzubringen.

Die sich anschließenden Texte widmen sich dem außerschulischen Bildungsbereich.

Dirk Eilers problematisiert die nach wie vor marginale Bezugnahme auf klassismuskritische Perspektiven in erziehungs- und sozialwissenschaftlichen Forschungsfeldern und stellt ein Forschungsvorhaben vor, das eine intersektionale Analyse der strukturellen Auswirkungen sozialer Ungleichheitslagen vornimmt. Ziel des Forschungsvorhabens ist es, den Klassismusbegriff für Antidiskriminierung und Empowerment verstärkt nutzbar zu machen, wobei der Ansatz des Social Justice als handlungstheoretischer Rahmen fungiert. Der Beitrag stellt die vorrangig von Frigga Haug entwickelte Methode der kollektiven Erinnerungsarbeit als methodischen Zugang der Arbeit vor und skizziert

Perspektiven zu einer empirisch fundierten Erweiterung, Präzisierung und weiteren Theoretisierung des Klassismusbegriffs.

Friederike Reher befasst sich mit der Reflexion von Privilegien (Weißsein, Männlichkeit, Heteronormativität, körperlicher Befähigung und Bildungsprivilegien) sowie Mechanismen der Abwehr von Privilegienreflexion in der pädagogischen Arbeit. Der Beitrag erläutert Privilegien in Bezug auf die sozialen Kategorien Gender, Klasse, ‚Rasse' und körperliche Befähigung. Daran anschließend werden Forschungsergebnisse vorgestellt, die Einblicke in die Abwehr der Privilegienreflexion geben, wobei es um die Frage geht, mit welchen Strategien Privilegierte verhindern, dass ihre strukturelle Bevorzugung benannt wird. Anschließend werden Anregungen für die Privilegienreflexion in der pädagogischen Praxis und Impulse für ein solidarisches und diskriminierungskritisches Handeln gegeben.

Mart Busche stellt Ergebnisse des Praxisforschungsprojekts „VieL*Bar: Vielfältige geschlechtliche und sexuelle Lebensweisen in der Bildungsarbeit – Didaktische Potenziale und Herausforderungen museumspädagogischer Zugänge" vor. „VieL*Bar" leistet die wissenschaftliche Begleitung des Modellprojekts „All included – Museum und Schule gemeinsam für sexuelle und geschlechtliche Vielfalt", das vom Jugendmuseum in Berlin-Schöneberg durchgeführt wird. Im Text wird die Verhandlung geschlechtlicher und sexueller Normen in der Werkschau des Museums und in der Arbeit des museumspädagogischen Teams anhand ausgewählter Beispiele betrachtet. Unter einer heteronormativitätskritischen Perspektive wird gefragt, wie auch in Bildungsangeboten mit einem inklusiven und diskriminierungssensiblen Anspruch wider besserer Absicht potenziell identitäre und kategoriale Engführungen der real existierenden Vielfalt transportiert werden und welcher Umgang damit gefunden werden kann.

Maryam Mohseni beschäftigt sich in ihrem Beitrag mit Empowerment-Workshops, welche sich explizit an Menschen richten, die in Deutschland alltägliche Rassismuserfahrungen machen. Anliegen der Workshops ist es, den Alltag von People of Color (PoC) zur Grundlage der Bildungsarbeit zu machen und mit den selten hinterfragten *weißen* Normalitätsvorstellungen im Bildungswesen zu brechen, die oftmals auf einseitigen, meist defizitorientierten, kulturalisierenden oder viktimisierenden Blicken auf PoC basieren. In geschützten Räumen geht es darum, sich über eigene Rassismuserfahrungen auszutauschen, Widerstandspotenzial (wieder-) zu entdecken und Empowerment- und Widerstandsstrategien über das Erinnern und Erzählen sowie über Theater- und Körperarbeit zu entwickeln. Von Interesse ist die Frage nach den Gelingensbedingungen und Herausforderungen von Empowerment-Workshops als Räume *von* People of Color *für* People of Color, in denen ein Sprechen über Rassismus ermöglicht werden soll.

Florian Weitkämper und Tom Weidenfelder stellen in ihrem Beitrag die frage, wie Professionelle in Herstellungsprozesse von Differenz und sozialer Ungleichheit involviert sind und zu deren Reproduktion beitragen. Sie nehmen vergleichend Bezug auf zwei ethnografische Forschungsarbeiten, welche die Adressierungen von Lehrkräften in der Schule und Familienhelfer*innen in der Sozialpädagogischen Familienhilfe analysieren. Anhand eines exemplarischen Vergleichs von ethnografischen Protokollauszügen werden Prozesse des un/doing difference in der Schule und der sozialpädagogischen Familienhilfe analysiert und miteinander in Beziehung gesetzt. Der Vergleich liefert Aufschluss darüber, wie sich Adressierungen beispielsweise in Form von doing authority und undoing class zeigen und aufeinander bezogen werden können, um Unterschiede und Gemeinsamkeiten von Adressierungen im Kontext von Schule bzw. der sozialpädagogischen Familienhilfe deutlich zu machen.

Hanna Mai beschäftigt sich mit dem Wissen und den Erfahrungen von Pädagog*innen of Color. Diese gelten im bildungspolitischen Diskurs als Hoffnungsträger*innen interkultureller Öffnungsprozesse und erleben gleichzeitig Rassismuserfahrungen im eigenen Arbeitskontext. Der Beitrag widmet sich dieser doppelten Positionierung von Pädagog*innen of Color und nimmt dabei ihr situiertes Wissen als „outsider within" zum Ausgangspunkt. Am Beispiel eines Interviewausschnitts mit einem Pädagogen of Color wird nachgezeichnet, wie auf rassistischem Wissen basierende Differenzierungen Einfluss auf das professionelle Fremd- und Selbstbild haben und welches Wissen und welche Kompetenzen im Umgang mit Rassismuserfahrungen im Interview sichtbar werden. Die Anwesenheit von Pädagog*innen of Color in pädagogischen Arbeitskontexten wird anschließend als irritierende Präsenz konzipiert und dafür plädiert, Professionalität in der Migrationsgesellschaft grundsätzlich als positionierte Professionalität zu verstehen.

Abschließend gilt unser Dank SINTER, dem Kompetenzfeld VI Soziale Ungleichheiten und Interkulturelle Bildung der Universität zu Köln und dessen Sprecherin Frau Prof.' Dr. Argyro Panagiotopoulou für die Unterstützung des Sammelbandes. Ebenfalls danken wir der Graduiertenschule der Humanwissenschaftlichen Fakultät der Universität zu Köln und insbesondere der Geschäftsführerin Frau Dr.' Caroline Gaus für die Ermöglichung und tatkräftige Unterstützung eines Autor*innenworkshops. Verena Hepperle danken wir ganz besonders für das sorgfältige Korrektorat der Artikel.

Literatur

Antidiskriminierungsstelle des Bundes (2014). *Leitfaden: Diskriminierungsschutz an Hochschulen*. Ein Praxisleitfaden für Mitarbeitende im Hochschulbereich. Berlin. http://www.antidiskriminierungsstelle.de/SharedDocs/Downloads/DE/publikationen/Diskriminierungsfreie_Hochschule/Leitfaden-Diskriminierung-Hochschule-20130916.pdf. Zugegriffen: 10. November 2017.

Autorengruppe Bildungsberichterstattung (2016). *Bildung in Deutschland 2016*. Ein indikatorengestützter Bericht mit einer Analyse zu Bildung und Migration. Bielefeld: Bertelsmann Verlag.

Balzer, N., & Ricken, N. (2010). Anerkennung als pädagogisches Problem – Markierungen im erziehungswissenschaftlichen Diskurs. In A. Schäfer & C. Thompson (Hrsg.), *Anerkennung* (S. 35–88). Paderborn: Ferdinand Schöningh.

Bauman, Z. (1999). Unbehagen in der Postmoderne. Hamburg: Hamburger Edition.

Bhabha, H. K. (2004). The location of culture. London, New York: Routledge.

Bohl, T., Budde, J., & Rieger-Ladich, M. (Hrsg.). (2017). *Umgang mit Heterogenität in Schule und Unterricht. Grundlagentheoretische Beiträge, empirische Befunde und didaktische Reflexionen*. Bad Heilbrunn: Klinkhardt Verlag.

Bourdieu, P. (1992). *Die verborgenen Mechanismen der Macht*. Schriften zu Politik & Kultur 1. Hamburg: VSA Verlag.

Budde, J. (Hrsg.). (2013). *Unscharfe Einsätze: (Re-)Produktion von Heterogenität im schulischen Feld*. Wiesbaden: VS Verlag für Sozialwissenschaften.

Budde, J. (2015). Heterogenitätsorientierung. Zum problematischen Verhältnis von Heterogenität, Differenz und sozialer Ungleichheit im Unterricht. In J. Budde, N. Blasse, A. Bossen, & G. Rißler (Hrsg.), *Heterogenitätsforschung. Empirische und theoretische Perspektiven* (S. 21–38). Weinheim: Beltz.

Budde, J., Blasse, N., Bossen, A., & Rißler, G. (Hrsg.). (2015). *Heterogenitätsforschung. Empirische und theoretische Perspektiven*. Weinheim: Beltz.

Butler, J. (1997). *Körper von Gewicht. Die diskursiven Grenzen des Geschlechts*. Frankfurt am Main: Suhrkamp Verlag.

Butler, J. (2001). *Psyche der Macht. Das Subjekt der Unterwerfung*. Frankfurt am Main: Suhrkamp Verlag.

Castro Varela, M., Dhawan, N. (2015). *Postkoloniale Theorie: Eine kritische Einführung*. Bielefeld: transcript Verlag.

Cloerkes, G. (2007). *Soziologie der Behinderten. Eine Einführung*. Heidelberg: Universitätsverlag Winter.

Darowska, L., Lüttenberg, T., & Machold, C. (Hrsg.). (2010). *Hochschule als transkultureller Raum? Kultur, Bildung und Differenz in der Universität*. Bielefeld: transcript Verlag.

Dederich, M. (2010). Behinderung, Norm, Differenz – Die Perspektive der Disability Studies. In F. Kessl & M. Plößer (Hrsg.), *Differenzierung, Normalisierung, Andersheit* (S. 170–184) Wiesbaden: VS Verlag für Sozialwissenschaften.

Dederich, M. (2013). *Philosophie in der Heil- und Sonderpädagogik*. Stuttgart: Kohlhammer.

Degele, N. (2008). *Gender/ Queer Studies. Eine Einführung*. Paderborn: Fink.

Derrida, J. (1974). *Grammatologie*. Frankfurt am Main: Suhrkamp Verlag.

Derrida, J. (1986). *Positionen.* Gespräche mit Henri Rose, Julia Kristeva, Jean-Louis Houdebine, Guy Scarpetta. Graz, Wien: Passagen-Verlag.

Diehm, I., Kuhn, M., & Machold, C. (Hrsg.). (2017). *Differenz – Ungleichheit – Erziehungswissenschaft. Verhältnisbestimmungen im (Inter)Disziplinären.* Wiesbaden: Springer VS.

Faulstich-Wieland, H. (2008). Schule und Geschlecht. In W. Helper & J. Böhme (Hrsg.), *Handbuch der Schulforschung* (S. 673–695). Wiesbaden: VS Verlag für Sozialwissenschaften.

Freire, P. (2008). *Pädagogik der Autonomie. Notwendiges Wissen für die Bildungspraxis.* Münster: Waxmann.

Giroux, H. A. (2011). *On critical pedagogy.* New York: Continuum Publishing Corporation.

Gogolin, I. (1994). *Das nationale Selbstverständnis der Bildung.* Münster; New York: Waxmann.

Gomolla, M., & Radtke, F.-O. (2009). *Institutionelle Diskriminierung. Die Herstellung ethnischer Differenz in der Schule.* Wiesbaden: VS Verlag für Sozialwissenschaften.

Ha, K. N. (2004). Hybridität und ihre deutschsprachige Rezeption. Zur diskursiven Einverleibung des "Anderen". In K. H. Hörning & J. Reuter (Hrsg.), *Doing culture. Neue Positionen zum Verhältnis von Kultur und sozialer Praxis* (S. 221–238). Bielefeld: transcript Verlag.

Hall, S. (1997). The Spectacle of the Other. In S. Hall (Hrsg.), *Representation. Cultural representations and signifying practices* (S. 223–279). London, Thousand Oaks, Calif.: Sage in association with the Open University.

Hall, S. (1999). Ethnizität: Identität und Differenz. In J. Engelmann (Hrsg.), *Die kleinen Unterschiede. Der Cultural Studies Reader* (S. 83–98). Frankfurt am Main: Campus Verlag.

Hirschauer, S. (2014). Un/doing Differences. Die Kontingenz sozialer Zugehörigkeiten. *Zeitschrift für Soziologie*, 43, 3, (S. 170–191).

Kessl, F., & Plößer, M. (Hrsg.). (2010). *Differenzierung, Normalisierung, Andersheit*: VS Verlag für Sozialwissenschaften.

Kemper, A., Weinbach, H. (2009). *Klassismus. Eine Einführung.* Münster: Unrast Verlag.

Kiesel, D. (1996). *Das Dilemma der Differenz: zur Kritik des Kulturalismus in der interkulturellen Pädagogik.* Frankfurt am Main: Cooperative-Verlag.

Kleve, H., Koch, G., & Müller, M. (Hrsg.) (2003). *Differenz und soziale Arbeit. Sensibilität im Umgang mit dem Unterschiedlichen.* Berlin: Schibri.

Klinger, C. (1995). Beredtes Schweigen und verschwiegenes Sprechen. Genus im Diskurs der Philosophie. In H. Bußmann & R. Hof (Hrsg.), *Genus. Zur Geschlechterdifferenz in den Kulturwissenschaften* (S. 34–59). Stuttgart: Alfred Kröner.

Köbsell, S. (2012). *Wegweiser Behindertenbewegung. Neues (Selbst-)Verständnis von Behinderung.* Neu-Ulm: AG-SPAK-Bücher.

Köbsell, S., Waldschmidt, A. (2006). International Section: Disability Studies in German Speaking Countries. In: *Disability Studies Quarterly. The first journal in the field of disability studies*, USA. 26, 2, 2006. dsq-sds.org (01.05.2017)

Kronig, W. (2003). Kinder von Zuwanderern – die Stiefkinder integrationspädagogischer Fortschritte? In G. Feuser (Hrsg.), *Integration heute – Perspektiven ihrer Weiterentwicklung in Theorie und Praxis* (S. 135–142). Frankfurt am Main: P. Lang.

Kuhn, M. (2013). *Professionalität im Kindergarten. Eine ethnographische Studie zur Elementarpädagogik in der Migrationsgesellschaft.* Wiesbaden: Springer VS.

Kultusministerkonferenz (2012). *Sonderpädagogische Förderung in Schulen 2001 bis 2010. Statistische Veröffentlichungen der Kultusministerkonferenz.* Dokumentation Nr. 196. http://www.kmk.org/fileadmin/Dateien/pdf/Statistik/Dokumentationen/Dokumentation_SoPaeFoe_2010.pdf. Zugegriffen: 10. November 2017.

Leiprecht, R., & Steinbach, A. (Hrsg.). (2015). *Schule in der Migrationsgesellschaft. Ein Handbuch.* Schwalbach: Debus Pädagogik.

Lösch, B. (2013). Ist politische Bildung per se kritisch? In B. Widmaier & B. Overwien (Hrsg.), *Was heißt heute Kritische politische Bildung?* (S. 171–180). Schwalbach/Ts.: Wochenschau Verlag.

Lutz, H., & Wenning, N. (Hrsg.). (2001). *Unterschiedlich verschieden: Differenz in der Erziehungswissenschaft.* Opladen: Leske + Budrich.

Lyotard, J.-F. (1989). *Der Widerstreit.* München: Wilhelm Fink Verlag.

Lyotard, J.-F. (1990). Beantwornt der Frage: Was ist postmodern? In P. Engelmann (Hrsg.), *Postmoderne und Dekonstruktion. Texte französischer Philosophen der Gegenwart* (S. 33–48). Stuttgart: Reclam.

Maurer, S. (2001). Das Soziale und die Differenz. Zur (De-)Thematisierung von Differenz in der Sozialpädagogik. In H. Lutz & N. Wenning (Hrsg.), *Unterschiedlich verschieden. Differenz in der Erziehungswissenschaft* (S. 125–142). Opladen: Leske + Budrich.

Mecheril, P., & Witsch, M. (Hrsg.). (2006). *Cultural studies und Pädagogik. Kritische Artikulationen.* Bielefeld: transcript Verlag.

Mecheril, P. & Claus M. (2010). Differenz und Soziale Arbeit. Historische Schlaglichter und systematische Zusammenhänge. In F. Kessl & M. Plößer (Hrsg.), Differenzierung, Normalisierung, Andersheit. Soziale Arbeit als Arbeit mit den Anderen (S. 117–131). Wiesbaden: VS Verlag für Sozialwissenschaften.

Mecheril, P., Arens, S., Fegter, S., Hoffarth, B., Klingler, B., Machold, C., Menz, M., Plößer, M., & Rose, N. (Hrsg.). (2013). *Differenz unter Bedingungen von Differenz. Zu Spannungsverhältnissen universitärer Lehre.* Wiesbaden: VS Verlag für Sozialwissenschaften.

Mecheril, P., & Vorrink, A. J. (2014). Heterogenität. Sondierung einer (schul)pädagogischen Gemengelage. In H.-C. Koller, R. Casale, & N. Ricken (Hrsg.), *Heterogenität. Zur Konjunktur eines pädagogischen Konzepts* (S. 87–113). Paderborn: Ferdinand Schöningh.

Müller, B. (1995). Sozialer Friede und Multikultur. Thesen zur Geschichte und zum Selbstverständnis sozialer Arbeit. In S. Müller, H.-U. Otto & U. Otto (Hrsg.) *Fremde und Andere in Deutschland. Nachdenken über das Einverleiben, Einebnen, Ausgrenzen* (S. 133–147). Opladen: Leske + Budrich.

Otto, H.-U. & Seelmayer U. (2004). Soziale Arbeit und Gesellschaft – Anstöße zu einer Neuorientierung der Debatte um Normativität und Normalität. In S. Hering und U. Urban (Hrsg.) *"Liebe allein genügt nicht". Historische und systematische Dimensionen der Sozialpädagogik* (S. 45–63). Opladen: Leske + Budrich.

Pfahl, L. (2012). Bildung, Behinderung und Agency. Eine wissenssoziologische Untersuchung der Folgen schulischer Segregation und Inklusion. In R. Becker & H. Solga (Hrsg.), *Soziologische Bildungsforschung* (S. 415–436). Wiesbaden: Springer VS.

Powell, J. J. W., & Pfahl, L. (2008). Sonderschule behindert Chancengleichheit. *WZBrief Bildung*, 4, (S. 1–7).

Prengel, A. (2001). Egalitäre Differenz in der Bildung. In H. Lutz & N. Wenning (Hrsg.), *Unterschiedlich verschieden: Differenz in der Erziehungswissenschaft* (S. 93–108). Opladen: Leske+Budrich.

Ricken, N., & Reh, S. (2014). Relative und radikale Differenz – Herausforderung für die ethnographische Forschung in pädagogischen Feldern. In A. Tervooren, N. Engel, M. Göhlich, I. Miethe, & S. Reh (Hrsg.), *Ethnographie und Differenz in pädagogischen Feldern. Internationale Entwicklungen erziehungswissenschaftlicher Forschung* (S. 25–46). Bielefeld: transcript Verlag.

Riegel, C. (2016). *Bildung – Intersektionalität – Othering. Pädagogisches Handeln in widersprüchlichen Verhältnissen*. Bielefeld: transcript Verlag.

Rojas, Fabio (2007). *From Black Power to Black studies. How a Radical Social Movement Became an Academic Disciplin*. Baltimore: Johns Hopkins University Press.

Rommelspacher, B. (1998). *Dominanzkultur. Texte zu Fremdheit und Macht*. 2. Aufl. Berlin: Orlanda Frauenverlag.

Saussure, Ferdinand de (2001): Grundfragen der allgemeinen Sprachwissenschaft. Herausgegeben von Charles Bally und Albert Sechehaye. Berlin, Boston: De Gruyter.

Scherr, A. (2016). *Diskriminierung. Wie Unterschiede und Benachteiligungen gesellschaftlich hergestellt werden*. Wiesbaden: Springer VS.

Terkessidis, M. (1998). *Psychologie des Rassismus*. Opladen/Wiesbaden: Westdeutscher Verlag.

Tervooren, A., Engel, N., Göhlich, M., Miethe, I., & Reh, S. (Hrsg.). (2014). *Ethnographie und Differenz in pädagogischen Feldern. Internationale Entwicklungen erziehungswissenschaftlicher Forschung*. Bielefeld: transcript Verlag.

van Dyk, S. (2012). Poststrukturalismus. Gesellschaft. Kritik. Über Potenziale, Probleme und Perspektiven. *PROKLA*, 42 (167), 185–210.

Weber M. (2003). Heterogenität im Schulalltag. Konstruktion ethnischer und geschlechtlicher Unterschiede.

Werning, R., & Lütje-Klose, B. (2003). *Einführung in die Lernbehindertenpädagogik*. München: UTB.

Wrana, D. (2014). Praktiken des Differenzierens. Zu einem Instrumentarium der poststrukturaltsichen Analyse von Praktiken der Differenzsetzung. In A. Tervooren, N. Engel, M. Göhlich, I. Miethe, & S. Reh (Hrsg.), *Ethnographie und Differenz in pädagogischen Feldern. Internationale Entwicklungen erziehungswissenschaftlicher Forschung* (S. 79–96). Bielefeld: transcript Verlag.

Wer Wissen schafft: Zur Positionierung von Wissenschaftler*innen

Maryam Mohseni, Thorsten Merl und Hanna Mai

> [Wir sollten] uns daran erinnern, daß jeder Diskurs
> ‚platziert' ist, und somit auch das, woran das eigene Herz
> hängt, seine Gründe hat
> (Hall 1994, S. 26–27).

Der vorliegende Beitrag beschäftigt sich mit der Bedeutung der Positionierung von Wissenschaftler*innen. Wir legen dar, inwiefern sich davon sprechen lässt, dass wissenschaftliches Wissen situiertes Wissen ist und zeigen auf, in welcher Weise die Positionierung der Autor*innen und Herausgeber*innen des vorliegenden Sammelbandes für die Entstehung dieses Buches bedeutsam war.

Als Positionierung verstehen wir die Verortung eines Menschen innerhalb gesellschaftlicher Macht- und Herrschaftsverhältnisse. Sie geht hervor aus diskursiv als relevant geltenden gesellschaftlichen Differenzierungen, wie (und keinesfalls abschließend) Geschlecht, Sexualität, race, Klasse und Klassenherkunft, dis-/ability. Eine Positionierung besteht nur relational zu anderen Positionierungen und entsteht sowohl aus Fremd- als auch Selbstzuschreibungen. Mit einer Positionierung gehen Privilegierungen sowie Deprivilegierungen einher.

M. Mohseni (✉) · H. Mai
Berlin, Deutschland
E-Mail: maryam.mohseni@web.de

H. Mai
E-Mail: hanna.h.mai@gmx.de

T. Merl
Köln, Deutschland
E-Mail: thorsten.merl@uni-koeln.de

© Springer Fachmedien Wiesbaden GmbH, ein Teil von Springer Nature 2018
H. Mai et al. (Hrsg.), *Pädagogik in Differenz- und Ungleichheitsverhältnissen*, Interkulturelle Studien, https://doi.org/10.1007/978-3-658-21833-1_2

Bestimmte Erfahrungen und Perspektiven werden dadurch un-/wahrscheinlicher. Eine Positionierung verstehen wir *nicht* als statisch vorhandene oder ontologische Position, sondern als vorübergehende Fixierung von grundsätzlich kontingenten Unterscheidungen, welche begrenzen, was leb- und denkbare Seinsweisen sind. Für die Positionierung sind dabei sowohl die aktuelle als auch die vergangene Verortung (bspw. soziale Herkunft und dadurch Auf-/Abstieg) relevant (vgl. Bourdieu 1985; Butler 1997; Winker und Degele 2009; Hall 1994; Bell 2007).

Welche Relevanz hat diese Positionierung für Wissenschaftler*innen? Zunächst steht die Positionierung einer Person in Verbindung mit deren Chancen und Möglichkeiten, an wissenschaftlichen Arbeitsfeldern teilzuhaben. Der enge Zusammenhang zwischen der Positionierung von Schüler*innen und Bildungserfolg, auf den beispielsweise die PISA-Studien in Bezug auf soziale Herkunft und ‚Migrationshintergrund' (vgl. Autorengruppe Bildungsberichterstattung 2016) hindeuten, setzt sich im Studium fort. So stellt eine Studie der *Antidiskriminierungsstelle des Bundes* aus dem Jahr 2013 fest, dass trotz insgesamt gestiegener Studierendenzahlen bestimmte Gruppen[1], etwa Menschen mit Behinderung oder mit sogenannter ‚niedriger sozialer Herkunft' seltener ein Studium aufnehmen (vgl. S. 140). Als Hürden beim Zugang zur Hochschule nennt die Studie eingeschränkte Finanzierungsmöglichkeiten des Studiums und mangelnde Vertrautheit mit Kenntnissen zum Hochschulsystem. Auch herrscht an deutschen Hochschulen eine implizite Vorstellung von ‚Normalstudierenden' vor, die dazu führt, dass Studierende in erster Generation oder Studierende mit ‚Migrationshintergrund' unverhältnismäßig häufiger ein Studium abbrechen (vgl. Ebert und Heublein 2017 sowie Heublein et al. 2017). Potenzielle Studierende mit Behinderung erfahren der *Antidiskriminierungsstelle des Bundes* zufolge unzureichende Nachteilsausgleiche im Rahmen von Auswahl und Zulassungsverfahren – zugleich können Bildungsausländer*innen durch eine Begrenzung der Studienplätze für diese Gruppe von Studierenden benachteiligt werden (vgl. 2013, S. 140). Auch wenn für Personen, die sich selbst als trans-, intersexuell oder queer positionieren unseres Wissens noch keine Studien zum Zusammenhang zu Bildungsungleichheit im Kontext der Hochschule vorliegen, legt beispielsweise die Studie von Kleiner (2015) zu Differenzerfahrungen jener Personen in der Schule durchaus eine systematische Deprivilegierung nahe.

---

[1]Die Untersuchung widmete sich den durch das *AGG* vor Diskriminierung geschützten Merkmalen ethnische Herkunft, Geschlecht, Religion oder Weltanschauung, Behinderung, Alter, sexuelle Identität und erweiterte diese um das Diskriminierungsmerkmal soziale Herkunft (vgl. Antidiskriminierungsstelle des Bundes 2013, S. 13).

Aber auch wenn Studierende aus marginalisierten Gruppen einen Zugang zur Hochschule gefunden und ihr Studium erfolgreich beendet haben, besteht der Einfluss der Positionierung auf den weiteren Verlauf der akademischen Laufbahn von Wissenschaftler*innen in Qualifikationsphasen[2] fort. So zeigen nach Möller quantitative Studien, „dass die Promotion die nach sozialer Herkunft selektivste Bildungsstufe ist" (2015, S. 16). Da Wissenschaftler*innen in Qualifikationsphasen durch hohe Befristungsanteile und kurze Vertragslaufzeiten mit unsicheren Arbeitsbedingungen konfrontiert sind und unter hohem Konkurrenzdruck stehen (vgl. Antidiskriminierungsstelle des Bundes 2013, S. 140), haben diejenigen die besseren Voraussetzungen, die über ausreichend finanzielle Absicherung verfügen – sie können Zeiten prekärer Einkommensverhältnisse überbrücken. Ebenso diejenigen, die gesundheitlich in der Lage sind, ein hohes Arbeitspensum zu erfüllen oder keine zusätzliche Energie für den Umgang mit Diskriminierungserfahrungen am Arbeitsplatz aufwenden müssen.

Nach einer Promotion besteht die auf sozialer Herkunft bestehende Selektivität hingegen deutlich weniger stark fort (vgl. Möller 2015, S. 16). Mit einem Doktortitel verlassen stattdessen Frauen „wissenschaftliche Tätigkeiten an Hochschulen und außeruniversitären Forschungseinrichtungen deutlich häufiger als Männer" (Konsortium Bundesbericht Wissenschaftlicher Nachwuchs 2017, S. 201). Im Jahr 2015 wurden in Deutschland 23 % aller Professuren von Frauen besetzt (vgl. Statistisches Bundesamt 2016). Nach einer Sonderauswertung des Mikrozensus 2011 haben ca. 11 % der Professor*innen in Deutschland einen Migrationshintergrund (vgl. Neusel et al. 2014, S. 13). Zur sozialen Herkunft von Professor*innen liegen repräsentative Zahlen für Nordrhein-Westfalen vor, wonach lediglich 11 % der Professor*innen aus Familien kommen, in denen kein Elternteil einen Hochschulabschluss besitzt (vgl. Möller 2014). Diese Unterrepräsentation marginalisierter Gruppen als Wissenschaftler*innen an Hochschulen stellt auch ein Gerechtigkeitsproblem dar. Denn einem gesellschafts- und herrschaftskritischen Verständnis von Diversität zufolge lässt sich eine gleichberechtigte Teilhabe daran bemessen, inwiefern marginalisierte Gruppen ihrem

---

[2]Wir sprechen von ‚Wissenschaftler*innen in Qualifikationsphasen' und nicht von ‚wissenschaftlichem Nachwuchs'. Letzter Begriff ist umstritten, da er eine Gruppe Personen bezeichnet, die hoch qualifiziert ist und bereits einer regulären Beschäftigung nachgeht. Zudem werden auch Personen mit diesem Begriff bezeichnet, die später eine Tätigkeit außerhalb des akademischen Bereichs aufnehmen (vgl. Konsortium Bundesbericht Wissenschaftlicher Nachwuchs 2017, S. 28).

Anteil an der Bevölkerung entsprechend in öffentlichen Einrichtungen vertreten sind (vgl. Fereidooni und Zeoli 2016, S. 9 f.).

Neben dieser auf Chancen(un)gleichheit bzw. Bildungs(un)gleichheit ausgerichteten Bedeutung der Positionierung von Wissenschaftler*innen lässt sich eine weitere zentrale Bedeutung konstatieren: So kann davon ausgegangen werden, dass die Frage, *wer* spricht, d. h. *wer* die Möglichkeiten hat zu forschen, zu publizieren und zu lehren, auch beeinflusst, *was* und *wie* geforscht, publiziert und gelehrt wird. Denn mit der Positionierung werden bestimmte Erfahrungen und Perspektiven auch im Prozess der wissenschaftlichen Erkenntnisgenerierung un-/wahrscheinlicher (siehe die obige Bestimmung).

Vor dem Hintergrund dieser (keinesfalls vollständigen) Darlegung der Bedeutung der Positionierung von Wissenschaftler*innen werden wir im folgenden Kapitel Perspektiven der feministischen und postkolonialen Wissenschaftskritik zur Situiertheit von Wissen darlegen (Abschn. 1). Diese Perspektiven stellen den Ausgangspunkt für die Konzeption des Sammelbandes, insbesondere im Hinblick auf die Auswahl und Ansprache der Autor*innen und Herausgeber*innen, dar. Im Anschluss stellen wir die Konzeption des Sammelbandes und deren Umsetzung vor (Abschn. 2) und diskutieren für und wider der in dem Konzept angestrebten Repräsentation (Abschn. 3). Wir werden abschließend unseren eigenen Prozess im Umgang mit der Positionierung und der Auswahl von Autor*innen reflektieren (Abschn. 4).

1   Situiertes Wissen

Das Ideal wissenschaftlicher Objektivität und Neutralität hält sich weiterhin hartnäckig, obwohl dieses bereits grundlegend aus herrschaftskritischen Perspektiven – zum Beispiel im Zuge einer feministischen Wissenschaftskritik (vgl. Harding 1994; Haraway 1994) oder aus postkolonialer Perspektive (vgl. z. B. Said 2009 [1979]; Spivak 2008 [1981]) – kritisiert wurde. Der Mythos der Objektivität ist problematisch, weil jene soziale Gruppe, „die in einem Fachgebiet die Möglichkeit hat, wichtige Problematiken, Konzepte, Annahmen und Hypothesen zu definieren, ihre sozialen ‚Fingerabdrücke' auf dem Weltbild hinterläßt, das auf den Ergebnissen der Forschungsprozesse dieses Feldes aufbaut" (Harding 1994, S. 207). Diese „Fingerabdrücke" des forschenden Subjekts beeinflussen das wissenschaftliche Tun unmittelbar, ohne dass sie Erwähnung finden.

Wissenschaft gilt als die höchste Instanz für glaubwürdiges Wissen, das eben nicht ‚nur' Alltagswissen und Meinung, sondern vermeintlich neutrales, allgemeingültiges Wissen darstellt. Hierfür bilden Neutralität und Distanz die unhinterfragten Axiome, auf die diejenigen, die sich an der Wissensproduktion beteiligen wollen, verwiesen werden. Der wissenschaftliche Blick galt lange Zeit als ein Blick von nirgendwo und überall. bell hooks bezeichnet Wissenschaft kritisch als Ort für „truthtelling" (hooks 2003, S. 29–31). Denn in wissenschaftlichen Arbeiten werden vermeintliche Wahrheiten produziert. Diese Wahrheiten sind eng geknüpft an Machtverhältnisse. Michel Foucault schreibt hierzu:

> Eher ist wohl anzunehmen, daß die Macht Wissen hervorbringt und nicht bloß fördert, anwendet, ausnutzt; daß Macht und Wissen einander unmittelbar einschließen; daß es keine Machtbeziehung gibt, ohne daß sich ein entsprechendes Wissensfeld konstituiert, und kein Wissen, das nicht gleichzeitig Machtbeziehungen voraussetzt und konstituiert (Foucault 1977, S. 39).

Wahrheit ist damit nicht zu verstehen als die Gesamtheit wahrer Dinge oder Aussagen, stattdessen sagt Wahrheit etwas aus über die jeweils aktuellen Regeln, nach denen Aussagen ‚wahr-gemacht' und beurteilt werden. Unter der Produktion von Wahrheit versteht Foucault nicht die Produktion wahrer Aussagen, „sondern die Einrichtung von Bereichen, in denen die Praktik von wahr und falsch reguliert wird und seine Gültigkeit erhält" (1980, S. 34). Wahrheiten dienen somit nicht der Kennzeichnung eines adäquat erfassten Erkenntniszusammenhangs, stattdessen bestätigen sie die Macht selbst und erweisen sich damit als Produkt eines Diskurses, dessen Ziel letztlich in der Rechtfertigung bestimmter Verhaltensweisen oder Verfahrensvorschriften besteht. Wissen und Macht sind also immer untrennbar miteinander verbunden. Unter dem Label der Objektivität, der Unparteilichkeit und der Universalität werden so letztlich unreflektiert partikulare klassen- und geschlechtsspezifische sowie euro- und heterozentristische Vorstellungen (re-)produziert (vgl. Harding 1994). Was als wahres Wissen anerkannt wird und inwieweit Worte gehört werden, hängt dabei nicht nur davon ab, was gesagt wird und ob es sich innerhalb des Sagbaren bewegt. Ebenso spielt es eine Rolle, *wer* etwas sagt. Während beispielsweise *weiße* Wissenschaftler*innen zu den Themen Rassismus und Migration zumeist unhinterfragt forschen können, sehen sich Arbeiten mit entsprechenden Fragestellungen von Wissenschaftler*innen of Color häufig der Kritik ausgesetzt, zu politisch, befangen und unwissenschaftlich, ideologisch oder moralisch zu sein (vgl. Popal 2011, S. 478–479). So steht auch heute noch oftmals der *weiße,* männliche, nicht-behinderte Körper unhinterfragt für Unbefangenheit, wissenschaftliche Objektivität und Universalität. Durch die vorherrschenden Diskurse wird demnach nicht nur definiert, was als Wissenschaft anerkannt wird, sondern auch, *wem* in einem bestimmten Feld Glauben zu schenken ist und wem vertraut werden kann (vgl. Kilomba 2010, S. 29). Die Anerkennung des Gesagten hängt somit auch vom Körper ab. „This is not peaceful coexistence of words, but rather a violent hierarchy that defines who can speak in the academic space" (ebd., S. 26). Hier handelt es sich weniger um das Nebeneinanderstehen unterschiedlicher Meinungen, sondern vielmehr um die machtvollen Fragen, *wer was* sprechen darf und *wem* Wissen und Wahrheit zugesprochen werden.

2 Konzeption des Sammelbandes

Unser Anspruch ist es, eine kritische Perspektive auf Differenz auch in der Konzipierung dieses Sammelbandes zum Ausdruck zu bringen. Aus diesem Grund wurde die Positionierung der Autor*innen und Herausgeber*innen für diesen Sammelband als Zugangskriterium betrachtet. Unser Anliegen war es, für die Beiträge Autor*innen zu gewinnen, die 1) aufgrund ihrer eigenen Positionierung im Bildungssystem von unterschiedlichen Differenzverhältnissen strukturell deprivilegiert werden und 2) zum Zeitpunkt der Veröffentlichung keine etablierten Wissenschaftler*innen sind.

Im Folgenden möchten wir das Vorgehen, die (Nicht-)Etabliertheit und die Positionierung als Zugangskriterien für die Autor*innenschaft zu setzen, genauer ausführen. Zunächst zum Kriterium der Etabliertheit[3]: Wer als Autor*in für einen Sammelband in Frage kommt, hat neben der wissenschaftlichen Expertise vor allem mit der Vernetzung der Herausgeber*innen zu tun. Das zeigt sich beispielsweise daran, dass über einschlägige E-Mailverteiler zwar häufig *Calls for Paper* für Tagungsvorträge geschickt werden, deutlich seltener aber ein öffentlicher Call für Artikel in Sammelbänden versendet wird. Wer zu einem Themenfeld qualitativ hochwertig arbeitet, scheint vermeintlich bekannt[4], was gerade vor dem Hintergrund der oben erwähnten Repräsentationsverhältnisse im wissenschaftlichen Feld

---

[3]In unserem *Call for Paper* ließen wir offen, von welchem Verständnis der wissenschaftlichen Etabliertheit die potenziellen Autor*innen ausgehen. Etabliertheit kann sowohl inhaltlich als auch institutionell verstanden werden. Als etabliert kann eine Person gelten, deren Arbeiten zu einem Thema für relevant erachtet werden, die viel zitiert und auf Fachtagungen und in Veröffentlichungen präsent ist. Allerdings ist diese inhaltliche Etabliertheit u. E. ohne eine gewisse materielle/institutionelle Etabliertheit, d. h. einem gewissen Grad der finanziellen Absicherung und des institutionellen Eingebundenseins in wissenschaftliche Institutionen kaum erreichbar.

[4]Uns ist dabei bewusst, dass dies nicht für Beiträge gilt, die ein double-blind peer review Verfahren durchlaufen. Allerdings ist die Hürde zur erfolgreichen Platzierung eines Beitrags hier auch umso höher.

umso problematischer ist. Zugleich sind Publikationen ein zentrales Medium für Reputation und damit für die Etablierung in der Wissenschaft. Die Auswahl von Autor*innen für den vorliegenden Sammelband fand deshalb über einen *Call for Paper* statt, der explizit Wissenschaftler*innen adressierte, die „in der wissenschaftlichen Community bisher (noch) nicht als etablierte Expert*innen wahrgenommen werden bzw. bewusst keine etablierten Expert*innen sind."[5] Die Einschätzung, ob dies auf jemanden zutrifft oder nicht, oblag dabei den Autor*innen, nicht den Herausgeber*innen. Mit der gewählten Formulierung sollten Wissenschaftler*innen in Qualifizierungsphasen auch mögliche Hemmungen, sich zu bewerben, genommen werden. Dieser Ansatz begegnet allerdings nicht der Problematik, dass der Call nicht alle zu dem Themenfeld Forschenden erreichen konnte. Von einem offenen Zugang zu sprechen, wäre deshalb naiv. Ein gewisses Maß an Etabliertheit, beispielsweise in Form der Mitgliedschaft auf einschlägigen E-Mailverteilern, war auch hier notwendig.

Für die Formulierung „bewusst keine etablierten Expert*innen sind" haben wir uns mit Bezug auf bell hooks entschieden. Sie denkt Marginalität nicht nur als Ort der Unterdrückung, sondern auch als Ort des Widerstandes und „radikaler Möglichkeiten" (hooks 1996, S. 152). Laut hooks kann Marginalität sowohl eine bewusste Entscheidung als auch ein Ort sein, von dem aus Interventionen in dominante Diskurse möglich sind. Jener Ort, den Marginalisierte sich erst erschaffen müssen, ermöglicht es ihnen aus einer Perspektive der Differenz und als Subjekt zu sprechen (vgl. hooks 1990).

Auch wir als Herausgeber*innen des Sammelbandes mit unserem machtkritischen Anliegen können uns den Bedingungen der Etablierung in wissenschaftlichen Feldern und des Reputationsgewinns durch Publikationen nicht entziehen und haben uns mit der Herausgabe dafür entschieden, an diesem ‚Spiel' teilzunehmen – mit veränderten ‚Spielregeln'.

Bezüglich der Positionierung als relevantes Zugangskriterium für die Autor*innen des Sammelbandes kommunizierte der Call: „Wir suchen explizit Personen, die sich aufgrund unterschiedlicher Differenzdimensionen (z. B. race, class und dis/ability) als strukturell depriviligiert positionieren bzw. positioniert werden."[6] Für die Auswahl der Autor*innen wurden alle einreichenden Personen gebeten, neben dem Abstract zum eigentlichen Beitrag auch eine „Selbstpositionierung in Bezug auf De/Privilegierung in einer für (…) [sie] angemessenen

---

[5]Mai, H., Merl, T. & Mohseni, M.: Call zum Sammelband.
[6]Mai, H., Merl, T. & Mohseni, M.: Call zum Sammelband.

Art und Weise"[7] einzureichen. Wir positionierten uns als Herausgeber*innen im Call selbst im Hinblick auf jene Differenzdimensionen in Form einer kurzen Selbstbeschreibung. Manche Einreichende haben sich an dieser Form der Darstellung orientiert, andere haben ihre Selbstpositionierung in einem anderen Stil vorgestellt. Einreichungen ohne Selbstpositionierung haben wir nicht in den Sammelband aufgenommen.

Den hier gewählten Ansatz, den Zugang zur Autor*innenschaft in diesem Sammelband nur jenen Personen zu ermöglichen, die aufgrund ihrer Positionierung deprivilegiert sind, verstehen wir als *affirmative action* bzw. als positive Maßnahme (vgl. exempl. Raasch 2010), die darauf zielt, jenen Deprivilegierungen aktiv entgegen zu wirken. Da wir Herausgeber*innen uns aufgrund unserer Positionierung als *Women of Color* sowie als *working class academic* ebenfalls als strukturell deprivilegiert begreifen, verstehen wir den vorliegenden Sammelband auch als Form des Empowerments bzw. der Selbstermächtigung.

Die im Call verwendete Formulierung, „als strukturell deprivilegiert positionieren bzw. positioniert werden"[8] haben wir gewählt, um anzuerkennen, dass sowohl die eigene Identifizierung (sich positionieren) als auch Formen der Positionierung durch Andere (positioniert werden) relevant sind, wobei auch Formen der resignifizierenden Aneignung[9] stattfinden können. Problematisch bleibt, dass die Auswahl von Autor*innen entlang sozialer Differenzkategorien komplexitätsreduzierend und, zumindest in Ansätzen, essenzialisierend wirkt. Auch ist ja keinesfalls eindeutig, wann genau sich von einer privilegierten bzw. deprivilegierten Positionierung im Bildungssystem sprechen lässt. So haben vor allem intersektionale Forschungsperspektiven aufgezeigt, dass eine Deprivilegierung nicht allein aus einer Positionierung entlang einer Differenzdimension zu erklären ist, sondern das Ineinandergreifen unterschiedlicher Positioniertheiten zu ganz unterschiedlichen Formen von Privilegierung und Deprivilegierung führen kann (vgl. Lutz et al. 2010).

---

[7]Mai, H., Merl, T. & Mohseni, M.: Call zum Sammelband.

[8]Mai, H., Merl, T. & Mohseni, M.: Call zum Sammelband.

[9]Mit resignifizierender Aneignung ist eine Form der wiederholenden Begriffsverwendung gemeint, die gerade in und durch die Wiederholung eine Bedeutungsverschiebung hervorbringt und so eine (Wieder-)Aneignung eines Begriffs unter veränderter Bedeutung ermöglicht (vgl. Butler 2006).

3 Zur Frage der Repräsentation

Die Forderung nach veränderten Repräsentationsverhältnissen ist mit einer Reihe von Problemen verknüpft, die letztendlich mit einer grundsätzlichen Kritik an der Idee einer legitimen Vertretung und Darstellung zusammenhängen.

Mit der ‚Krise der Repräsentation' wird das Dilemma beschrieben, dass auch eine Herrschaftsverhältnisse kritisierende Wissenschaft in der Benennung dieser Verhältnisse selbst zu ihrer Reproduktion beiträgt. Zurückzuführen ist diese Erkenntnis und damit auch ein internationaler Paradigmenwechsel in den 1990er Jahren vor allem auf Judith Butlers dekonstruktivistische Kritik an feministischen Diskursen (vgl. Butler 1991). Das Bestreben der gänzlichen Repräsentation des ‚Weiblichen' in gegenwärtigen gesellschaftlichen Strukturen schafft ein kollektives Subjekt mit einer zugehörigen fixierten Identität. Dabei werden zum einen Ambivalenzen innerhalb einer Identität ignoriert und zum anderen verkannt, dass die Kategorie ‚Frau', das Subjekt des Feminismus, selbst eine Konstruktion der Machtstrukturen ist, die bekämpft werden sollen. Alle Identitäten sind damit politische und kulturell konstruierte Kategorien (vgl. ebd., S. 17). Aus postkolonialer feministischer Perspektive arbeitete Gayatri Chakravorty Spivak zudem heraus, dass Repräsentationspolitiken, die das Schweigen der Marginalisierten hörbar machen wollen, generell eine gewaltvolle Politik darstellen und koloniale Züge in sich tragen. Denn auch diese Repräsentationen – so gut die Absichten auch sein mögen – bleiben immer in einem ‚Sprechen über' bzw. einem ‚Sprechen für' Marginalisierte verhaftet (vgl. Spivak 2008 [1981]). Mit der Krise der Repräsentation kommt es zu einem „Ende der Unschuld" (Hall 1994, S. 18) und damit auch zum Ende der Vorstellung eines wesenhaft *guten* Subjekts. Sowohl in feministischen als auch in postkolonialen Diskursen ist das Spannungsverhältnis zwischen der Strategie der Kategorisierungen und Repräsentationen auf der einen sowie der Dekonstruktion von Identitäten und Kategorien auf der anderen Seite ein viel diskutiertes Thema (vgl. Spivak 2008 [1981]; Butler 1991; Hall 2004).

Binäre Kategorien wie Frau/Mann oder krank/gesund bieten erst die Möglichkeit zur Benennung und Sichtbarmachung von Herrschaftsverhältnissen. Ohne eine solche Benennung und Sichtbarmachung in den binären Kategorien wäre politischer Widerstand nicht möglich. Gleichzeitig läuft das Arbeiten mit dem Analyseinstrument zu Differenzverhältnissen wie ‚deprivilegiert' und ‚privilegiert' unweigerlich Gefahr, ein binäres Kategoriendenken zu reproduzieren und soziale Konstruktionen und kollektive Identitäten zu essenzialisieren. Zudem besteht das Risiko, Verstrickungen innerhalb von Herrschaftsverhältnissen aus dem Blick zu verlieren und gefährliche Rhetoriken der Zusammengehörigkeit von ‚Deprivilegierten' zu befördern. Denn so wichtig die Analyse von Diskriminierung ist, so problematisch ist, dass die eingesetzte Unterscheidung (Diskriminierte – Diskriminierende) indirekt und zum Teil auch beabsichtigt ein homogenisierendes Konzept von ‚Deprivilegierten' befördert. Zudem wird nahegelegt, dass Differenzen innerhalb der marginalisierten Gruppe keine oder nur eine untergeordnete Rolle spielen. So kann ein gefährliches Phantasma eines kollektiven ‚Wirs' entstehen (vgl. Mecheril 2010, S. 171–172).

Zur Notwendigkeit von Repräsentationen: Strategischer Essenzialismus
Die Konsequenz aus der Krise der Repräsentation ist keine Nicht-Repräsentation bzw. kein Nicht-Schreiben. Selbst ein kritisch-dekonstruktivistisches Bewusstsein kommt im Diskursiven nicht ohne zu essenzialisieren aus. Denn die Sprache, die aus Mangel an Alternativen gebraucht wird, um zu kritisieren, ist zugleich die Sprache, die kritisiert wird. Eine dekonstruktivistische Kritik am Essenzialismus ist nicht die Enthüllung eines Fehlers – weder eines eigenen noch eines der anderen –, sondern die Anerkennung von etwas Gefährlichem (vgl. Spivak 2008, S. 5). So können wir viel von einer Essenzialismuskritik lernen, jedoch ist es nicht denkbar, auf einer anti-essenzialistischen Haltung ein politisches Programm oder eine entsprechende Praxis zu gründen. Eine vollständige Verwerfung der Kategorie ‚Identität' zum jetzigen Zeitpunkt der gesellschaftlichen und weltweiten Herrschaftsverhältnisse kann kein angemessener und befreiender Weg sein. Denn politisches Interesse und Handeln setzen den Bezug auf eine kollektive Identität voraus, aus der heraus gesprochen und widersprochen werden kann. Deshalb wählt Spivak als eine Art des Umgangs eine strategische Betrachtungsweise auf Essenzialismus (vgl. Spivak et al. 1996; Hall 1994) und führt als vorläufige Lösung des Problems ihr Konzept des „Strategischen Essenzialismus" ein, worin sie sich mit der Frage beschäftigt, welche strategischen Repräsentationsarten möglich sind (vgl. Spivak et al. 1996, S. 159). Hier betrachtet Spivak essenzialistische Beschreibungen und Kategorisierungen nicht als Wesensart von Dingen, sondern als etwas, was man gezielt einsetzen, billigen und sich aneignen muss, um Kritik an Verhältnissen formulieren zu können. Obwohl sie eine Vertreterin des radikalen Konstruktivismus ist, betont sie, dass – zeitweise und aus strategischen Gesichtspunkten – soziale Gruppen oder kollektive Identitäten durchaus von Bedeutung für Emanzipationsprozesse sein können. Dabei problematisiert sie den eurozentrischen Blickwinkel vieler postmoderner Ansätze der Dekonstruktion, die die auf kollektiven Identitäten beruhenden Kämpfe vieler postkolonialer sozialer Bewegungen schlicht verurteilen. Strategischer Essenzialismus ist ein Ansatz, der einer Politik der Anerkennung kollektiver Identitäten zur Verfügung steht, auch wenn eine solche Anerkennungspolitik nicht mehr von einem Modell der Authentizität ausgeht. Allerdings weist Spivak

immer wieder auf die Notwendigkeit von Dekonstruktion und Problematisierung von Essenzialisierungen und ihren gefährlichen Auswirkungen hin. Es gilt, wachsam hinsichtlich der eigenen (Sprech-)Handlungen zu werden und diese bewusst als Strategie zu verwenden, statt sie zu verleugnen. Eine Kritik am möglichen fetischisierenden Charakter von essenzialisierenden Identitäten muss ständig betrieben werden, auch wenn es kontraproduktiv erscheinen mag. Wird diese Kritik nicht betrieben, verwandelt sich die Strategie in genau das, was aus einer dekonstruktivistischen Perspektive zu vermeiden versucht wird. Spivak warnt davor, dass ein vermeintlich strategischer Gebrauch von Essenzialismus als Alibi für das verwendet werden kann, was eigentlich als Essenzialismus verstanden wird. Dies geschieht in ihren Augen insbesondere dann, wenn temporär sinnvolle Strategien als universelle Theorien gelehrt werden (vgl. Spivak 1993, S. 4) und unpassenderweise auf andere Kontexte übertragen werden. Demzufolge gilt es zu reflektieren, wie und wo Gruppen, Einzelpersonen oder Bewegungen situiert sind. In diesem Sinne bilden Strategien, wie Spivak (1993) dezidiert betont, keine Theorien, die übergeordnet anwendbar sind, sondern solche, die als situationsabhängig bzw. spezifisch zu verstehen sind.

Perspektiven depreviligierter Wissenschaftler*innen beinhalten nicht per se richtiges Wissen
Wissen aus deprivilegierten Perspektiven im Bildungssystem besitzt nicht per se einen privilegierteren Zugang zum Gegenstand. Auch sagt allein der Hintergrund der Sprechenden noch nichts über die vertretenen Standpunkte aus. Mit dem Einfordern veränderter Repräsentationsverhältnisse geht es uns nicht um eine ‚authentische Stimme', denn auch das Wissen von uns Autor*innen und Herausgeber*innen ist weder authentisch noch unverfälscht oder rein. Es ist genauso von Macht und Herrschaftsverhältnissen beeinflusst und wie jedes Wissen, ein lokales. Auch verleiht die jeweilige Deprivilegierung nicht das Monopol, über ein bestimmtes Thema sprechen zu können. Doch diese Perspektive ist deshalb so wichtig, weil sie Blicke auf die Realität zur Geltung bringt, die immer noch wenig Platz im wissenschaftlichen Kontext haben. Auch schreiben nicht alle Autor*innen in diesem Band über die Differenzlinien, in Hinblick derer sie sich selbst in einer deprivilegierten Positionierung befinden. Wichtig waren uns aber eine machtkritische Herangehensweise und die Reflexion der eigenen Positionierung im Hinblick auf das eigene wissenschaftliche Tun.

Parteilichkeit heißt nicht Unwissenschaftlichkeit
Wenn wir hier die eigenen Positionierung reflektieren und eine parteiliche Haltung einnehmen, soll dies nicht den Eindruck erwecken, dass wir Wissenschaft durch

Politik ersetzen möchten oder Erkenntnis durch Moral. Wissenschaft als ein politisches und parteiliches Forschungsprojekt zu betrachten, das unausweichlich mit einer gesellschaftlichen Position und kulturellen Überzeugungen der jeweiligen Wissenschaftler*innen verknüpft ist, bedeutet nicht eine Beliebigkeit oder Aufgabe von Wissenschaftlichkeit. Feministische Standpunkt-Ansätze geben die kritisierte Kategorie Objektivität nicht auf, sondern bestimmen sie neu (vgl. Harding 1994, S. 151). Sie schärfen die Unterscheidung zwischen objektivitätssteigernden und objektivitätsmindernden gesellschaftlichen Werten. Gerade die Reflexion und der Einbezug der eigenen gesellschaftlichen Situiertheit ermöglicht nach Harding eine „strenge Objektivität" (ebd., S. 159). Strenge Maßstäbe für Objektivität erforderten, dass Forschungsprojekte die Reflexion ihrer historischen und sozialen Verortung und ihrer kulturellen Partikularität als Mittel nutzen, um eine größere Objektivität zu erreichen (vgl. ebd., S. 180). Je bewusster sich Wissenschaftler*innen über ihre eigene Positionierung und Verstrickung innerhalb von Herrschaftsverhältnissen sind und je mehr Kenntnisse sie über die Bedeutung erwerben, die diese möglicherweise für ihre Forschungsperspektive haben können, desto größer ist das Ausmaß der Transparenz und Validität, das sie in ihrer Forschung herstellen können. Eine solche politisch orientierte und parteiliche Wissenschaft birgt ebenso wie andere Formen von Wissenschaft spezifische Chancen und Gefahren.

4 Reflexion unseres Prozesses im Umgang mit der Positionierung von Autor*innen und Herausgeber*innen

Die Herausgeber*innen sind im Sinne des gesamten Buchkonzepts Personen, die sich selbst als im Bildungssystem strukturell depriviligiert positionieren. Zudem repräsentiert die Zusammensetzung verschiedene Differenzdimensionen von struktureller Deprivilegierung. Auf die Überlegungen zur Setzung der Reihenfolge unserer Namen als Herausgeber*innen für den gesamten Sammelband wie für unsere gemeinsamen Beträge wirkte die Reflexion unserer Positionierungen ebenfalls mit ein. Wir entschieden uns letztendlich dafür, verschiedene Varianten zu nutzen, sowohl eine alphabetische Reihenfolge als auch Aufzählungen, die unseren jeweiligen Arbeitsaufwand mit berücksichtigen.

Bei der Durchsicht der eingegangenen Abstracts führte uns das Lesen der Selbstpositionierungen der potenziellen Autor*innen noch einmal die Schwierigkeiten und Dilemmata unseres Vorgehens vor Augen. Veröffentlichungen sind im wissenschaftlichen Betrieb eine Art Währung: Wer als Wissenschaftler*in erfolgreich sein möchte, muss nachweisen, dass er*sie publiziert hat. Auch wenn wir selbst als Herausgeber*innen keine renommierten Wissenschaftler*innen sind[10], verfügen wir mit der Möglichkeit, den Band herauszugeben und die Autor*innen dafür auszuwählen, dennoch über den Zugang zu Ressourcen. Diese relative Machtposition ist uns bei der Auswahl der Abstracts bewusst geworden.

Da wir die Beiträge nun nicht allein danach auswählten, ob sie neue und interessante wissenschaftliche Ansätze präsentieren, qualitativ überzeugend und passend zum Konzept des Bandes waren, sondern uns im Sinne von *affirmative action* dazu entschieden hatten, auch eine deprivilegierte Positionierung der Autor*innen zum Auswahlkriterium zu machen, waren wir in der Situation, entscheiden bzw. definieren zu müssen, welche Selbstpositionierung wir als ‚deprivilegiert' anerkennen. Auf der anderen Seite verlangten wir von den einreichenden Personen mit dem Abstract die eigene Deprivilegierung vor uns überzeugend darzulegen. Beim Lesen der Abstracts fragten wir uns immer wieder, mit welchem Recht wir die Autor*innen dazu bringen, uns sehr persönliche Aspekte ihrer Biografie mitzuteilen. Auch wenn wir im Abstract bewusst um eine „Selbstpositionierung in Bezug auf De/Privilegierung in einer für euch angemessenen Art und Weise"[11] gebeten hatten, blieb ein gewisses Unbehagen.

Wir stellten dabei fest, welche Bedeutung es für die Wahrnehmung von Depriviligierung und damit auch für *affirmative action* hat, ob eine Deprivilegierung als solche benennbar ist, ob es Selbstbezeichnungen gibt, mit denen eine Person sich identifizieren kann und die darüber hinaus anerkannt und verstanden werden. So empfinden wir, Maryam Mohseni und Hanna Mai, es als entlastend und stärkend, uns als Frauen of Color positionieren zu können und damit verstanden zu werden, während wir vor 15 Jahren vermutlich noch unsere Familiengeschichten hätten transparent machen müssen, um zu beschreiben, dass wir Rassismuserfahrungen machen und dies eine Perspektive ist, die auch einen Teil unseres Selbstverständnisses als Wissenschaftlerinnen ausmacht. Dies ist möglich, da eine sowohl aktivistische als auch akademische Bewegung von People of Color diese Selbstbezeichnung mittlerweile etabliert hat

---

[10]Zugleich ist wohl unumstritten, dass die Herausgabe wissenschaftlicher Sammelbände durch etablierte und renommierte Wissenschaftler*innen einen Einfluss auf die Wahrnehmung der darin publizierten Beiträge von weniger renommierten Wissenschaftler*innen hat. Wir würden uns deshalb auch wünschen, dass ein solcher Ansatz des öffentlichen Calls und der zumindest für einige Beiträge geltenden Privilegierung von nicht etablierten Wissenschaftler*innen weiter verbreitet wäre, als wir es gegenwärtig wahrnehmen.

[11]Mai, H., Merl, T. & Mohseni, M.: Call zum Sammelband.

(vgl. Ha 2007; Dean 2011). Aber auch die Verortung als *working class academic* bzw. als Sohn aus einer Arbeiter*innenfamilie stellt für Thorsten Merl eine Kategorie dar, die es ermöglicht, individuelle Differenzerfahrungen im Bildungssystem und den eigenen vorzeitigen Abbruch der Schullaufbahn nicht lediglich als individuelles Unvermögen, sondern auch als Ausdruck struktureller (Ausschluss-)Mechanismen des Bildungssystems einordnen zu können. Für andere Deprivilegierungen, die Zugänge zu Ressourcen genauso erschweren können – etwa chronische Krankheit in der Familie – gibt es (noch) kaum anerkannte Möglichkeiten, diese zu artikulieren.

Neben dem Empowerment von strukturell im Bildungssystem deprivilegierten Wissenschaftler*innen gab es eine weitere Motivation für die Auswahl der Autor*innen, die wir ebenfalls als Empowerment verstehen: Die Zusammenarbeit und Vernetzung von Wissenschaftler*innen, die, wie wir, ihre Positionierung in ihrem wissenschaftlichen Arbeiten reflektieren oder auch zum Ausgangspunkt des Erkenntnisgewinns machen und mit dieser Haltung im Wissenschaftsbetrieb marginalisiert sind. Hier erhofften wir uns einen Austausch, der nicht darauf beschränkt bleibt, sich zu rechtfertigen, warum ein positioniertes wissenschaftliches Arbeiten sinnvoll ist. Stattdessen konnten wir diese Annahme als gegeben ansehen und darüber diskutieren, welche Konsequenzen sich aus dieser Implikation ergeben können.

Um die Vernetzung zwischen jenen Wissenschaftler*innen in Qualifikationsphasen zu fördern, haben wir alle Autor*innen zu einem Workshop zu positioniertem (wissenschaftlichem) Schreiben eingeladen.[12] Auf dem Workshop wurden auch das Konzept des Sammelbandes sowie unsere Schwierigkeiten beim Auswahlprozess besprochen. Dabei erhielten wir von den Autor*innen durchweg positive Rückmeldungen für das Konzept und die Umsetzung. Beispielsweise fasste ein*e Autorin ihre Rückmeldung zum Call und zum Gesamtkonzept pointiert mit „na endlich" zusammen und erklärte die Notwendigkeit solcher Konzepte für die wissenschaftliche Publikationspraxis in der Erziehungswissenschaft. Positiv wurde ebenso bewertet, dass positioniertes wissenschaftliches Arbeiten explizites Thema des Workshops war und ein Austauschraum dazu angeboten wurde.

Allerdings ist uns auch bewusst, dass wir nur ein Feedback von den Personen bekommen konnten, die sich bewusst auf das Konzept eingelassen hatten.

---

[12]Die Moderation hatten wir bewusst an zwei externe Trainerinnen des *Schwarzen Bildungskollektiv Karfi* abgegeben, um uns selbst als Teilnehmende auf den Workshop einzulassen.

Dennoch gab es Personen, die sich im Verlauf des Prozesses dazu entschieden haben, nicht mehr teilzunehmen. Im Austausch mit ihnen wurde uns deutlich, dass sich mit dem Autor*innen/Herausgeber*innen-Kollektiv, das sich im Verlauf der Zusammenarbeit entwickelte, eine Gruppe gebildet hatte, die nicht für alle passend war und dass auch ‚wir' in Bezug auf ‚unser' Verständnis von Diskriminierung/Differenz und (Selbst-)positionierung aus einer situierten Position heraus wissenschaftlich Arbeiten bzw. diesen Band schreiben. Innerhalb dieses kollektiven ‚Wirs' stießen wir aber auch auf Differenzen. So war beispielsweise die Bereitschaft unterschiedlich, sich im Rahmen der eigenen wissenschaftlichen Tätigkeiten zu positionieren. Dies führen wir unter anderem auf die unterschiedlichen Positionierungen der Autor*innen zurück. Die verschiedenen Differenzlinien und die damit einhergehenden De-/Privilegierungen sind nicht immer (direkt) sichtbar. Hieraus folgt, dass nur manche die Wahl haben, sich nicht (sofort) zu positionieren. Für andere stellt sich diese Entscheidungsmöglichkeit nicht, da sie aufgrund von z. B. körperlichen Merkmalen direkt festgeschrieben und dadurch positioniert werden. Im Verlauf des Workshops ist ferner die Idee eines gemeinsamen Reflexionsbeitrags der Autor*innen und Herausgeber*innen über die Bedeutung von Positionierung für die eigene wissenschaftliche Arbeit sowie das Verhältnis von Theorie und Praxis entstanden (siehe Beitrag: „Anstelle einer Autor*innenübersicht").

In der Beschäftigung mit der Deprivilegierung der Autor*innen stellte sich uns die Frage, wie wir vermeiden, dass unser Projekt eine reine ‚Nabelschau' bleibt, dass wir uns mit der ‚eigenen' Deprivilegierung und Identität befassen und dabei die strukturellen gesellschaftlichen Machtverhältnisse, die Diskriminierung und damit auch Identitäten hervorbringen, aus dem Blick geraten. In diesem Sinne ist es uns wichtig, die veränderte Repräsentation durch die Zusammensetzung der Autor*innen nicht als Endpunkt des Projektes zu begreifen, sondern als Ausgangspunkt. Im Falle des Sammelbandes als Ausgangspunkt der Diskussion der Autor*innen untereinander, wie sie im Workshop stattgefunden hat, wie sie sich im Reflexionsbeitrag zum Theorie-Praxis-Verhältnis bzw. zur Bedeutung der eigenen Positionierung für das wissenschaftliche Arbeiten widerspiegelt und in der Vielstimmigkeit der einzelnen Beiträge, die sich positioniert und machtkritisch mit der Herstellung und dem Umgang von unterschiedlichen Differenzverhältnissen in der Pädagogik auseinandersetzen.

Literatur

Antidiskriminierungsstelle des Bundes (2013). Diskriminierung im Bildungsbereich und im Arbeitsleben. Zweiter Gemeinsamer Bericht der Antidiskriminierungsstelle des Bundes und der in ihrem Zuständigkeitsbereich betroffenen Beauftragten der Bundesregierung und des Deutschen Bundestages. http://www.antidiskriminierungsstelle.de/SharedDocs/Downloads/DE/publikationen/BT_Bericht/Gemeinsamer_Bericht_zweiter_2013.pdf?__blob=publicationFile&v=4. Zugegriffen: 21. April 2017.

Autorengruppe Bildungsberichterstattung (2016). *Bildung in Deutschland 2016. Ein indikatorengestützter Bericht mit einer Analyse zu Bildung und Migration.* Bielefeld: W. Bertelsmann Verlag.

Bell, L. A. (2007). Theoretical Foundations for Social Justice Education. In M. Adams, L. A. Bell & P. Griffin (Hrsg.), *Teaching for Diversity and Social Justice.* (S. 1–14). New York/London: Routledge.

Bourdieu, P. (1985). *Sozialer Raum und „Klassen". Zwei Vorlesungen.* Frankfurt a. M.: Suhrkamp.

Broden, A., & Mecheril, P. (Hrsg.) (2007). *Re-Präsentationen. Dynamiken der Migrationsgesellschaft.* IDA-NRW: Düsseldorf.

Butler, J. (1991). *Das Unbehagen der Geschlechter.* Frankfurt a. M.: Suhrkamp.

Butler, J. (1997). *Körper von Gewicht. Die diskursiven Grenzen des Geschlechts.* Frankfurt a. M.: Suhrkamp.

Butler, J. (2006). *Haß spricht. Zur Politik des Performativen.* Frankfurt a. M.: Suhrkamp.

Castro Varela, M. d. M., & Dhawan, N. (2007). Migration und die Politik der Repräsentation. In A. Broden, & P. Mecheril (Hrsg.), *Re-Präsentationen. Dynamiken der Migrationsgesellschaft* (S. 29–46). IDA-NRW: Düsseldorf.

Dean, J. (2011). Person/People of Colo(u)r. In S. Arndt & N. Ofuatey-Alazard (Hrsg.), *Wie Rassismus aus Wörtern spricht. (K)Erben des Kolonialismus im Wissensarchiv deutsche Sprache. Ein kritisches Nachschlagewerk* (S. 597–607). Münster: Unrast.

Ebert, J., & Heublein, U. (2017). Ursachen des Studienabbruchs bei Studierenden mit Migrationshintergrund. Eine vergleichende Untersuchung der Ursachen und Motive des Studienabbruchs bei Studierenden mit und ohne Migrationshintergrund auf Basis der Befragung der Exmatrikulierten des Sommersemesters 2014. http://www.dzhw.eu/pdf/21/bericht_mercator.pdf. Zugegriffen: 20. Dezember 2017.

Fereidooni, K., & Zeoli, A. P. (2016). Managing Diversity – Einleitung. In Fereidooni, K., & Zeoli, A. P. (Hrsg.), *Managing Diversity: Die diversitätsbewusste Ausrichtung des Bildungs- und Kulturwesens, der Wirtschaft und Verwaltung* (S. 9–15). Wiesbaden: Springer VS.

Foucault, M. (1977). *Überwachen und Strafen: Die Geburt des Gefängnisses.* Frankfurt a. M.: Suhrkamp.

Foucault, M. (1980). Diskussion vom 20.Mai 1978. In: Foucault, M. (2005): Schriften in vier Bänden. Dits et Ecrits 1980-1988 (S. 25–43). Frankfurt a. M.: Suhrkamp.

Ha, K. N. (2007). People of Color – Koloniale Ambivalenzen und historische Kämpfe. In K. N. Ha, N. Lauré al-Samarai & S. Mysorekar (Hrsg.), *re/visionen. Postkoloniale Perspektiven von People of Color auf Rassismus, Kulturpolitik und Widerstand in Deutschland* (S. 31–39). Münster: Unrast.

Hall, S. (1994). *Rassismus und kulturelle Identität. Ausgewählte Schriften 2*. Hamburg: Argument.
Hall, S. (2004): *Ideologie, Identität, Repräsentation. Ausgewählte Schriften 4*. Hamburg: Argument.
Haraway, D. (1994). Die Neuerfindung der Natur. Frankfurt a. M.: New York: Campus
Harding, S. (1994). *Das Geschlecht des Wissens. Frauen denken die Wissenschaft neu*. Frankfurt a. M./New York: Campus.
Heublein, U., Ebert, J., Hutzsch, C., Iseib, S., König, R., Richter, J., & Woisch, A. (2017). Zwischen Studienerwartungen und Studienwirklichkeit. Ursachen des Studienabbruchs, beruflicher Verbleib der Studienabbrecherinnen und Studienabbrecher und Entwicklung der Studienabbruchquote an deutschen Hochschulen. *Forum Hochschule 1/2017*. http://www.dzhw.eu/pdf/pub_fh/fh-201701.pdf. Zugegriffen: 20. Dezember 2017.
hooks, b. (1990). Choosing the Margin as a Place of Radical Openness. In Dies., *Yearning. Race, Gender, and Cultural Politics* (S. 145–153). Boston: South End Press.
hooks, b.(1996): Sehnsucht und Widerstand. Kultur, Ethnie, Geschlecht, Berlin: Orlanda.
hooks, b. (2003). *Teaching Community. A pedagogy of hope*, New York/London: Routledge.
Kilomba, G. (2010). *Plantation Memories. Episodes of Everyday Racism*. 2. Aufl., Münster: Unrast.
Kleiner, B. (2015). *Studien zu Differenz, Bildung und Kultur: subjekt bildung heteronormativität. Rekonstruktion schulischer Differenzerfahrungen lesbischer, schwuler, bisexueller und trans*Jugendlicher*. Opladen: Verlag Barbara Budrich.
Konsortium Bundesbericht Wissenschaftlicher Nachwuchs (2017). Bundesbericht Wissenschaftlicher Nachwuchs 2017. Statistische Daten und Forschungsbefunde zu Promovierenden und Promovierten in Deutschland. http://www.buwin.de/dateien/buwin-2017.pdf. Zugegriffen: 21. April 2017.
Lutz, H., Herrera Vivar, M. T., & Supik, L. (2010). Fokus Intersektionalität – Eine Einleitung. In H. Lutz, M. T. Herrera Vivar & L. Supik (Hrsg.), *Fokus Intersektionalität. Bewegungen und Verortungen eines vielschichtigen Konzeptes* (S. 9–30). Wiesbaden: VS – Verlag für Sozialwissenschaften.
Mecheril, P. (2010). Anerkennung und Befragung von Zugehörigkeitsverhältnissen. Umriss einer migrationspädagogischen Orientierung. In P. Mecheril, M. d. M. Castro Varela, İ. Dirim, A. Kalpaka & C. Melter (Hrsg.), *Bachelor/Master: Migrationspädagogik* (S. 179–191). Weinheim/Basel: Beltz.
Möller, C. (2014). Als Arbeiterkind zur Professur? Wissenschaftliche Karrieren und soziale Herkunft. *Forschung & Lehre*. http://www.forschung-und-lehre.de/wordpress/?p=16210. Zugegriffen: 11. Dezember 2017.
Möller, C. (2015). *Herkunft zählt (fast) immer. Soziale Ungleichheiten unter Universitätsprofessorinnen und -professoren*. Weinheim/Basel: Beltz Juventa.
Neusel, A., Wolter, A., Engel, O., Kriszio, M., & Weichert, D. (2014). Internationale Mobilität und Professur. Karriereverläufe und Karrierebedingungen von Internationalen Professorinnen und Professoren an Hochschulen in Berlin und Hessen. Abschlussbericht an das Bundesministerium für Bildung und Forschung. https://www.erziehungswissenschaften.hu-berlin.de/de/mobilitaet/projektergebnisse/abschlussbericht-1/abschlussbericht-internationale-mobilitaet-und-professur.pdf. Zugegriffen: 11. Dezember 2017.

Popal, M. (2011). Objektivität. In S. Arndt & N. Ofuatey-Alazard (Hrsg.), *Wie Rassismus aus Wörtern spricht. (K)Erben des Kolonialismus im Wissensarchiv deutsche Sprache* (S. 463–483). Münster. Unrast.

Raasch, S. (2010). Positive Maßnahmen – Eine Einführung. In Heinrich-Böll-Stiftung (Hrsg.), *Positive Maßnahmen – Von Antidiskriminierung zu Diversity. Dossier* (S. 4–10). https://heimatkunde.boell.de/sites/default/files/dossier_positive_massnahmen.pdf. Zugegriffen: 05. April 2017.

Said, E. W. (2009 [1979]). *Orientalismus*, Frankfurt a. M.: Fischer.

Spivak, G. C. (2008 [1981]): *Can the Subaltern Speak? Postkolonialität und subalterne Artikulation*, Wien: Turia & Kant.

Statistisches Bundesamt (2016). Frauenanteil in Professorenschaft 2015 auf 23% gestiegen. Pressemitteilung Nr. 245 vom 14.07.2016. https://www.destatis.de/DE/PresseService/Presse/Pressemitteilungen/2016/07/PD16_245_213.html. Zugegriffen: 11. Dezember 2017.

Spivak, G. C., Landry, D., & MacLean, G. M. (1996). *The Spivak Reader: Selected Works of Gayatri Chakravorty Spivak*. New York: Routledge.

Spivak, G. C. (1993). *Outside in the teaching machine*, London u. a.: Routledge.

Widmaier, B., & Overwien, B. (Hrsg.) (2013). *Was heißt heute Kritische politische Bildung?* Schwalbach/Ts.: Wochenschau.

Winker, G., & Degele, N. (2009). *Intersektionalität. Zur Analyse sozialer Ungleichheiten*. Bielefeld: Transcript.

Herstellung von Differenz und Diskriminierung in schulischen Zuordnungspraktiken zur Kategorie *nichtdeutsche Herkunftssprache*

Isabel Dean

„Und […] man sieht es ja in der Kita: Wenn die Mischung ausbalanciert ist, macht es Spaß und dann stimmt das. Aber wenn dann irgendwie 85 Prozent Nicht-Deutschsprachige sind, dann stimmt's irgendwie nicht mehr, dann funktioniert's auch nicht mehr." Mit diesen Worten verglich die Mutter Michaela Beer[1] im Interview die

---

[1]Michaela Beer (unveröffentlichtes Interview, 15.06.2011). Der vorliegende Beitrag ist im Rahmen meines in einem Grenzbereich zwischen der Kulturanthropologie/Europäischen Ethnologie und der Erziehungswissenschaft angesiedelten Dissertationsprojekts zu Dynamiken und Praktiken insbesondere rassistischer Diskriminierung im Übergangsbereich von Kita zu Grundschulen in Berliner Innenstadtbezirken entstanden. Dabei habe ich im Zeitraum von Mitte 2011 bis Mitte 2014 insgesamt 36 Interviews mit – vor allem hinsichtlich Rassismus und Klassismus – unterschiedlich positionierten Eltern sowie mit Erzieher*innen, Schulleitungen, Lokalpolitiker*innen, Jurist*innen und Aktivist*innen aus dem Antidiskriminierungsbereich geführt. Zum Schutz der Identität habe ich allen Interviewten ein Pseudonym gegeben. Lediglich einige in der Öffentlichkeit stehende Personen nenne ich auf deren Wunsch hin mit ihrem Klarnamen. Bei der Interviewtranskription habe ich Unterbrechungen oder einen Abbruch eines Ausdrucks durch das Notationszeichen „//" gekennzeichnet. Besonders betont gesprochene Aussagen der Interviewten sind kursiv gesetzt. Erläuterungen und Ergänzungen meinerseits, wie bspw. Kommentare, Interpretationen oder Anonymisierungen, stehen in rechteckigen Klammern.

I. Dean (✉)
Berlin, Deutschland

© Springer Fachmedien Wiesbaden GmbH, ein Teil von Springer Nature 2018
H. Mai et al. (Hrsg.), *Pädagogik in Differenz- und Ungleichheitsverhältnissen*, Interkulturelle Studien, https://doi.org/10.1007/978-3-658-21833-1_3

Gruppenzusammensetzung der Kindertagesstätte, die ihre beiden Kinder besuchten, mit der von ihr wahrgenommenen Situation mancher Berliner Grundschulen. Die *Berliner Senatsverwaltung für Bildung, Jugend und Wissenschaft* stellt auf ihren Internetseiten die Schulprofile von Einzelschulen öffentlich zur Verfügung, die auch Informationen über die soziostrukturelle Zusammensetzung der Schüler*innenschaft beinhalten.[2] Beim Vergleich des Schulprofils der Wunschschule mit dem der vorgesehenen Schule im Einzugsgebiet habe sich für Beer Folgendes gezeigt: „Und die hat halt irgendwie [...], glaube ich, 60 Prozent Nicht-Deutschsprachige, was sehr wenig ist, weil die meisten haben wirklich so 80 [Prozent, I. D.], unsere hatte gar keins [deutschsprachiges Kind, I. D.] mehr, wo wir hätten hin müssen."[3]

In Beers Augen schien der Anteil der „Nicht-Deutschsprachigen" ein relevanter Indikator für die Schulqualität zu sein. Um eine für sie stimmigere Zusammensetzung der Schulklasse gewährleistet zu sehen, sah sie als einzig denkbare Möglichkeit, durch Umzug einer anderen Schule zugeordnet zu werden. So verlegte sie ein Jahr vor der Einschulung ihres Sohnes ihren Wohnort von Neukölln nach Kreuzberg in das Einzugsgebiet ihrer Wunschschule. Beer bezog sich mit ihrem auf den einzelnen Schulprofilen basierenden Vergleich der Prozentangaben auf die offizielle Klassifizierung nach Herkunftssprachen durch den *Berliner Senat*. Die Kategorien „deutsche Herkunftssprache" („dH") und „nichtdeutsche Herkunftssprache" („ndH") wurden in Berlin im Jahr 1996 auf statistischer Ebene eingeführt, um die Schüler*innenschaft nicht länger nur nach Nationalität zu erfassen. Dies hatte bis Mitte der 1990er Jahre die Segregation von Schüler*innen in sogenannten ‚Ausländerklassen' begründet. Auch im – seit dem Jahr 2004 gültigen – Berliner Schulgesetz wurde die Kategorie *ndH* aufgenommen, um so einen ungefähren Bedarf an schulischer Sprachförderung (der deutschen Sprache) zu erfassen.

Im vorliegenden Artikel gehe ich auf das Wechselspiel zwischen elterlichem und schulischem Handeln bezüglich der Differenzmarkierung „nichtdeutsche Herkunftssprache" ein. Die Fragen lauten dabei, wie das Interesse von Eltern wie Beer an Schulklassen mit einem geringen Anteil an Kindern „nichtdeutscher Herkunftssprache" mit dem schulischen Interesse, bildungsprivilegierte Eltern an sich zu binden, zusammenfällt und ob sich diese Interessen gegenseitig bestärken bzw. ggf.

---

[2]Vgl. Berliner Senat (o. J.): Schulverzeichnis und -portraits. Eine Auswertung der Zugriffszahlen auf die jeweiligen Schulprofile ergab, dass soziostrukturelle Daten – „Staatsangehörigkeit", „nichtdeutsche Herkunftssprache", „Wohnorte" und „Fehlzeiten" (SVR 2012, S. 13; SVR 2013, S. 24) – die am häufigsten abgerufene Schulmerkmale darstellen (vgl. ebd.).
[3]Ebd.

unterfüttern. Als Erstes frage ich danach, wie die Kategorie *ndH* seitens des *Berliner Senats* definiert und ausgestaltet wird (Abschn. 1). In der Folge befasse ich mich mit konkreten Zuordnungspraktiken zur Differenzmarkierung *ndH* durch Schulleitungen bzw. deren Mitarbeiter*innen in den Schulsekretariaten (Abschn. 2). Dann frage ich, wie die Einführung neuer Steuerungsformen im Sinne eines *New Public Management* und die damit verbundenen gestiegenen Wettbewerbslogiken zwischen Schulen die institutionelle Separation vermeintlicher ‚Problemschüler*innen' sowie die Reduktion des Anteils solcher Schüler*innen zunehmend befördern (Abschn. 3). Abschließend frage ich, wie die flexible Zuordnung zur Kategorie „nichtdeutsche Herkunftssprache" als eine postliberale rassistische Strategie wirksam wird (Abschn. 4).

1 Fehlende Definition der Kategorie „nichtdeutsche Herkunftssprache"

Die Journalistin Katharina Ludwig zitierte im Jahr 2014 in einem Artikel im *Tagesspiegel* die Sprecherin der *Berliner Senatsverwaltung für Bildung, Jugend und Wissenschaft,* Beate Stoffers, die davon ausgehe, die Definition der Kategorie „nichtdeutsche Herkunftssprache" sei „ganz deutlich": Die Kommunikationssprache in der Familie (als das entscheidende Kriterium der Zuordnung zur „deutschen" oder „nichtdeutschen Herkunftssprache") sei diejenige Sprache, die in einer plurilingualen Familie am häufigsten gesprochen werde. Bei der Erhebung solle der Einschätzung der Eltern vertraut werden, denn schlussendlich sei das Ziel der Erfassung nach Herkunftssprache „lediglich [...] festzustellen, ob ein Kind dem deutschsprachigen Unterricht folgen könne" (Ludwig 2014).

Ganz so eindeutig bestimmt und definiert, wie von der Senatsverwaltung behauptet, ist die Kategorisierung *ndH* allerdings nicht. In dem seit dem Jahr 2004 geltenden Schulgesetz (Berliner Senat 2004: Schulgesetz – SchulG) ist der Begriff vielmehr gar nicht definiert; hingewiesen wird stattdessen im § 15 Absatz 4 darauf, dass „[d]ie für das Schulwesen zuständige Senatsverwaltung [...] ermächtigt [wird], das Nähere zu den Voraussetzungen und zur Ausgestaltung des Unterrichts für Schülerinnen und Schüler nichtdeutscher Herkunftssprache durch Rechtsverordnung zu regeln", worunter auch „die Grundlagen und Verfahren zur Feststellung der Kenntnisse in der deutschen Sprache" (ebd.) gehören. Damit liegt die Definition und Ausgestaltung des Begriffs *ndH* in den Händen der *Senatsverwaltung für Bildung, Jugend und Wissenschaft* (SenBJW). Diese ist zwar an den Begriff *ndH* gebunden, darüber hinaus aber dazu befugt, nach eigenem Ermessen und abhängig von sich wandelnden (politischen) Gegebenheiten den Begriff auszulegen (vgl. Vasilyeva 2013, S. 17).

Erst auf untergesetzlicher Ebene findet sich in den Schulstufenverordnungen der SenBJW für den Grundschulbereich sowie für die Sekundarstufe eine (völlig wortgleiche) Begriffsbestimmung: „Schülerinnen und Schüler nichtdeutscher Herkunftssprache sind ungeachtet ihrer Staatsangehörigkeit Kinder, deren Kommunikationssprache innerhalb der Familie nicht Deutsch ist."[4] Was jedoch unter der „Kommunikationssprache" zu verstehen ist, inwiefern sie die alleinige, dominierende bzw. überwiegende oder auch nur eine von zweien oder mehreren ungefähr gleichwertigen Kommunikationssprachen innerhalb einer Familie ist, geht aus dieser Definition nicht hervor. Ebenso bleibt die Frage unbeantwortet, ob oder inwiefern sich Kommunikations- und Herkunftssprache unterscheiden und welchen Einfluss die „nichtdeutsche Herkunftssprache" möglicherweise auf die Deutschkenntnisse eines Kindes hat (vgl. ebd., S. 18–23). Der quantitative und qualitative Umfang dessen, was als „Kommunikationssprache" gilt, geht damit auch aus den Schulstufenverordnungen nicht hervor. Lediglich einzelne Formulare der SenBJW legen nahe, dass es sich bei der „nichtdeutschen Herkunftssprache" um die „überwiegend" in einer Familie gesprochene Sprache handelt.[5]

Anders als beispielsweise bei der Befreiung von der Zahlung des Eigenanteils an Lernmitteln (kurz: *Lernmittelbefreiung),* die mit der Zahlung von Transferleistungen[6] an Familien korreliert, sind die Kriterien, nach denen Schüler*innen „nichtdeutscher Herkunftssprache" seitens der Schulen erfasst werden, faktisch nicht eindeutig geregelt. Wie *ndH* erfasst wird, ist in der Praxis zu einem guten Teil den Schulen überlassen und wird von diesen uneinheitlich angewandt und umgesetzt: Es „bleibt [...] unklar, ob es sich bei dieser Angabe um eine Selbstbeschreibung der Eltern handelt, ob diese Zuordnung von den Sekretär_innen bei der Anmeldung vorgenommen wird oder welche anderen Praktiken angewandt werden." (Karakayalı/zur Nieden 2013, S. 68). Auch Ludwig kritisiert in oben genanntem Medienartikel diese uneinheitliche Erhebungspraxis: „Was ndH genau heißt und wie es erhoben wird, dafür gibt es in Berlin keine einheitlichen Standards." (Ludwig 2014).

---

[4]Grundschulverordnung – GsVO (2005): § 17 Absatz 1 und Sekundarstufenverordnung I – Sek I-VO (2010): § 17 Absatz 1.
[5]Vgl. Antrag ergänzende Förderung Jahrgangsstufe 1–4 (Berliner Senat 2012a); Antrag ergänzende Förderung Jahrgangsstufe 5–6 (Berliner Senat 2012b).
[6]Dazu gehören folgende staatliche Transferleistungen: Hilfe zum Lebensunterhalt, Arbeitslosengeld II, Wohngeld, BAföG-Leistungen oder Leistungen für Asylbewerber*innen (vgl. Lehr- und Lernmittel o. J.).

2 Zuordnungspraktiken zur Kategorie „nichtdeutsche Herkunftssprache"

Die beiden Schulleitungen, mit denen ich Interviews führte,[7] verwiesen mich bezüglich der Klassifizierung von Kindern als „deutscher" respektive „nichtdeutscher Herkunftssprache" an ihre „Sekretärinnen".[8] Letztere nahmen selbst die Zuordnungen vor und sahen sich durch mich plötzlich einer Art Rechtfertigungsdruck ihrer eigenen Erhebungspraxis ausgesetzt. In den Gesprächen mit den Sekretariats-Mitarbeiter*innen traf meine Frage nach der Zuordnungspraxis zunächst auf Unverständnis. Für sie schien ganz offensichtlich zu sein, wen sie nach welchen Kriterien als *ndH* klassifizierten. Der Anstoß dazu, sich mit der Zuordnung zu *ndH* zu beschäftigen, kam somit von außen, d. h. von mir als Forscherin, die die Sekretariats-Mitarbeiter*innen zu ihren Handlungsweisen und Überzeugungen befragte.[9]

Analog zur uneinheitlichen Erhebungspraxis bekam ich, abhängig davon, wen ich bezüglich der Zuordnung befragte, sehr unterschiedliche Einschätzungen zu hören. Auch wenn sich bei den einzelnen Personen die Definition von *ndH* und/oder die Erhebungspraxis deutlich unterschieden, wurde ersichtlich, wie sich dabei insbesondere rassifizierende und ökonomisierende sowie darüber hinaus auch – z. T. in geringerem Umfang und nur mittelbar – vergeschlechtlichende Logiken und Anrufungen intersektional überlagern. Im Folgenden stütze ich mich dabei auf kurze Gespräche mit zwei Sekretariats-Mitarbeiter*innen und berücksichtige ergänzend Einschätzungen einer Juristin sowie einer politischen Akteurin aus dem Antidiskriminierungsbereich. Darüber hinaus beziehe ich mich auch auf o. g. Zeitungsbericht (vgl. Ludwig 2014), um zu verdeutlichen, wie bei der

---

[7]Maria Krüger (unveröffentlichtes Interview, 21.01.2015); Catharina Reinhard (unveröffentlichtes Interview, 14.11.2014). Mehrere andere Schulleitungen, deren Schulen in der Kritik standen, nach ‚Herkunft' getrennte Klassen eingerichtet zu haben (vgl. Karakayalı und zur Nieden 2013), antworteten auf meine Interviewanfragen nicht oder lehnten diese ab, wodurch ich die damit verbundenen institutionellen Handlungs- und Begründungsweisen nicht erfassen konnte.

[8]Vgl. ebd.

[9]Festzustellen, inwieweit die eindeutige und weitgehend unhinterfragte Zuordnungspraxis der beiden von mir befragten Sekretariats-Mitarbeiter*innen auch von anderen an den Zuordnungen beteiligten Akteur*innen (z. B. weiteren Mitarbeiter*innen in den Schulsekretariaten oder Schulleitungen) geteilt wird und welche Gründe hierfür ggf. ausschlaggebend sind, bleibt Aufgabe weiterer Studien in diesem Feld.

ndH-Zuordnungspraxis verschiedene Diskursstränge und damit sehr unterschiedliche Deutungen und Interpretationen zusammentreffen.

An beiden Schulen – von denen die eine einen ungefähren Anteil an Kindern „nichtdeutscher Herkunftssprache" von 80 % aufwies, die andere von 55 %, verneinten die Sekretariats-Mitarbeiter*innen, das *Sprachlerntagebuch* (2006; 2016) zu nutzen, um auf dieser Basis Rückschlüsse auf die Deutsch-Sprachkompetenzen zu erhalten. Das *Sprachlerntagebuch* wird seit dem Jahr 2006 als Sprachdokumentationssystem für jedes Kind in allen Berliner Kitas eingesetzt, die eine Finanzierung nach den Regelungen des *Kindertagesförderungsgesetzes* (KitaFöG)[10] erhalten. Es dient sowohl der Sprachstandsermittlung bzw. der -diagnostik als auch der Sprachförderung der deutschen Sprache. Die Verneinung der Sekretariats-Mitarbeiter*innen lässt sich evtl. damit erklären, dass die Schulen rechtlich gesehen das *Sprachlerntagebuch* nur unter Zustimmung der Eltern von den Kitas anfordern können und damit zumindest ‚offiziell' nur eingeschränkt Zugriff darauf haben. Die Journalistin Katharina Ludwig berichtet in ihrem Artikel im *Tagesspiegel* dagegen, im Kontext Berlins sei es eine weit verbreitete Praxis, dass „die Mitarbeiter in den Sekretariaten auf Grundlage von Elterngesprächen oder entsprechend der Lerntagebücher aus der Kita die Sprachkenntnisse der Schüler" (Ludwig 2014) zuordnen.

Laut den beiden Sekretariats-Mitarbeiter*innen kommt stattdessen grundsätzlich ein Fragebogen hinsichtlich der Notwendigkeit einer ergänzenden Betreuung zum Einsatz,[11] wobei beide Mitarbeiter*innen die Angaben der Eltern in ‚Zweifelsfällen' auch wieder korrigierten. Zweifel ergäben sich, wenn Eltern(teile) bei der Anmeldung fehlerhaftes Deutsch sprächen oder mit ihren Kindern in einer anderen Sprache als Deutsch kommunizierten. Auch Katharina Ludwig berichtet von solchen schulischen Disziplinierungspraktiken gegenüber Eltern am Beispiel einer Einrichtung in Charlottenburg mit einem *ndH*-Anteil von gut 70 %. An dieser Schule befürchteten die Eltern Nachteile bei der Nennung von *ndH* auf einem Schulformular, weswegen die Schule hier ‚falsche' Angaben korrigiert habe (vgl. Ludwig 2014).

Maryam Haschemi Yekani,[12] eine viele Jahre für das *Antidiskriminierungsnetzwerk Berlin des Türkischen Bundes in Berlin-Brandenburg* (ADNB) tätige Anwältin, berichtete in diesem Zusammenhang von Diskriminierungsfällen, in

---

[10]Vgl. Kindertagesförderungsgesetz – KitaFöG (2005).
[11]Vgl. Antrag ergänzende Förderung Jahrgangsstufe 1–4 (Berliner Senat 2012a).
[12]Maryam Haschemi Yekani (unveröffentlichtes Interview 03.12.2013).

denen sich Mütter an sie wandten. Obwohl sie bei der Einschulung versichert hätten, zu Hause Deutsch zu sprechen, sei „über die eigene Aussage hinweg fremd entschieden" worden: „Und das ist nicht klar, auf welcher Basis passiert das, ja? Also: ‚Wer hat hier eigentlich die Entscheidungshoheit darüber zu sagen, welche Sprache wird zu Hause als erste, *prägende* Sprache gesprochen, ja?'"[13] Da, wie oben erwähnt, die Kommunikationssprache in der Familie als die vorrangige bzw. prägende Sprache konzipiert ist, würden insbesondere Kinder als *ndH* klassifiziert werden, bei denen die Mutter zu Hause eine andere Sprache als Deutsch spreche, so Haschemi Yekani. Im Gegenzug gelte daher auch: „Und es ist eben oft so, dass bei Elternhäusern, wo *insbesondere* die *Mutter* als [...] Erstsprachlerin Deutsch gilt, ja? [...] dann hat's [das Kind, I. D.] ja die Markierung ‚ndH' nicht."[14] Würden dagegen Väter in einer anderen Sprache als dem Deutschen mit ihren Kindern kommunizieren, werde dies häufig für die *ndH*-Klassifikation als weniger aussagekräftig interpretiert.

In Haschemi Yekanis Aussagen klingt eine Kritik an der hierbei getroffenen Unterstellung an, dass die Kommunikation mit der Mutter prinzipiell prägender sei als die mit einer männlichen Bezugsperson. In einer solchen Konzeptionalisierung wird das männliche Ernährermodell als implizite Norm gesetzt, wodurch die Erziehungs- und *Care*arbeiten (vgl. u. a. Winker 2011) als weiblich, die Ernährung – im Sinne der Versorgung – der Familie als männlich gedacht werden. Darüber hinaus zeigt sich hierin auch, dass die imaginierte Norm ein heterosexistisches Familienmodell ist; lesbische, schwule, queere und trans-Eltern ebenso wie (andere) Formen des *Co-Parenting* kommen darin nicht vor.

Neben der Person, mit der das Kind in einer anderen Sprache als dem Deutschen kommuniziere, sei laut Haschemi Yekani auch die gesprochene Sprache selbst entscheidend für eine evtl. Zuordnung zu *ndH:*

> Und kann man nicht auch sagen, dass irgendwie viele Familien, selbst wenn sie die erste prägende Sprache Türkisch haben, nicht *trotzdem* ihren Kindern ein astreines Deutsch beibringen können, ja? Also sozusagen, das eine hat ja auch mit dem anderen nichts zu *tun*, es gibt ja bilinguale Familien, in denen Kinder beide Sprachen *sehr gut* beherrschen, ohne dass da ein Defizit [...] festzustellen wäre.

Haschemi Yekani sprach damit die familiale Kommunikation auf Türkisch an, wobei es sich laut Mecheril und Quehl um eine „nachrangige Sprache[]" (2006, S. 366) handele. Daraus folgt ein dauerhaft abgewerteter und benachteiligter

---

[13]Ebd.
[14]Ebd.

„Bilingualismus von Kindern mit Migrationshintergrund mit Minderheitensprachen" (Dirim et al. 2008, S. 13). Auch Meral El[15], eine Referentin zu Rassismus und Diskriminierung im Bildungsbereich, die vor einigen Jahren für die *Open Society Justice Initiative* ein internes Gutachten zu segregierten Klassen in Berlin verfasste, war in vergleichbarer Weise überzeugt, dass sich die Frage nach der in der Familie gesprochene(n) Sprache(n) auf die Familien (potenziell) diskriminierend auswirke, die in „nachrangige[n] Sprachen" (Mecheril und Quehl 2006, S. 366) miteinander kommunizierten:

> Und die Kriterien, auf die basierend das ermittelt wird, sind auch *lächerlich*, weil bei der Einschulung in die Grundschule wird gefragt: ‚Welche Sprachen werden zu Hause gesprochen?' Und wenn du dann Deutsch und Englisch sagst, bist du *dH*, ‚deutscher Herkunftssprache', und wenn du dann eine *nicht*-europäische Sprache sagst, bist du *ndH*. Unabhängig davon, ob jetzt die Eltern in der zweiten, dritten, vierten, fünften Generation da sind oder sonst etwas.

Haschemi Yekanis und Els Kritik verweisen auf ein linguizistisches[16] Sprachregime, wonach im bundesdeutschen Kontext nur einem „Elitebilingualismus mit Sprachen wie Englisch oder Französisch" (Dirim et al. 2008: 13) eine besondere Wertigkeit zugesprochen wird. Farida Heuck-Yoo und Juliane Kanitz kommen diesbezüglich zu dem Schluss:

> Eine Einteilung der Lernenden nicht mehr über die Staatsbürgerschaft oder den ‚Migrationshintergrund' zu vollziehen, sondern Sprache als ernstzunehmende Kategorie einzuführen, wie es im dH/ndH-Versuch geschehen ist, ist prinzipiell positiv. [...] Allerdings müsste diese Kategorie alle Sprachen gleichwertig ernst nehmen und nicht einige Sprachen als förderungswürdig und andere als bedrohlich einstufen (Heuck-Yoo und Kanitz 2013, S. 67).

Die sprachliche Zweiteilung in einen förderungswürdigen „Elitebilingualismus" und einen bedrohlichen „Bilingualismus [...] mit Minderheitensprachen" (Dirim et al. 2008: 13) deutet darüber hinaus auf einen weiteren Aspekt: Gerade

---

[15]Meral El (unveröffentlichtes Interview, 07.03.2013).

[16]İnci Dirim (2010: 91) definiert *Linguizismus* als eine spezielle Form des Rassismus, bei der Sanktionen, Ausgrenzung und/oder sozio-strukturelle Schlechterstellung von Menschen mit dem Verweis auf ihre Sprache oder ihre durch ihre Herkunft in einer bestimmten Weise beeinflussten Sprache (z. B. ihrem Akzent) begründet und vollzogen werden.

Migrationsandere[17], die keine EU-Bürger*innen sind, werden auf dem Arbeitsmarkt strukturell benachteiligt. In Bezug auf „Menschen mit türkischem Migrationshintergrund" stellen Juliane Karakayalı und Birgit zur Nieden in Anlehnung an Befunde des *Bundesamts für Migration und Flüchtlinge* (BAMF) aus dem Jahr 2011 fest, dass diese „nach wie vor sozioökonomisch deutlich schlechter gestellt [sind] als der Durchschnitt, was sich in vergleichsweise niedrigen Löhnen und hoher Arbeitslosigkeit niederschlägt" (2013, S. 64; Bundesamt für Migration und Flüchtlinge 2011, S. 23, 26 f., 35, 48, 56).

In die Zuordnung von Kindern als zur „nichtdeutschen Herkunftssprache" gehörig, spielt häufig, bei weitem aber nicht immer (s. u.), auch der sozioökonomische Hintergrund einer Familie mit hinein. Heuck-Yoo und Kanitz (2013, S. 67) gehen sogar davon aus, dass die Kategorisierung als *ndH* – insbesondere an sogenannten ‚Brennpunktschulen' – vor allem auf den sozialen Status verweise. Diese Analyse ist insofern zutreffend, dass innerstädtische ‚Brennpunktschulen' überproportional häufig von Kindern soziostrukturell benachteiligter Familien besucht werden, von denen die Mehrzahl eine Migrationsgeschichte teilt. Diese liegt allerdings häufig – wie von El konstatiert – drei oder vier Generationen zurück. Gerade die Überlagerung von sozioökonomischer Benachteiligung und (zugeschriebenem) ‚Migrationshintergrund' erhöht damit die Wahrscheinlichkeit als Schüler*in „nichtdeutscher Herkunftssprache" definiert zu werden.

Ganz in diesem Sinne fühlte sich eine der beiden Sekretariats-Mitarbeiter*innen in ihrer Zuordnungspraxis zu *ndH* bestätigt, wenn Familien zusätzlich auch „lernmittelbefreit" seien, sie also öffentliche Sozialleistungen erhielten. In diesen Fällen ging sie davon aus, dass die betreffenden Eltern ihre Kinder nicht bei den Hausaufgaben unterstützen könnten. Die Zuordnung *ndH* wurde aus ihrer Sicht umso wichtiger, damit zusätzliche (Deutsch-)Förderstunden bewilligt werden, die bei Bedarf auch flexibel für eine allgemeine – also nicht primär sprachbasierte – Förderung aufgewendet werden könnten. Die hier angesprochene Zuordnung zu *ndH* zum Zwecke höherer Fördermittel setzten Schulen daher laut Haschemi Yekani gezielt ein: „Bei diesen Markierungen mit dem ‚ndH'-,dH', das

---

[17]Mit der Bezeichnung „Migrationsandere" möchte ich im Anschluss an Paul Mecheril betonen, dass es sich bei den so bezeichneten Personen um keine einheitliche Gruppe handelt, diese aber nichtsdestotrotz „partiell gleichartige Bedingungen in der Bildungs- und Lebenssituation" teilen (Mecheril 2010, S. 17). Zugleich verweist der Begriff auf den ihm inhärenten Konstruktionscharakter, mit dem angezeigt werden soll, dass dieser „auf Kontexte, Strukturen und Prozesse der Herstellung der *in einer Migrationsgesellschaft als Andere geltenden Personen*" (ebd., Hervorh. wie i. Orig.) fokussiert.

darf man auch nicht vergessen, […] gehen ja auch ganz oft irgendwie *Förder*mittel mit ein, ja? Das heißt sozusagen, da gibt es ja auch ein Interesse daran, Kinder so zu markieren. Das ist ein *sehr* undurchsichtiger Raum, ja?"[18]

In die Zuordnung zu *ndH* spielen Narrative und gesellschaftlich dominante Diskurse um – meist rassistisch markierte – ‚bildungsferne Problemschüler*innen' hinein. Diese Narrative und Diskurse wirken nicht allein auf schulisches Handeln zurück, sondern subjektivieren auch – wie zu Anfang dargestellt – bildungsprivilegierte Eltern. Letztere lesen einen hohen *ndH*-Anteil als einen Marker für eine schlechte Schulqualität und umgehen entsprechende Schulen in sogenannten ‚sozialen Brennpunkten' nach Möglichkeit (vgl. Flitner 2004[19], Kristen 2005, Noreisch 2007a, 2007b[20]). Bei den solchermaßen problematisierten Grundschulen sinken die Schüler*innenzahlen, wenn – verschärft durch Gentrifizierungsprozesse – diese Elternklientel in deren Einzugsgebiet zieht, ihr Kind aber in einer Schule außerhalb des vorgesehenen Einzugsgebiets einschult. Viele dieser Schulen versuchen daher auch für diese Eltern attraktiv zu werden und bieten die Möglichkeit der *Gruppenanmeldung* an, d. h. die Möglichkeit, Kinder, die sich häufig bereits kennen, zusammen in einer Klasse einzuschulen. Den jeweiligen Eltern werden in der Regel auch weitere Privilegien gewährt, bspw. die Wahl der Lehrkraft und/oder der jeweiligen Schulklasse. In der Tendenz entstehen hierüber nach ‚Herkunft' getrennte Klassen; daneben haben aber auch andere Klasseneinteilungen wie *Deutsch-Garantie-Klassen*[21] oder *Montessori-Zweige* segregierende Effekte.

---

[18]Maryam Haschemi Yekani (unveröffentlichtes Interview 03.12.2013).

[19]Die Erziehungswissenschaftlerin Elisabeth Flitner hat festgestellt, dass manche der Berliner Grundschulen zu 50 % von Schüler*innen mit „Migrationshintergrund" („issus de l'immigration") besucht werden; teilweise seien es sogar bis zu 85 %. Dabei weisen durchschnittlich nur 20 % aller Berliner Grundschüler*innen einen sogenannten ‚Migrationshintergrund' auf. Flitner vermutet, dieses Missverhältnis entspreche zum Teil der Bewohner*innenschaft und sei darüber hinaus das Ergebnis von Abwanderungsprozessen der ‚deutschen' Eltern (vgl. 2004, S. 44 f.).

[20]Die Geografin Kathleen Noreisch hat in ihrer statistischen Erhebung zur Staatsangehörigkeit den Anteil der deutschen mit jenem der nichtdeutschen Kinder an Grundschulen im Bezirk Tempelhof-Schöneberg verglichen. Sie kam zu dem Ergebnis, dass bei höheren Anteilen nichtdeutscher Kinder in einer Grundschule mehr deutsche Kinder in anderen Einzugsgebieten eingeschult werden würden (2007b, S. 82).

[21]In *Deutsch-Garantie-Klassen* werden ausschließlich diejenigen Schüler*innen eingeschult, die vor Schulbeginn einen verpflichtenden Deutsch-Test bestehen. Zumeist werben Schulen dabei mit einem naturwissenschaftlichen Schwerpunkt (sogenannte ‚Nawi-Klassen').

3 Institutionelle Separation vermeintlicher ‚Problemschüler*innen'

Die hier angesprochene Bildung von nach ‚Herkunft' getrennten Klassen verweist auf einen potenziellen Umgang von Schulleitungen mit den an sie gerichteten Erwartungen: die institutionelle Separation von *„Problemkindern"*[22]. Dieses Bestreben strich Wolfgang Lenk[23], Vorsitzender des *Integrationsausschusses* von Friedrichshain-Kreuzberg heraus. Er fungierte in einem Konflikt um eine nach ‚Herkunft' getrennte Klasse als Vermittler zwischen unterschiedlich positionierten Eltern. Im Interview vollzog er in einem Gedankenexperiment die mögliche Perspektive von Schulleitungen nach:

> Sie [die Gruppenanmeldungs-Eltern, I.D.] *erwarten* von mir [der Schulleitung, I.D.], dass ich insgesamt, also dann diese – aus der Sicht dieser bildungsorientierten und erfahrungs*armen* Mittelschichtseltern – *Problemkinder*, so wie sie sie konstruieren, dass ich *die* dann irgendwo bündele, dass die nicht das Schulklima bestimmen, sondern dass die dann als Problemklasse separiert lernen.[24]

Die dahinterliegende Vorstellung, vermeintliche „Problemkinder" in bestimmten Klassen zu separieren, verglich Lenk mit der Praxis der sogenannten „Ausländerklassen":

> Das war ja auch in den achtziger Jahren, siebziger Jahren hat man ganz offen von Problemklassen oder von *Ausländer*klassen gesprochen als Problemklassen. Das ist ja nicht ganz verschwunden diese Vorstellung, dass man so damit umgehen kann.[25]

In Berlin ist von der ersten Anwerbung sogenannter ‚Gastarbeiter*innen' ab 1953 bis zum Jahr 1995 die getrennte Beschulung nach ‚Herkunft' durch sogenannte ‚Ausländerregelklassen' administrativ organisiert worden (vgl. Engin 2003, S. 21–31; Karakayalı und zur Nieden 2013, S. 65 ff.). Auch nach deren Auflösung blieb die damit verbundene Separation bestehen; die Umbenennung in *Regelklassen* oder *Förderklassen* änderte lange Zeit nichts an den inhaltlichen und organisatorischen Rahmenbedingungen des Unterrichts (vgl. Engin 2003, S. 30).

---

[22] Wolfgang Lenk (unveröffentlichtes Interview, 05.04.2013).
[23] Ebd.
[24] Ebd.
[25] Ebd.

Die „Vorstellung, dass man so damit umgehen kann" (s. o.) führt in der Tendenz dazu, dass in Schulen mit einem hohen *ndH*-Anteil, die von tendenziell soziostrukturell deprivilegierten Kindern aus Familien mit (auch Generationen zurückliegender) Migrationsgeschichte besucht werden, Kinder bildungsprivilegierter Eltern einzelne Klassen dominieren. Lenk ging im Interview davon aus, dass es bei den *Gruppenanmeldungen* „also eine gewissermaßen unsichtbare Kommunikation zwischen zwei Formen der Strategie und zwei Formen des Begehrens [gibt], die sich dann ergänzen."[26] Die Strategie und das Begehren der Schulen sei es, auf der einen Seite (vermeintlich oder tatsächlich) leistungsstarke Klassen mit Kindern bspw. aus *Gruppenanmeldungen* zu ermöglichen sowie parallel dazu ‚Problemklassen' mit einem (vermeintlich oder tatsächlich) niedrigeren Leistungsniveau, die in der Mehrzahl von Kindern besucht werden, die den Kategorisierungen *ndH* und *LmBf* zugeordnet werden. Parallel dazu seien Strategie und Begehren der angesprochenen Elternklientel, zusammen mit anderen gleich gesinnten Eltern ihre eigenen Kinder in einer Klasse einzuschulen und damit die ‚Problemkinder' möglichst von sich fern zu halten.

Dementsprechend achteten Sekretariats-Mitarbeiter*innen oder Schulleitungen bei der Anmeldung von Kindern, der politischen Referentin El zufolge, stark auf das „*Auftreten*"[27] der Eltern. Dieses würde herangezogen, um Kinder zu identifizieren, die vermeintlich gut in Klassen passen, die Kinder aus einer sogenannten ‚Gruppenanmeldung' besuchen. El drückte die Suche nach den ‚passenden' Kindern „nichtdeutscher Herkunftssprache" so aus:

> Also Mehreres, denke ich, was zusammenkommt, je nachdem, welche Person da sitzt, ne? Es ist so: Schauen den Namen an, oder sie gucken die Papiere an, sie sehen das *Auftreten*. Bei Menschen, die die Sekretärin bestimmen, ist es so, dass sie dann bei Bildungsaufsteigern oder Akademiker-Eltern denken so: ‚Ah, ok, könnte in die [von Kindern aus einer *Gruppenanmeldung* besuchte, I.D.] Klasse passen.'[28]

Ich interpretiere Els Aussage dahin gehend, dass sie das „Auftreten" von Eltern – in Verbindung mit ihrem Namen und ihrer Staatsangehörigkeit – als deren Habitus und den damit verbundenen Dispositionen verstand. Somit koppelte sie das „Auftreten" der Eltern, das sich somit maßgeblich in Abhängigkeit von deren sozioökonomischen Status bzw. deren sozialen Herkunft gestaltete, sowohl an ihr

---

[26]Ebd.
[27]Meral El (unveröffentlichtes Interview, 07.03.2013).
[28]Ebd.

äußeres Erscheinungsbild als auch an die Art ihres Agierens. Über eine solche Zuordnung entstehen Klassen, in denen Kinder (weitgehend) ausgeschlossen sind, die als *ndH* gelten und deren Eltern zugleich „lernmittelbefreit" sind. Stattdessen können diese von *Gruppenanmeldungs*-Kindern besuchten Klassen mit Bildungsaufsteiger*innen aufgefüllt werden, wie EI weiter ausführte: „Aber das ist auch das Phänomen der Quotenregelung, weil wenn sie ein, zwei Quoten-*Nicht-Weiße* in der Klasse haben, können sie auch dem Vorwurf, dass das diskriminierend und rassistisch ist, dem einfach aus dem Weg gehen."[29]

Das schulische Interesse an (einzelnen Klassenzügen mit) besonders *leistungsstarken* Schüler*innen stellt somit einen weiteren Grund dar, Gruppenanmeldungen seitens Schulen zu akzeptieren oder sogar aktiv zu fördern. Denn so verbessert sich der Ruf der Schule, wodurch diese wiederum für bildungsprivilegierte Eltern attraktiv wird. Dieses besondere Interesse an leistungsstarken Schüler*innen ist eng verknüpft mit der Einführung performanzorientierter Steuerungsformen im Sinne eines *New Public Management* seit Mitte der 1990er Jahre. In Berlin wurde mit der Reform des Schulgesetzes vom 01. April 2004 gemäß diesem Verwaltungskonzept „Schulen eine erweiterte Selbstständigkeit zugebilligt, die die rechtliche, finanzielle, personalwirtschaftliche, curriculare und schulorganisatorische Ebene betrifft" (Wittmann 2009, S. 201). Außerdem hat sich die sogenannte ‚Outputsteuerung' von Schulen erhöht, durch die festgelegte politische Zielvorgaben erreicht werden sollen. Die Umsetzung wird mittels externer Kontrollen überprüft und vergleichend dokumentiert (vgl. ebd., S. 201). Die Qualität der Schulentwicklung wird dabei über Leistungsdaten der Schulinspektion beurteilt (vgl. ebd., S. 211), was eine verstärkte Konkurrenz der Schulen untereinander mit sich bringt (vgl. u. a. Franklin, Bloch und Popkewitz 2003; Huber und Büeler 2009; Quehl 2007). Dies zeigt sich u. a. darin, dass regelmäßige Leistungsvergleiche zwischen Schulen durchgeführt werden, „die als ‚nichtintendierten Nebeneffekt' die Rekrutierung besonders leistungsstarker Schüler_innen und den Versuch der Reduktion des Anteils leistungsschwacher Schüler_innen zur Folge haben können" (Karakayalı und zur Nieden 2013, S. 72; vgl. Bellmann und Weiß 2009, S. 295 ff.). Insbesondere „in den sozial und ethnisch gemischten Innenstädten [findet so] ein Wettbewerb um die Schüler statt, mit denen aus der Sicht der Schulen am ehesten erfolgreich gearbeitet werden kann" (Radtke 2007, S. 209).

Ein Ausdruck der zunehmenden Konkurrenz zwischen Schulen und zugleich auch ein Katalysator stellt das *Qualitätspaket* des *Berliner Senats* (2011) dar.

---

[29]Ebd.

Festgelegt ist darin u. a., dass schulbezogene Statistiken und Leistungsdaten wie bspw. die Schulinspektionsberichte (ebd., Abs. 9) oder der Abiturdurchschnitt von Sekundarschulen – zusätzlich zu dem seit dem Jahr 2005 zugänglichen *ndH*-Anteil (vgl. Vieth-Enthus 2005) – in den auf der Senatshomepage zugänglichen *Schulprofilen* veröffentlicht werden sollen. Da sich die Qualität von Schulen somit zunehmend über Effizienz- und Schulerfolgskriterien definiert, versuchen Schulen dem Konkurrenzdruck zu begegnen, indem sie Einfluss auf die Aufnahme oder Ablehnung von Schüler*innen, bzw. die Zuweisung zu besonderen Spezialklassen vornehmen. Verschiedene diesbezügliche Praktiken wie *Gruppenanmeldungen, Deutsch-Garantie-Klassen* oder *Montessori-Zweige*, so lässt sich daran anschließend feststellen, werden gerade deswegen von vielen Institutionen geschätzt und gefördert, weil diese die angesprochene Klientel als leistungsstärker antizipieren und daher nach Möglichkeit an sich binden wollen.

4 Zuordnungspraktiken zu *ndH* als postliberale rassistische Strategie

Dieser flexiblen Interpretation der Kategorisierung als *ndH* entsprechend sagt die Zuordnung „nichts über einen tatsächlichen Förderbedarf in Deutsch aus" (Karakayalı und zur Nieden 2013, S. 68). Die Bandbreite der Deutschkenntnisse von *ndH*-Schüler*innen kann von einem erstsprachlichen Niveau bis zu einer fehlenden Schulreife aufgrund geringer Deutsch-Kenntnisse reichen. Im Bezirk Mitte wird aus diesem Grund – in der Absicht, Art und Umfang der Sprachfördermaßnahmen (des Deutschen) gezielter planen zu können – vor der Einschulung der Kinder eine Sprachstandsfeststellung umgesetzt. Auch wenn dies im Einzelnen viele Vorteile haben mag, schreibt sich diese Praxis ein in den „monolingualen Habitus" (vgl. Gogolin 2008) der deutschen Schule. So wird auch weiterhin nicht nach Wegen gesucht, Mehrsprachigkeit im Unterricht und im schulischen Alltag produktiv zu verankern und zu nutzen (vgl. u. a. Mecheril und Quehl 2006, S. 371–380; Dirim und Mecheril 2010, S. 115–119).

Da die Kategorisierung als *ndH* also maßgeblich auf einen niedrigen sozioökonomischen sowie Bildungs-Hintergrund verweist und damit häufig auch auf eine zugeschriebene ‚Bildungsferne' ist Karakayalı und zur Nieden zuzustimmen, die konstatieren, dass „ndHs im Vergleich zur Kategorisierung als ‚Ausländer_in' als flexiblere Kategorisierung (ebd., S. 70) fungiert. Sie kann z. B. greifen, um an einzelnen Schulen die Fördergelder für zusätzliche Lehrstunden zu erhöhen oder genauso auch, wenn der Anteil der „ndH"-Schüler*innen in der Erhebungspraxis niedrig angesetzt wird, um bildungsprivilegierten Eltern zu vermitteln, dass die Schule bereits von einer großen Anzahl an Kindern aus mittelschichtsorientierten Familien besucht wird. Die Zuordnung operiert damit als „[p]ostliberale rassistische Strategie[] […] wesentlich fluider als jene des traditionellen Rassismus" (Pieper et al. 2011, S. 195). *NdH* kann so auf institutioneller Ebene „jederzeit als Segregationskriterium herangezogen werden, genauso aber unberücksichtigt bleiben" (Karakayalı und zur Nieden 2013, S. 70).

In der Konsequenz werden über die schulische Zuordnungspraxis zu *ndH* Differenzen zwischen einzelnen Schüler*innen hergestellt. Diese legitimieren Diskriminierung, ohne dass dabei rassistische Argumentationen zum Tragen kommen müssen (vgl. Pieper et al. 2011, S. 195). Vielmehr erscheinen die damit verbundenen Verfahren und Zuschreibungen als angemessen und ‚wertneutral' (vgl. Gomolla und Radtke 2009, S. 50). Vor diesem Hintergrund ist es umso wichtiger, die flexible Zuordnung zur Kategorie *ndH* und damit verbundene Wertungen aufseiten der Schule kritisch zu hinterfragen, um ausgrenzende und diskriminierende schulische Routinen zu vermeiden bzw. abzubauen. Dies böte die Chance, der Vision der Schule als einem möglichst diskriminierungsarmen Bildungssettings ein Stück näher zu kommen.

Literatur

Bellmann, J., & Weiß, M. (2009). Risiken und Nebenwirkungen neuer Steuerung im Schulsystem. Theoretische Konzeptualisierung und Erklärungsmodelle. *Zeitschrift für Pädagogik*, 55 (2), (S. 286–308).

Berliner Senat (26.01.2004). Schulgesetz – SchulG. http://gesetze.berlin.de/jportal/?quelle=jlink&query=SchulG+BE&psml=bsbeprod.psml&max=true&aiz=true. Zugegriffen: 05. September 2017.

Berliner Senat (19.01.2005). Grundschulverordnung – GsVO. http://www.schulgesetz-berlin.de/berlin/grundschulverordnung.php. Zugegriffen: 05. September 2017.

Berliner Senat (01.08.2005). Kindertagesförderungsgesetz – KitaFöG. http://gesetze.berlin.de/jportal/?quelle=jlink&query=KitaRefG+BE&psml=bsbeprod.psml&max=true&aiz=true. Zugegriffen: 05. September 2017.

Berliner Senat (01.08.2010). Sekundarstufenverordnung I – Sek I-VO. http://gesetze.berlin.de/jportal/?quelle=jlink&query=SekIV+BE&psml=bsbeprod.psml&max=true&aiz=true. Zugegriffen: 05. September 2017.

Berliner Senat (06.05.2011). Qualitätspaket Kita und Schule: https://www.berlin.de/imperia/md/content/sen-bildung/schulqualitaet/qualitaetspaket.pdf?start&ts=1304676467&file=qualitaetspaket.pdf. Zugegriffen: 28. Oktober.2016

Berliner Senat (2012a). Antrag ergänzende Förderung Jahrgangsstufe 1–4. http://www.berlin.de/sen/bjf/service/formulare/antrag_auf_ergaenzende_forderung_und_betreuung_jahrgangsstufen_1_bis_4.pdf. Zugegriffen: 05. September 2017.

Berliner Senat (2012b). Antrag ergänzende Förderung Jahrgangsstufe 5–6. https://secure. scolibri.com/uploads/attachments/Post/dfd28a36/originals/anmeldunghort_ab_5_klasse. pdf. Zugegriffen: 05. September 2017.

Berliner Senat (o. J.). Lehr- und Lernmittel: https://www.berlin.de/sen/bildung/unterricht/ medien/lehr-und-lernmittel/. Zugegriffen: 05. September 2017.

Berliner Senat (o. J.). Schulverzeichnis und -portraits. https://www.berlin.de/sen/bildung/ schulverzeichnis_und_portraets/anwendung/. Zugegriffen: 05. September 2017.

Bundesamt für Migration und Flüchtlinge (2011). Migranten am Arbeitsmarkt in Deutschland. http://www.bamf.de/SharedDocs/Anlagen/DE/Publikationen/WorkingPapers/wp36-migranten-am-arbeitsmarkt-in-deutschland.pdf?__blob=publicationFile. Zugegriffen: 23. März 2017.

Dirim, İ. (2010). „Wenn man mit Akzent spricht, denken die Leute, dass man auch mit Akzent denkt oder so." Zur Frage des (Neo-)Linguizismus in den Diskursen über die Sprache(n) der Migrationsgesellschaft. In İ. Dirim, P. Mecheril (Hrsg.), *Spannungsverhältnisse. Assimilationsdiskurse und interkulturell-pädagogische Forschung* (S. 91–112). Münster u. a.: Waxmann.

Dirim, İ., Hauenschild, K., & Lütje-Klose B. (2008). Einführung: Ethnische Vielfalt und Mehrsprachigkeit an Schulen. In İ. Dirim, K. Hauenschild, B. Lütje-Klose, J. Löser, & I. Sievers (Hrsg.), *Ethnische Vielfalt und Mehrsprachigkeit an Schulen. Beispiele aus verschiedenen nationalen Kontexten* (S. 9–24). Frankfurt a. M.: Brandes & Apsel.

Dirim, İ. & Mecheril. P. (2010). Die Sprache(n) der Migrationsgesellschaft. In P. Mecheril, M. d. M. Castro Varela, İ. Dirim, A. Kalpaka & C. Melter (Hrsg.), *Migrationspädagogik* (S. 99–120). Weinheim/Basel: Beltz.

Engin, H. (2003). *„Kein institutioneller Wandel von Schule?" Bildungspolitische Reaktionen auf Migration in das Land Berlin zwischen 1990 und 2000 im Spiegel amtlicher und administrativer Erlasse*. IKO-Verlag: Frankfurt a. M./London.

Flitner, E. (2004). Conditions culturelles et politiques du choix de l'école à Berlin. *Éducation et Sociétés* 14 (2), (S. 33–49).

Franklin, B. M., Bloch, M. & Popkewitz, T. (Hrsg.). (2003). *Educational partnerships and the state: The paradox of governing schools, children, and families*. New York: Palgrave Macmillan.

Gogolin, I. (2008) [1994]. *Der monolinguale Habitus der multilingualen Schule*. 2. Aufl. Münster u.a.: Waxman. 2. Auflage.

Gomolla, M., & Radtke, F.-O. (2009) [2002]. *Institutionelle Diskriminierung: Die Herstellung ethnischer Differenz in der Schule*. 2. Aufl. Wiesbaden: VS Verlag für Sozialwissenschaften.

Heuck-Yoo, F., & Kanitz, J. (2013). Mehrsprachigkeit statt Migrationshintergrund. *Hinterland. Das Vierteljahresheft für kein ruhiges. Ein Magazin vom Bayerischen Flüchtlingsrat, 24*, (S. 62–70).

Huber, S. G., & Büeler, X. (2009). Schulentwicklung und Qualitätsmangement. In S. Blömeke, G. Lang-Wojtasik, T. Bohl (Hrsg.), *Handbuch Schule* (S. 579–587). Bad Heilbrunn: Klinkhardt.

Karakayalı, J., & zur Nieden, B. (2013). Rassismus und Klassen-Raum. Segregation nach Herkunft an Berliner Grundschulen. *sub\urban. Zeitschrift für kritische Stadtforschung, 2*, (S. 61–78).

Kristen, C. (2005). *School Choice and Ethnic School Segregation: Primary School Selection in Germany*. Münster u. a.: Waxman.

Ludwig, K. (2014). Mehrsprachigkeit an Berliner Schulen. Polnisch mit Mama, Persisch mit Papa, Deutsch mit der Freundin. *Der Tagesspiegel*, 03.07.2014. Abrufbar unter: http://www.tagesspiegel.de/berlin/schule/mehrsprachigkeit-an-berliner-schulen-polnisch-mit-mama-persisch-mit-papa-deutsch-mit-der-freundin/10145370.html. Zugegriffen: 05. Januar 2017.

Mecheril, P., & Quehl, T. (2006). Sprache und Macht. Theoretische Facetten eines (migrations-)pädagogischen Zusammenhangs. In P. Mecheril & T. Quehl (Hrsg.), *Die Macht der Sprachen. Englische Perspektiven auf die mehrsprachige Schule* (S. 355–382). Münster u. a.: Waxman.

Mecheril, Paul (2010): Migrationspädagogik. Hinführung zu einer Perspektive. In P. Mecheril: Migrationspädagogik, (S. 7–22). Weinheim/Basel: Beltz.

Noreisch, K. (2007a). Choice as rule, exception and coincidence: Parents' understandings of catchment areas in Berlin. *Urban Studies*, 1, (S. 1308–1328).

Noreisch, K. (2007b). School catchment area evasion: the case of Berlin, Germany. *Journal of Education Policy*, 22 (1), (S. 69–90).

Pieper, M., Panagiotidis, E., & Tsianos, V. (2011). Konjunkturen der egalitären Exklusion: Postliberaler Rassismus und verkörperte Erfahrung in der Prekarität. In M. Pieper, T. Atzert, S. Karakalı & V. Tsianos (Hrsg.), *Biopolitik in der Debatte* (S. 193–226). Wiesbaden: VS Verlag.

Quehl, T. (2007). Die unsichtbare Hand greift nach der Schule. *DISS Journal* 16, (S. 19–21).

Radtke, F.-O. (2007). Segregation im deutschen Schulsystem. In W.-D. Bukow, C. Nikodem, E. Schulze & E. Yildiz (Hrsg.), *Was heißt hier Parallelgesellschaft? Zum Umgang mit Differenzen* (S. 201–212). Wiesbaden: VS Verlag für Sozialwissenschaften.

Sprachlerntagebuch 2006: http://www.daks-berlin.de/downloads/meinsprachlerntagebuch.pdf. Zugegriffen am 29. Juni 2017.

Sprachlerntagebuch 2016: https://www.berlin.de/sen/bildung/schule/bildungswege/fruehkindliche-bildung/sprachlerntagebuch_2016.pdf. Zugegriffen am 29. Juni 2017.

SVR (Sachverständigenrat Deutscher Stiftungen für Integration und Migration) (Hrsg.). (2012). Segregation an Grundschulen. Der Einfluss elterlicher Schulwahl. Berlin. http://www.svr-migration.de/wp-content/uploads/2014/11/Segregation_an_Grundschulen_SVR-FB_WEB.pdf. Zugegriffen: 30. Januar 2017.

SVR (Sachverständigenrat Deutscher Stiftungen für Integration und Migration) (Hrsg.). (2013). Segregation an deutschen Schulen: Ausmaß, Folgen und Handlungsempfehlungen für bessere Bildungschancen. Berlin. http://www.svr-migration.de/wp-content/uploads/2013/07/SVR-FB_Studie-Bildungssegregation_Web.pdf. Zugegriffen: 30. Januar 2017.

Vasilyeva, L. (2013): Zum Merkmal der „nichtdeutschen Herkunftssprache" (ndH) in der schulischen Sprachförderung im Land Berlin. Potsdam. Abrufbar unter: https://publishup.uni-potsdam.de/opus4-ubp/files/…/vasilyeva_master.pdf. Zugegriffen: 30. Januar 2017.

Vieth-Enthus, S. (2005). Die beste Schule ist nur einen Mausklick entfernt. *Der Tagesspiegel*, 24.11.2005, Abrufbar unter: http://www.tagesspiegel.de/berlin/die-beste-schule-ist-nur-einen-mausklick-entfernt/662118.html. Zugegriffen: 30. Januar 2017.

Winker, G. (2011). Soziale Reproduktion in der Krise – Care Revolution als Perspektive. *Das Argument* 292 (3), (S. 333–344).

Wittmann, E. (2009). Explizite und implizite Veränderung von Verwaltungskonzepten in der „neuen" Schule. Analysen zum Berliner Schulgesetz. In J. Buer & C. Wagner (Hrsg.), *Qualität von Schule: Ein kritisches Handbuch* (S. 201–216). Frankfurt a. M.: Peter Lang.

„…, dazu musst du einen Coolen befragen" Differenzkonstruktionen in der Grundschule

Juliane Spiegler

Der schulpädagogische Heterogenitätsboom der Post-PISA-Ära ist kaum zu übersehen. Trotzdem scheinen erziehungswissenschaftliche Debatten durch einen Heterogenitätsdiskurs gekennzeichnet zu sein, der weder eigene Begrifflichkeiten voneinander abgrenzen noch Beziehungen zu verwandten Konzepten wie ‚Vielfalt' oder ‚Diversität' klar aufzeigen kann (vgl. Budde 2017, S. 22). Die fehlende Systematik im Begriffspotpourri und der Hang zu „Junk-Food-Theoremen" (Hormel und Scherr 2005, S. 295) finden ihren vermeintlichen Höhepunkt im aktuellen Inklusionsdiskurs, wenn (zumindest fördergeldfreundlich) nicht selten von ‚Inklusion' gesprochen und an ‚Heterogenität' gedacht wird. Das diskursiv ausgehandelte Heterogenitätsverständnis ist jedoch je nach pädagogischer, gesellschafts- oder bildungspolitischer Ausrichtung mit unterschiedlichen, teilweise divergenten Perspektiven, Zielen und Konzepten verbunden und damit nicht nur entsprechend selbst heterogen, sondern auch in sich widersprüchlich und unscharf. Oft aufgegriffene schulpädagogische Pseudofragen nach Heterogenität als Herausforderung, Bereicherung oder Chance oder auch nach dem ‚richtigen Umgang' mit Heterogenität im Klassenzimmer postulieren in ihren Antworten häufig eine notwendige ‚Anerkennung von Vielfalt'. Um sich dem anzunähern, gehören beispielsweise ‚individuelle Förderung' oder ‚Binnendifferenzierung' insbesondere für die Grundschule zum Standardrepertoire, mit deren Hilfe Heterogenität ‚bearbeitet' werden soll. Diese rhetorischen Tarnkappen implizieren eine (scheinbar unvermeidliche) heterogenitätsbedingte Anforderung, die sich durch eine ontologisch begründete Auffassung von Vielfalt als Wesensmerkmal der Schüler*innen ergibt, mit der Lehrer*innen

---

J. Spiegler (✉)
Hildesheim, Deutschland
E-Mail: spiegler@uni-hildesheim.de

‚richtig umgehen' müssen. Dadurch wird unreflektiert eine Unterschiedlichkeit der Schüler*innen als gegeben angenommen, ohne zu bedenken, dass diese nicht nur unterschiedlich sind, sondern ebenso durch Schule und Unterricht unterschiedlich gemacht werden. Mit dieser veränderten Vorstellung von ‚unterschiedlich sein' zu ‚unterschiedlich machen und gemacht werden' geht dieser Beitrag von der Annahme aus, dass Unterschiede auch als Ergebnis von Unterscheidungen zu sehen sind und Differenzen nicht nur in die Grundschule hineingetragen, sondern dort bedeutsam gemacht und (re-)produziert werden. Differenzen bzw. Differenzkategorien sind demnach keine festgeschriebenen Größen oder gar Eigenschaften, sie sind veränderbar und in unterschiedlichen Kontexten unterschiedlich relevant. Zentral ist dabei, dass Individuen nicht einfach innerhalb von Differenzkategorien positioniert werden, sondern dass dies in einem subjektkonstituierenden, komplexen Prozess von Selbst- und Fremdzuschreibungen in machtvollen Über- und Unterordnungen ausgehandelt und zugewiesen wird. Die damit einhergehende Konstruktion des bzw. der Anderen führt auch in der Schule, einem „prominente[n] Ort des Vertrautwerdens mit diesen Ordnungen" (Mecheril und Rose 2014, S. 137), zu spezifischen Ausschlüssen und Ungleichheit.

In diesem Beitrag steht die Rekonstruktion eines Einzelfalls im Mittelpunkt (Abschn. 2), bei dem anhand der leitenden Frage, welche Differenzkategorien aufgerufen und in unterschiedlichen Zusammenhängen als bedeutsam markiert werden, exemplarisch Zuschreibungen und Positionierungen in einer Grundschulklasse aufgezeigt werden.

Als theoretische Skizze wird hierzu zunächst auf Judith Butlers Verständnis von subjektivierender Anerkennung (vgl. exemplarisch Butler 2001) zurückgegriffen (Abschn. 1), das als Brille für die Rekonstruktion differenzproduzierender Adressierungen und ihrer Effekte genutzt werden soll. Das Fazit resümiert zentrale Punkte der Analyse und setzt sie in einen Zusammenhang mit der theoretischen Hintergrundfolie (Abschn. 3).

1 Theoretische Perspektive: Subjektivierende Anerkennung nach Butler

> *Ich kenne mich selbst nicht durch und durch, weil ein Teil dessen, was ich bin, aus den rätselhaften Spuren der anderen besteht.*
> *In diesem Sinne kann ich mich selbst nicht vollständig kennen oder auf endgültige Weise wissen, was mich von anderen ‚unterscheidet'*
> (Butler 2005, S. 63f.).

So unterschiedlich schulpädagogische Heterogenitätskonzepte auch ausgerichtet sind, als basso continuo schwingt häufig ein mit einer Partizipationsrhetorik untermauertes Anerkennungschiffre mit, welches im Wesentlichen auf Wertschätzung und Bestätigung basiert. Ähnlich wie *Heterogenität* hat der Begriff der *Anerkennung* eine steile Karriere hingelegt, wenngleich mit einer gestiegenen Popularität lange Zeit nicht zwangsläufig eine (aus erziehungs- und bildungswissenschaftlicher Sicht) theoretische Fundierung einherging.[1] Im (sozial-)philosophischen Diskurs lassen sich dazu Georg Wilhelm Friedrich Hegels (1970), Axel Honneths (1994, 2004), Jessica Benjamins (1990, 1993), Tzvetan Todorovs (1985, 1996) und Emmanuel Lévinas' (1983) Konzepte der Anerkennung als grundlegend ausmachen. Insbesondere Honneths intersubjektivitätstheoretische Überlegungen, die sich als einen der bisher ambitioniertesten Versuche fassen lassen, ein moralphilosophisches und gesellschaftstheoretisches Modell der Anerkennung zu formulieren, stellen die Grundlage zahlreicher anerkennungstheoretischer Schriften dar. In Anlehnung an Honneth folgen also eine Reihe weiterer Theorien, in denen jedoch teilweise sehr normative Ansätze von Anerkennung formuliert werden. In Abgrenzung dazu, weist Butler auf eine Schwierigkeit in dieser Interpretation hin, die sich „aus der doppelten Wahrheit [ergibt], dass wir zwar Normen brauchen, um leben zu können (…) und um zu wissen, in welche Richtung wir unsere soziale Welt verändern wollen, dass wir aber auch von den Normen in Weisen gezwungen werden, (…), so dass wir sie aus Gründen sozialer Gerechtigkeit bekämpfen müssen" (Butler 2009, S. 327). Im Anschluss an Butlers Ausführungen liegt diesem Beitrag ein Verständnis von Anerkennung zugrunde, das sich als *subjektivierende Anrufung* konkretisieren lässt (vgl. insbesondere Butler 2001). Das meint zuallererst, dass Anerkennung (vermutlich entgegen der Alltagsbedeutung) nicht nur als Wertschätzung oder als Gegenteil von Ablehnung zu denken ist oder ‚stattfindet', wenn beispielsweise Handlungen oder Eigenschaften eines Subjektes positiv bestätigt werden, vielmehr weist sie einen ambivalenten Charakter auf, der – und hier zeigt sich eine klare Abgrenzung zu Honneth – mit Macht[2] verbunden ist. Butler argumentiert auf Basis Foucaultscher

---

[1]Dies wurde insbesondere von Annedore Prengel (1993), Krassimir Stojanov (2006) sowie Nicole Balzer und Norbert Ricken (2010, vgl. auch Ricken 2013) und Balzer (2014) geleistet.

[2]Nachvollziehbar ist, dass, wer mit einem machttheoretischen Zugriff arbeitet, diese Perspektive auch erläutern und sich damit positionieren muss. Dies ist insbesondere notwendig, wenn es sich wie bei *Macht* (in ähnlicher Weise wie bei *Anerkennung*) um ein alltagsweltliches Phänomen und einen Begriff eines bisweilen diffusen (erziehungs-) wissenschaftlichen Diskurses zugleich handelt (für eine ausführliche Rekonstruktion des

macht- und subjekttheoretischer Arbeiten gegen eine „rein negative Konzeption der Macht" (Foucault 1978, S. 105) und stellt heraus, dass diese nicht nur als etwas Externes auf Subjekte Einfluss nimmt (vgl. Butler 2001, S. 7), sondern vielmehr „Subjekte allererst *bildet* oder *formt*" (ebd., Hervorh. i. O.). Sie entwickelt Foucaults Thesen unter dem Begriff der ‚Subjektivation' weiter, indem sie davon ausgeht, dass Individuen in einem paradoxen Vorgang zu Subjekten werden, nämlich in einem „Prozeß des Unterworfenwerdens durch Macht" (ebd., S. 8). Diese Überlegungen eines machtvollen „Doppelsinn[s] von ‚Subjektivation'" (ebd., S. 18), also des zeitgleichen Unterwerfens unter soziale Normen und Hervorbringens des Subjekts, verbindet Butler unter Verweisen auf Sigmund Freud, Baruch de Spinoza und Hegel mit Fragen der Anerkennung und entwirft so ihre Anerkennungstheorie. Ein essenzieller Gedanke darin ist, dass Anerkennung resp. Anerkennbarkeit von Normen abhängig ist, welche „erst den Gedanken des Menschen hervorbringen, der überhaupt der Anerkennung und Repräsentation wert ist" (Butler 2010, S. 130). Butler geht davon aus, „dass das Selbst und die Selbst(an)erkennung von Normen eingerahmt werden" (Butler 2002, S. 144) und dass „die Existenzfähigkeit unserer individuellen Personalität grundsätzlich von diesen sozialen Normen abhängt" (Butler 2009, S. 10), da was „aus den Normen herausfällt, (…) strenggenommen nicht anerkennbar [ist]" (Butler 2003, S. 63). Das Subjekt ist demnach gezwungen, diese gesellschaftlichen Normen immer wieder ‚richtig' zu wiederholen und sie damit wiederherzustellen (vgl. Butler 2001, S. 32). Dies ist nun insofern machtvoll, da Macht „auf ein Subjekt einwirken [kann], wenn sie der Existenz dieses Subjekts Normen der Anerkennbarkeit aufzwingt" (Butler 2003, S. 63). Weiterhin entscheidend für Butlers Anerkennungskonzept sind ihre Auseinandersetzungen mit Louis Althussers Modell der *Anrufung* (vgl. Althusser 1977), bei dem ein

---

Machtbegriffs vgl. Ricken 2006, insbesondere Studie I *Macht der Macht*). Für diesen Artikel ist eine Idee von Macht relevant, die sich mit Hannah Arendts Worten wie folgt pointiert zusammenfassen lässt: „Macht ist immer ein Machtpotential, und nicht etwas Unveränderliches, Meßbares, Verläßliches (…). Macht aber besitzt eigentlich niemand, sie entsteht zwischen Menschen, wenn sie zusammen handeln, und sie verschwindet, sobald sie sich wieder zerstreuen" (1960, S. 194). Zentral ist also, dass es sich bei Macht „weder um Besitz noch um Aneignung" (Butler 2003, S. 53) handelt und sie sich ebenfalls nicht als Durchsetzung des eigenen Willens, Beeinflussung, Unterdrückung o. ä., sondern als allgegenwärtiges Charakteristikum zwischenmenschlicher Beziehungen, ein „Netz von ständig gespannten und tätigen Beziehungen" (Foucault 1978, S. 38) denn als „Privileg" (ebd.) Einzelner begreift.

Subjekt „durch einen Ruf, eine Anrede, eine Benennung konstituiert" (Butler 2001, S. 91) wird sowie mit John Austins (1962) *Sprechakttheorie,* dessen Idee der Performativität, also dass „ein Wort nicht nur etwas benennt, sondern etwas performativ herbeiführt, und zwar genau das, was es benennt" (Butler 1998, S. 72), sie in ihr komplexes Gedankengebäude von der „Sprache als Handlungsmacht" (Butler 1998) überführt: „Die sprachliche Äußerung als solche (…) [ist als] modus vivendi von Macht selbst" (ebd., S. 118) nicht als „Repräsentation von Macht oder als deren sprachliches Epiphänomen" (ebd.) zu begreifen. Sprache stellt für Butler damit nicht nur ein „Ausdrucksinstrument" (ebd., S. 51) dar, sondern ist „Bedingung seiner oder ihrer Möglichkeit" (ebd.) und konstituiert Subjekte, sodass sie „in einem bestimmten Sinne ‚sprachliche Wesen' wären, die der Sprache bedürfen, um zu sein" (ebd., S. 9). Diese „primäre[] Abhängigkeit von einer Sprache, die wir nicht selbst gemacht haben" (ebd., S. 48), fasst Butler als „grundlegende[] Abhängigkeit von der Anrede des anderen" (ebd., S. 15), denn die „Möglichkeit, andere zu benennen, erfordert, daß man selbst bereits benannt worden ist" (ebd., S. 53), sodass ein Subjekt „in der Sprache sowohl die Position des Adressaten als auch die des Adressierenden innehat" (ebd.). Das heißt also, die Anrufung, die bei Althusser das Subjekt erst hervorbringt, ist bei Butler, unter Bezug des Performativitätsgedankens von Austin, die Anrede durch Andere – ein Angesprochenwerden, das auch bedeutet, anerkannt zu werden (vgl. ebd., S. 15).

Diese notwendigerweise skizzenhafte Zusammenfassung zielt auf Folgendes: Als jemand angesprochen zu werden, ist im Sinne Butlers als Anerkennungsmoment zu verstehen, wobei das Subjekt den Normen der Anerkennbarkeit subjektivierend unterworfen wird. Mitgedacht werden muss, dass auch das Ausbleiben einer Anrede eine Anrede darstellt, weil man „[auf] die eine oder die andere Weise (…) immer angesprochen zu werden [scheint], (…) da auch die Leere und die Verletzung einen in bestimmter Weise rufen" (Butler 2007, S. 74) und dass „gerade durch das Schweigen, durch die Tatsache, nicht angesprochen zu werden (…), schmerzhaft deutlich wird, (…) daß wir lieber erniedrigt als gar nicht angesprochen werden" (Butler 1998, S. 48 f.). Vor diesem Hintergrund wird klar, dass Anerkennung nach Butler nicht nur als Bestätigung, Achtung und nicht nur als Abwertung, Missachtung zu denken ist, sondern auch als „Ort der Macht, durch die das Menschliche verschiedenartig erzeugt wird" (Butler 2009, S. 11). Es greift daher zu kurz, setzt man Anerkennung lediglich mit einem Merkmal zwischenmenschlicher (pädagogischer) Beziehungen gleich, das durch ‚mehr oder weniger' Anerkennung zu fassen wäre.

2 „..., wir sind meilenweit entfernt" – Rekonstruktion eines Fallbeispiels

Die nachstehenden Interviewausschnitte sind einem ethnografischen Interview mit einer Schülerin aus einer 4. Klasse einer Berliner Grundschule entlehnt, das im Rahmen meines praxistheoretisch verorteten Dissertationsvorhabens entstanden ist. Darin untersuche ich schulische Adressierungspraktiken unter dem Fokus der Differenzkonstruktion. In diesem Abschnitt stehen die von der Schülerin präsentierte Selbst- und Fremddarstellung sowie die dabei aufgerufenen Differenzen im Mittelpunkt, die narrationsanalytisch (vgl. Schütze 1977, 1983) untersucht werden.

Den folgenden Passagen ging ein kurzes Gespräch voraus, in dem es darum ging, mit wem die Erzählerin ihre kommende Frühstückspause verbringt, wer ihre Freund*innen sind und mit wem sie gerne spielt.

> Musst dir vorstellen, da ist eine große Gruppe und eine kleine Gruppe, so die Losergruppe und die anderen sind halt die, die so tun, als wären sie cool. Also, sie sind halt anders (–), in dem Sinne, dass sie auch anders zu den Lehrern sind. Die Uncoolen respektieren eher, was die Lehrer so sagen. Also, so, wenn sich zum Beispiel jetzt zwei streiten und einer sagt, er geht zum Lehrer, dann hört der Uncoole halt auf […], weil er keinen Ärger haben will. Der Coole, so in Anführungstrichen, hört halt nicht auf, was **sehr** bescheuert ist. (–) Weil die Lehrer sind sowas wie, hach, die Bestimmer, immer wenn man auf die hört, ist man Untertan, also, so – schlecht. Und die Coolen haben sich gesagt, nee, ganz sicher nicht, die Uncoolen haben gesagt, was ist denn das, das Problem, wenn man darauf hört? Das kann ich dir nicht sagen, dazu musst du einen Coolen befragen. Und halt (–) ja, sie sind halt so ein bisschen anders. Sie sind halt eine **ganz** andere Gruppe, wir sind meilenweit entfernt.[3]

Auf die Nachfrage der Interviewerin, warum die Schülerin ein zuvor genanntes Kind als mögliche*n Spielpartner*in ausschließt, antwortet diese nicht mit einem individuellen Bezug zu dieser*m Mitschüler*in, sondern eröffnet eine auf den ersten Blick quantitative Unterscheidung der Schüler*innenschaft in zwei Gruppen. Bei näherer Betrachtung ergibt sich eine weitere Lesart der ‚großen' und ‚kleinen' Gruppe, so lässt sich ‚klein' auch als ‚unbedeutend', ‚untergeordnet' oder ‚unterlegen' und ‚groß' als entsprechendes Äquivalent dazu verstehen. Die folgende Konkretisierung der „Losergruppe" schließt an diese Lesart an und spannt einen Raum von Gewinner*innen und Verlierer*innen auf, indem die Erzählerin eine

---

[3]Juliane Spiegler (Interview, 09.12.2016, eig. Hervorh.).

Unterscheidung der Schüler*innenschaft in ‚cool' und ‚uncool' einführt. Die Behauptung eines allerdings nur vorgetäuschten ‚Coolseins' deutet nicht nur auf ihre eigene Position hin, es ermöglicht der Schülerin vor allem, den Anspruch der ‚Gewinnergruppe' auf eben diese Position durch deren mangelnde Authentizität abzusprechen. Mit „sie sind halt anders" bekräftigt die Sprecherin ihre zuvor vorgenommene Verortung und schreibt den Mitgliedern der ‚coolen' Gruppe nicht nur *andere* Verhaltensweisen oder Ansichten zu, sondern ebenso ein grundlegend *anderes* Sein. Das anschließend angeführte Beispiel weist darauf hin, dass ein ‚Anderssein' auch ein „anders zu den Lehrern" sein meint und sich überdies auf Peer-Interaktionen auswirkt, wenn ‚uncoole' Schüler*innen in Konfliktsituationen eher darauf verzichten, ihre Meinung zu vertreten, ihr Recht einzufordern oder letztendlich nachgeben, während ‚Coole' das Risiko eines Gesichtsverlustes vor Lehrer*innen oder weitere*n Mitschüler*innen eingehen, um als ‚Gewinner*innen' aus der Situation hervorzugehen. Auffallend ist, dass die Erzählerin mit „in Anführungsstrichen" ‚cool' erneut eine eigene Abgrenzung und übernommene Sprechweise aufzeigt, die sich an die Lesart der ‚unechten Coolness' anschließt. So ist es ihr möglich, ihre eigene (und ggf. zugewiesene) Platzierung sowie deren Relevanz und erneut die selbst- oder fremdzugewiesene Positionierung der ‚Coolen' zu hinterfragen. Mit einer klaren Rollenverteilung, in der Lehrer*innen als den „Bestimmer[n]" Autorität zugesprochen wird, kann die Erzählerin das angepasste Verhalten ‚uncooler' Schüler*innen erklären, verwendet aber auch den Begriff des „Untertans", der eine Position als Untergebene*r in einem Abhängigkeitsverhältnis unterstellt. Während sich ‚coole' Schüler*innen dem widersetzen, fügen sich ‚Uncoole' und kommen den Forderungen nach. Warum man sich dem verwehren, warum man nicht das tun sollte, was Lehrer*innen von einem verlangen, kann sich die Erzählerin nicht vorstellen oder gar nachvollziehen, dafür muss ein ‚Cooler' befragt werden. Auf die damit eröffnete Distanz zwischen den Schüler*innen der beiden Gruppen verweist sie, wenn sie von einer „meilenweiten" Entfernung spricht, die kaum überwindbar scheint.

> Also, gibt mehr Uncoole, weil es sind auch mehr Mädchen uncool, weil die sich darum kümmern, was die Lehrer sagen […] und auch so **ja** dicke Mädchen auch. Und ja, uncool ist auch, die schlecht in Sport sind. Also, wenn man zum Beispiel in Mathe oder so, wenn man darin schlecht ist (—) Also, manche sind schlecht, wollen es aber nicht sein. Denen ist das halt wichtig, die Sachen zu machen, die normale Menschen machen [lacht].[4]

---

[4] Ebd. (eig. Hervorh.).

Folgt man nun der oben vorgestellten Lesart der Über- und Unterordnung der ‚großen' und ‚kleinen' Gruppe, lässt sich darin auch die Angabe der vielzähligen ‚Uncoolen' einordnen. Den daraufhin angeführten Geschlechteraspekt markiert sie zunächst in der Behauptung, dass diese Schüler*innen sich mehr um die An- und Aufforderungen von Lehrer*innen „kümmern", als grundlegend ‚uncool', um mit der anschließenden Verknüpfung des Körpers ebenfalls „dicke Mädchen" in der ‚kleinen' Gruppe zu positionieren. Als ein weiteres Unterscheidungsmerkmal führt sie danach mit Blick auf einzelne Fächer die Kategorie ‚Leistung' und deren Relevanzsetzung ein, die sie mit „manche sind schlecht, wollen es aber nicht sein" näher bestimmt. Damit bewertet die Sprecherin die Leistungen anderer Kinder zum einen als ‚schlecht' und unterstellt ihnen zum anderen, dies ebenfalls so zu beurteilen und vor allem damit nicht zufrieden zu sein, sodass nicht nur ‚gute' Leistungen, sondern auch das Bemühen darum als ‚uncool' gekennzeichnet werden. Das in der ersten Sequenz aufgerufene ‚angemessene (Sozial-)Verhalten' fügt sich hier mit schulspezifischen Leistungsanforderungen zu einem normgeladenen Idealbild eines ‚guten Schülers', dessen Streben nach ‚guten Leistungen' einem Streben nach ‚Normalsein' zugeordnet wird. Demnach ist ‚normal' das, was ‚uncoole' Schüler*innen machen und wie sie sind.

> Also, ja, gute Leistungen zu haben, das gehört zu uncool, aber ist man jetzt zum Beispiel so wie F., der sich traut, sich lustig zu machen, so, dass der Lehrer auch mitlachen kann. Ich würde mich das wirklich nicht trauen, weil einfach, ich **Angst** hätte, dass ich irgendwas Falsches sage (–), dann bin man auch gleich unten angelangt. […] Es gibt bei uns auch sowas wie, wie eine Skala. Hier auf dem Balken bin zum Beispiel ich, hier der nächste, der über mir ist. Also, unter mir ist nur M., ansonsten ist alles über mir. (-) Unter uns eigentlich waren nur noch die Ausländer, aber die sind ja nicht mehr da. Da wollten, wir sollten mit denen auch spielen und so und da haben die Jungs gesagt: ‚Das machen wir – das machen wir ganz sicher **nicht**'. Aber die Mädchen haben sich eher um die männlichen Ausländer gekümmert, also genauso wie mit den weiblichen. Und darum haben sich meistens die uncoolen Leute gekümmert [lacht].[5]

Die positionierende Funktion ‚guter' Leistungen verwendet die Erzählerin nun, um einen Gegensatz mit „aber ist man jetzt zum Beispiel so" anzukündigen, dessen Weiterführung beispielsweise in einem Sprechakt wie „dann sind einem gute Leistungen nicht so wichtig" möglich wäre. Stattdessen wechselt sie die Kategorie und zieht erneut das in der Eröffnungssequenz konturierte Verhältnis zu Lehrer*innen

---

[5]Ebd. (eig. Hervorh.).

heran. Der unbeendete Satz muss das eingeleitete Spannungsfeld logisch mit „dann ist man trotzdem cool" abschließen, sodass dadurch hervorgehoben wird, dass es trotz ‚guter' Leistungen, die ja als Kennzeichen ‚uncooler' Schüler*innen gelten, möglich ist, zur *anderen* Gruppe zu gehören. Dass sich F. etwas „traut", nämlich auf Kosten von und trotzdem mit Lehrer*innen zu scherzen, deutet darauf hin, dass diese*dieser Schüler*in etwas zu verlieren hat – sie*er riskiert, ähnlich wie in der beschriebenen Streitszene, ihre*seine als ‚cool' markierte Position. Mit der Angst, etwas Falsches zu sagen und dadurch „unten" angelangt zu sein, begründet die Sprecherin, warum sie sich so ein Verhalten nicht zutraut. Dies zeigt insofern einen Widerspruch auf, hat sie sich doch zuvor selbst als ‚uncool' platziert und in diesem Sinne eigentlich keinen Statusverlust zu befürchten. Obwohl die Erzählerin also bereits Zweifel und Distanz an den Positionierungen aufgezeigt hat, scheint eine Selbstverortung als ‚uncool' für sie legitim zu sein, da sie diese Platzierung durch Normalitätsannahmen aufwerten kann, während sie eine entsprechende Fremdwahrnehmung durch Mitschüler*innen jedoch vermeiden möchte. Sie reflektiert daraufhin, dass es in der Klasse eine fiktive „Skala" mit einem Kontinuum von ‚uncool' bis ‚cool' gibt, bei der sie sich auf dem vorletzten „Balken" befindet, wobei sie allerdings ‚unter' sich die zeitweise in der Klasse gewesenen geflüchteten Kinder platziert, die sie als „Ausländer" bezeichnet. Unabhängig davon, ob diese Anrufung von Lehrer*innen oder Schüler*innen ausging, verweist sie doch vor dem Vergleichshorizont der ‚nicht-ausländischen' Schüler*innen auf eine bestimmte Status-Zuschreibung und Klassifizierung. Vor diesem Hintergrund lässt sich die von der Sprecherin anschließend skizzierte Beziehung zu den geflüchteten Schüler*innen fassen, die sich schon mit der vorgenommenen Korrektur von „wollten" auf „sollten mit denen auch spielen" andeutet. Wie „die Jungen" mit dieser, vermutlich von Lehrer*innen formulierten, Anweisung umgegangen sind, leitet die Sprecherin mit einem Zitat ein, in dem sarkastisch zunächst eine Zusage versichert und sofort wieder zurückzugehen wird. Dies muss nicht zwangsläufig eine wörtliche Wiedergabe sein, betont jedoch das stark abgrenzende Verhalten „der Jungen" zu den geflüchteten Kindern. Ohne auf eine Begründung einzugehen oder zumindest deren Aussage generell als unangemessen zurückzuweisen, beschreibt sie, dass „die [uncoolen] Mädchen" sich für eine andere Lösung entschieden haben und sich, der Anordnung folgend, um die geflüchteten Schüler*innen „kümmern", was mit Blick auf die bisherigen Erkenntnisse kaum verwunderlich ist. Dass die Erzählerin von „männlichen" und „weiblichen" „Ausländern" und nicht von Jungen und Mädchen als Teil der Klasse spricht, dass sie weiterhin nicht auf einzelne „Ausländer*innen" eingeht und dass für sie diese Gruppe lediglich als Beispiel dient, um das vermeintlich hilfsbereite Verhalten der ‚uncoolen' Schüler*innen, die sich um ‚noch Uncoolere' „kümmern", darzustellen, verdeutlicht die temporäre, aber stabile Position der geflüchteten Kinder in dieser Klasse.

3 Zusammenfassung und Fazit

> *In dem Moment, da ich das Angesicht des Anderen gesehen bzw. mich der Andere angeblickt hat, bin ich für ihn verantwortlich, ohne dass ich mich für die Verantwortung hätte entscheiden können.*
> *Es geht hier nicht um Verantwortung in dem Sinne, wie ich für etwas, das ich getan habe, verantwortlich bin, sondern um eine Verantwortung, die darüber hinausgeht, weil sie mir obliegt*
> (Lévinas 1996, S. 73).

Diese kurze Darstellung einer textnahen Analyse soll nun im nächsten Schritt noch einmal pointiert und vor der theoretischen Hintergrundfolie betrachtet werden. Auf die Ausgangsfrage, mit wem die Erzählerin gerne ihre Unterrichtspause verbringt, entwirft sie bereits in der Eröffnungssequenz ein dichotom strukturiertes Modell zweier Gruppen, deren Mitglieder sie durch Zuschreibungen und Etikettierungen gegenüberstellt. Dazu nutzt sie verschiedene Differenzlinien und die darin verorteten Normalitätsvorstellungen, um Positionen innerhalb der Gruppen hierarchisch darzustellen. Zentral sind dabei unter anderem der Umgang mit (schul-)spezifischen Verhaltensaufforderungen und das Verhältnis zu Lehrer*innen. Hierbei wird deutlich, dass, wer die Erwartungen der Lehrer*innen erfüllt, deren Autorität anerkennt und sich ihr unterordnet, als „untertänig" und „schlecht" von den Peers angesehen und damit herabgesetzt wird. Es ist kaum vorstellbar, dass sich ‚coole' Schüler*innen jederzeit allen Anforderungen der Lehrer*innen widersetzen, trotzdem scheint ein gewisser Spielraum zu bestehen, in dem dies möglich ist und der von einigen Schüler*innen genutzt wird. Mit dem angeführten Beispiel des Streits zeigt die Erzählerin auf, wie dies auch in alltäglichen Situationen in der Schule zwischen den Schüler*innen und eben nicht nur in unterrichtlichen Lehrer*innen-Schüler*innen-Interaktionen an Bedeutung gewinnt.

In diesem Modell wird ebenfalls *Leistung* als relevante Kategorie markiert, indem die Erzählerin, ohne auf Klassenarbeiten, Noten oder Zeugnisse einzugehen, auf ein ‚gut' oder ‚schlecht sein' als ‚gute' oder ‚schlechte' schulische Leistungen verweist. Das heißt, diese auf Basis eines klasseninternen Vergleichs der Leistungsdifferenzen getroffene Beurteilung ist entscheidend für die Zuordnung zur jeweiligen Gruppe. ‚Gute' Leistungen, ein Bemühen darum und das Eingeständnis, wenn dies nicht gelingt und damit ein zugegebenes Scheitern, werden so der ‚uncoolen' Gruppe zugeschrieben, sodass auch hier, ähnlich wie im Widersetzen von Verhaltensanforderungen, ein Auflehnen gegen eine schulspezifische Norm als ‚Merkmal' der *anderen*, der ‚coolen' Gruppe angeführt wird.

Auch mit der Kategorie *Geschlecht* erklärt die Sprecherin Positionierungen in diesem System, wobei sie ‚Mädchen' beispielsweise ein gehorsames und bereitwilliges Benehmen zuschreibt, das von den *Anderen* als ‚untertänig', von der Erzählerin als ‚normal' interpretiert wird. So sind es ebenso ‚die Mädchen', die sich um „die Ausländer" „kümmern", jedoch erst, wenn dies verlangt wird. Interessanterweise werden von der Erzählerin „dicke Mädchen", nicht aber ‚dicke Jungen' oder allgemein ‚dicke Kinder' als ‚uncool' gekennzeichnet, als ob für ‚Nicht-Mädchen' zumindest die Möglichkeit besteht, ihren als ‚uncool' markierten Körper auszugleichen.

Daran schließt ihr Beispiel der „Ausländer" an, deren defizitäre Zuschreibung bereits am „wollten"-„sollten"-Beispiel, also der Aufforderung, mit ihnen in der Pause zu spielen, deutlich wird. Dass ‚coole' Schüler*innen dem nicht folgen, ließe sich anhand der rekonstruierten Passagen zuvor erahnen, aufschlussreich ist aber nun, dass die Erzählerin diese geflüchteten Schüler*innen in der „Skala" ‚unter' sich verortet. Ihrer Argumentation folgend, ist das binäre System daher mit flexiblen Strukturen ausgestattet, sodass durch ein ‚Nachrücken' der geflüchteten Kinder die ehemals ‚uncoolen' Schüler*innen ‚höher' platziert werden.

Anhand von bestimmten Kategorien werden demnach temporäre und kontextbezogene hierarchische Positionen zugewiesen. Damit wird auch klar, dass es sich bei ‚cool vs. uncool' nicht um ein starres dichotomes Modell handelt und insbesondere die Platzierungen am Rande dieser Gruppen, Wechselmöglichkeiten aufzeigen. Als ein*e solche*r Grenzgänger*in lässt sich F. verstehen, die*den die Erzählerin trotz ‚guter' Leistungen als ‚cool' positioniert, was sie an ihrem*seinem Verhalten gegenüber den Lehrer*innen festmacht. Nichtsdestotrotz hat sie an Beispielen wie den „dicken [lernwilligen] Mädchen" veranschaulicht, dass es klare und feste Zuschreibungen in dieser Klasse gibt, die sich neben dem Umgang mit schulischen Anforderungen auch auf produzierte und produzierende Differenzkategorien wie Ethnizität, Geschlecht, Körper und deren Verhältnis beziehen.

Interessant ist nun ihr Selbstverständnis und ihre eigene Positionierung in diesem Modell. Wenngleich sie sich selbst auf dem vorletzten „Balken" verortet, deutet sie jedoch mit rhetorischen Mitteln gleichzeitig auch Abstand von dieser Positionierung an, als ob sie über den Dingen stehe. Ihr Lachen an einigen Stellen zeigt an, dass sie sich der Ordnung dieses Modells zwar unterwirft, sie im gewissen Sinne aber ebenso bricht und sie übertritt. In ihrer Argumentation ist nämlich das, was sie und ‚uncoole' Schüler*innen machen, das, was ‚normal' ist. Auf dieser Grundlage ist es ihr möglich, Kritik an diesen Zuschreibungen und den damit verbundenen Differenzordnungen zu üben, überdies auf einen Widerspruch zwischen ihrer Selbst- und Fremdwahrnehmung hinzudeuten und eine ‚uncoole' Position der Überlegenheit einzunehmen, ohne aber die konstruierten Bedeutungen einzelner Kategorien grundsätzlich zurückzuweisen, wobei selbst im Ablehnen von Positionszuweisungen entsprechende Differenzordnungen als relevant und gültig erklärt werden.

Damit ist also nicht zentral, ob die anderen Schüler*innen dieser Klasse das von der Sprecherin dargestellte binäre Modell teilen und es ist keineswegs überraschend, dass zwischen Schüler*innen Zu- und Abneigungen bzw. Sympathien und Antipathien artikuliert werden. Wesentlicher sind die von der Sprecherin in den einzelnen Differenzkategorien herangezogenen Vergleichshorizonte und die ‚darunterliegenden' Normalitätsannahmen, aus denen (Nicht-)Zugehörigkeiten begründet sowie über verschiedene Etiketten wie ‚die Ausländer', ‚die Mädchen' oder ‚gute Leistungen' Schüler*innen in bestimmte Gruppen subsumiert und so als *Andere* anders gemacht und festgelegt werden. Die Rekonstruktion sollte aufzeigen, dass „die Bedingungen, nach denen Anerkennung verliehen wird, nicht von den Beteiligten selbst zu bestimmen sind und dieses Geschehen sich nicht einfach zwischen zwei Personen vollzieht, sondern notwendig in Abhängigkeit von Normen steht" (Rabenstein und Reh 2013, S. 246).

Diese Normen mögen in ihrer Selbstverständlichkeit als etwas Unhinterfragbares erscheinen, denn, wer in die Norm passt (oder sich angepasst hat), kann es sich leisten, ihre Existenz anzuzweifeln. So kann es sein, dass Normen erst auffallen, wenn wir ihnen nicht (mehr) entsprechen (wollen). Wer also keinen *Migrationshintergrund* hat, wer nicht *behindert* ist, wer *heterosexuell* ist, wer nicht *religiös* ist, wer *weiß* ist, wer einen *Körper* hat, dem sie*er sich zugehörig fühlt, usw., der*dem kann als Angehörige*r der jeweiligen Mehrheit eine entsprechende Differenzkategorie als inexistent oder zumindest irrelevant vorkommen. Dadurch besteht die Gefahr, die machtvollen Wirkungen von Normen, besonders auf die *Anderen* zu übersehen.

Wie nun entlang der in (Sprech-)Handlungen verankerten Normen eine Konstruktion der bzw. des *Anderen* in der (Grund-)Schule vollzogen wird, muss daher Aufgabe zukünftiger Forschung sein, die sich mit weiteren Datenerhebungs- und Analysemethoden insbesondere differenzierenden Praktiken aus intersektionaler Perspektive widmet und deren Ausschlusslogik sichtbar macht. Vor diesem Hintergrund kann die Grundschule nicht länger als machtfreier Raum, sondern als normalitätsproduzierender Ort verstanden werden. Nur so ist möglich, das zu Beginn angesprochene schulpädagogische Theoriedefizit, welches eine ‚heterogene Schüler*innenschaft' a priori zum Ausgangspunkt nimmt und so differenzproduzierende sowie subjektkonstituierende Praktiken und Effekte der Grundschule unbeachtet lässt, zu bearbeiten. Dies mag – so meine Position – unter einer anerkennungs- respektive machttheoretischen Perspektive gelingen, bei der es unter Berücksichtigung einer „Unaufhebbarkeit der Dilemmata im pädagogischen Umgang mit Differenz" (Mecheril und Plößer 2009, S. 207) darum geht, ein Hinterfragen von hierarchischen Differenzordnungen und Normalitäten zu ermöglichen und so „ein Werden [...] zu erfragen [und] die Zukunft stets im Verhältnis zum Anderen zu erbitten" (Butler 2005, S. 62).

Literatur

Althusser, L. (1977). Ideologie und ideologische Staatsapparate. In Ders.: *Ideologie und ideologische Staatsapparate. Aufsätze zur marxistischen Theorie* (S. 108–153). Hamburg/Berlin: VSA.

Arendt, H. (1960). *Vita Activa oder Vom tätigen Leben*. Stuttgart: W. Kohlhammer Verlag.

Austin, J. L. (1962). *How to do things with words*. Oxford: Oxford University Press.

Balzer, N., & Ricken, N. (2010). Anerkennung als pädagogisches Problem – Markierungen im erziehungswissenschaftlichen Diskurs. In A. Schäfer & C. Thompson (Hrsg.), *Anerkennung* (S. 35–88). Paderborn: Schöningh Verlag.

Balzer, N. (2014). *Spuren der Anerkennung. Studien zu einer sozial- und erziehungswissenschaftlichen Kategorie*. Wiesbaden: Springer Fachmedien.

Benjamin, J. (1993): Phantasie und Geschlecht: psychoanalytische Studien über Anerkennung und Differenz. Frankfurt am Main: Stroemfeld.

Benjamin, J. (1990): *Die Fesseln der Liebe: Psychoanalyse, Feminismus und das Problem der Macht*. Frankfurt am Main: Stroemfeld.

Budde, J. (2017). Heterogenität. Entstehung, Begriff, Abgrenzung. In T. Bohl, J. Budde & M. Rieger-Ladich (Hrsg.), *Umgang mit Heterogenität in Schule und Unterricht* (S. 13–26). Regensburg: Klinkhardt.

Butler, J. (2010). *Raster des Krieges*. Warum wir nicht jedes Leid beklagen. Frankfurt a. M./New York: Campus Verlag.

Butler, J. (2009). *Die Macht der Geschlechternormen und die Grenzen des Menschlichen*. Frankfurt a. M.: Suhrkamp.

Butler, J. (2007). *Kritik der ethischen Gewalt*. Adorno-Vorlesungen 2002. Frankfurt a. M.: Suhrkamp.

Butler, J. (2005). Gewalt, Trauer, Politik. In Dies. (Hrsg.), *Gefährdetes Leben. Politische Essays* (S. 36–68). Frankfurt a. M.: Suhrkamp.

Butler, J. (2003). Noch einmal: Körper und Macht. In A. Honneth & M. Saar (Hrsg.), *Michel Foucault. Zwischenbilanz einer Rezeption. Frankfurter Foucault-Konferenz 2001* (S. 52–67). Frankfurt a. M.: Suhrkamp.

Butler, J. (2002). Ein Interview mit Judith Butler. In H. Bublitz, *Judith Butler zur Einführung* (S. 142–152). Hamburg: Junius Verlag.

Butler, J. (2001). *Psyche der Macht. Das Subjekt der Unterwerfung*. Frankfurt a. M.: Suhrkamp.

Butler, J. (1998). *Haß spricht. Zur Politik des Performativen*. Frankfurt a. M.: Suhrkamp.

Foucault, M. (1978). Die Machtverhältnisse durchziehen das Körperinnere. Ein Gespräch mit Lucette Finas. In Ders.: *Dispositive der Macht. Über Sexualität, Wissen und Wahrheit (S. 104–117)*. Berlin: Merve Verlag.

Hegel, G. W. F. (1970 [1807]). Phänomenologie des Geistes. In E. Moldenhauer & K. M. Michel (Hrsg.): *Werke*, Band 3. Frankfurt a. M.: Suhrkamp.

Honneth, A. (2004). Anerkennung als Ideologie. *WestEnd. Neue Zeitschrift für Sozialforschung*, 1, S. 51–70.

Honneth, A. (1994). *Kampf um Anerkennung. Zur moralischen Grammatik sozialer Konflikte*. Frankfurt a. M.: Suhrkamp.

Hormel, U., & Scherr, A. (2005). Migration als gesellschaftliche Lernprovokation – Programmatische Konturen einer offensiven Bildung für die Einwanderungsgesellschaft. In F. Hamburger, T. Badawia & M. Hummrich (Hrsg.), *Migration und Bildung. Über das Verhältnis von Anerkennung und Zumutung in der Einwanderungsgesellschaft* (S. 295–310). Wiesbaden: Springer VS.

Leiprecht, R., & Lutz, H. (2009). Intersektionalität im Klassenzimmer: Ethnizität, Klasse, Geschlecht. In R. Leiprecht & A. Kerber (Hrsg.), Schule in der Einwanderungsgesellschaft. Ein Handbuch (S. 218–234). Schwalbach: Wochenschau Verlag.

Lévinas, E. (1996). *Ethik und Unendliches*. Gespräche mit Philipp Nemo. Wien: Passagen Verlag.

Lévinas, E. (1983). *Die Spur des Anderen. Untersuchungen zu einer Phänomenologie und Sozialphilosophie*. Freiburg: Alber Verlag.

Mecheril, P., & Plößer, M. (2009). Differenz. In S. Andresen, R. Casale, T. Gabriel, R. Horlacher, S. Larcher Klee, J. Oelkers & R. Othmer (Hrsg.), *Handwörterbuch Erziehungswissenschaft* (S. 194–208), Weinheim: Beltz.

Mecheril, P., & Rose, N. (2014). Die Bildung der Anderen. Ein subjektivierungstheoretischer Zugang zu migrationsgesellschaftlichen Positionierungen. In C. Thompson, K. Jergus & G. Breidenstein (Hrsg.), *Interferenzen. Perspektiven kulturwissenschaftlicher Bildungsforschung* (S. 130–152). Weilerswist: Velbrück Wissenschaft.

Prengel, A. (1993). *Pädagogik der Vielfalt. Verschiedenheit und Gleichberechtigung in Interkultureller, Feministischer und Integrativer Pädagogik*. Wiesbaden: Springer VS.

Rabenstein, K., & Reh, S. (2013). Von „Kreativen", „Langsamen", und „Hilfsbedürftigen". Zur Untersuchung von Subjektpositionen im geöffneten Grundschulunterricht. In F. Dietrich, M. Heinrich & N. Thieme (Hrsg.), *Bildungsgerechtigkeit jenseits von Chancengleichheit. Theoretische und empirische Ergänzungen und Alternativen zu ‚PISA'* (S. 239–258). Wiesbaden: Springer VS.

Ricken, N. (2013). Anerkennung als Adressierung. Über die Bedeutung von Anerkennung für Subjektivationsprozesse. In T. Alkemeyer, G. Budde & D. Freist (Hrsg.), *Selbst-Bildungen. Soziale und kulturelle Praktiken der Subjektivierung* (S. 69–100). Bielefeld: transcript.

Ricken, N. (2006). *Die Ordnung der Bildung. Beiträge zu einer Genealogie der Bildung*. Wiesbaden: VS Verlag für Sozialwissenschaften.

Schütze, F. (1983). Biographieforschung und narratives Interview. *Neue Praxis. Kritische Zeitschrift für Sozialarbeit und Sozialpädagogik*, S. 283–293.

Schütze, F. (1977). Die Technik des narrativen Interviews in Interaktionsfeldstudien: dargestellt an einem Projekt zur Erforschung von kommunalen Machtstrukturen. *Arbeitsberichte und Forschungsmaterialien*. Bielefeld: Universität Bielefeld, Fakultät für Soziologie.

Stojanov, K. (2006). *Bildung und Anerkennung. Soziale Voraussetzungen von Selbst-Entwicklung und Welt-Erschließung*. Wiesbaden: Springer VS.

Todorov, T. (1996). *Abenteuer des Zusammenlebens. Versuch einer allgemeinen Anthropologie*. Berlin: Verlag Klaus Walgenbach.

Todorov, T. (1985). *Die Eroberung Amerikas. Das Problem des Anderen*. Frankfurt a. M.: Suhrkamp.

Bildung postkolonial?! – Subjektivierung und Rassifizierung in Bildungskontexten

Eine Problematisierung pädagogischer Antworten auf migrationsgesellschaftliche Fragen

Denise Bergold-Caldwell und Eva Georg

Dieser Beitrag entstand in Auseinandersetzung mit den Fragen, welchen Stellenwert, welche Begründungen und welche (Aus-)Wirkungen die Forderung nach und der Bezug auf Bildung im Kontext von Flucht, Migration und Einwanderung haben. In einen Zusammenhang damit steht auch die Frage, welche Lösungen und Perspektiven in dieser Diskussion gefunden werden und wie diese sich darstellen. Bildung, oder der Ruf nach Bildung, steht unserer Ansicht nach auf der einen Seite dafür, soziale Ungleichheit zu beseitigen – auf der anderen Seite ist Bildung und die vorhandene strukturelle Ungleichheit von Menschen in Bildungskontexten[1] ein konstitutives Problem in der Migrationsgesellschaft (vgl. Arslan et. al. 2016).

---

[1] Als Bildungskontexte verstehen wir sowohl institutionalisierte Bildungsorte wie die Schule, aber auch außerschulische Lernorte für Kinder, Jugendliche und Erwachsene. In diesem Artikel beziehen wir uns überwiegend auf das Beispiel der Institution Schule.

D. Bergold-Caldwell (✉)
Institut für Erziehungswissenschaft, Philipps-Universität Marburg, Marburg, Deutschland

E. Georg
Insitut für Soziologie, Philipps-Universität Marburg, Marburg, Deutschland

Bildungskontexte zeitigen unterschiedliche Machteffekte; nicht nur durch limitierte Zugänge, sondern auch inhaltlich werden (teilweise) stereotype Bilder und Perspektiven vermittelt (vgl. Marmer und Sow 2015)

Gayatri Chakravorty Spivak hält fest, dass emanzipatorische Bildung, d. h. eine kritisch-reflektierte Bildung, die auch Handlungsmacht neu verteilt, zwar häufig gefordert, aber in ihrer derzeitigen Ausprägung – globale Macht- und Herrschaftsverhältnisse nicht reflektierend – meist nur dazu beitrage, weitere lokale und globale Ungleichheiten zu reproduzieren und aufrecht zu erhalten (vgl. 2015, o. S.). Wo Bildung in mehrfacher Hinsicht wirkt – in Form eines Aufstiegsversprechens, einer Aneignung von Wissen und letztlich und vielleicht hauptsächlich auch subjektivierend – gilt es diesen Begriff kritisch zu betrachten. Wie und wozu eigentlich Bildung? Vor allem aber: Welche Subjekte werden hier gebildet und wie wirkt Bildung subjektivierend? Als Lehrende in universitären Strukturen und als Bildungsarbeiter*innen in einem rassismuskritischen Kontext beschäftigen uns diese Fragen in theoretischer wie auch praktischer Hinsicht. Ausgangspunkt war ein Vortrag, den wir im April 2016 in der Reihe „Flucht und Migration" an der *Philipps-Universität Marburg* gehalten haben. Ausgangspunkt unserer Fragestellung damals wie heute ist der Umgang mit Rassismus innerhalb (post-)kolonialer Verhältnisse; der vorliegende Beitrag geht aus diesem Vortrag hervor und ergänzt ihn.

Im Folgenden wollen wir der Frage nachgehen, warum die Referenz auf Bildung[2], wie eingangs beschrieben, nicht nur positive Effekte tätigt, sondern auch machtvolle Subjektivierungen hervorzurufen vermag und damit für die (Re-)Produktion gesellschaftlicher Marginalisierung (mit) verantwortlich ist. Wir wollen deshalb zunächst aus einer postkolonialen und rassismuskritischen Perspektive insbesondere jene Momente von Subjektivierung betrachten, die innerhalb von und durch Bildungsprozesse hervorgerufen werden.[3] Uns erscheint die Perspektive auf Subjektivierungsprozesse in Bildungssettings zentral, obwohl sie – so befürchten wir – häufig verkannt wird. Als Subjektivierung bezeichnen

---

[2]Bildung verstehen wir als Prozess, der sowohl in Schulen und Universitäten, aber auch außerschulisch und in Bereichen der Erwachsenenbildung Wissens-, Welt- und Selbstverhältnisse prägt.

[3]Wir danken Barbara Grubner und dem Herausgeber*innenteam für viele Anmerkungen und Anregungen. Ohne die kritische Auseinandersetzung wäre der Text nicht zu dem geworden, was er ist.

wir den komplexen Prozess, der Individuen über machtvolle Diskurse[4] klare gesellschaftliche Positionen zuweist und diese als Identitäten konstruiert.[5] In Bezug auf Judith Butler (2001) und in Rückgriff auf Michel Foucault (1994) geschieht hier stets zweierlei: Subjekte werden innerhalb dieses Prozesses durch machtvolle Zuweisungen von Identitäten (bspw. als Frau, Migrantin, u. v. m.) ‚angerufen'[6] und müssen sich dieser Anrufung ‚unterwerfen'. Die Annahme oder auch Hinwendung zu diesen Identitäten bringt sie als anerkennbare Subjekte und damit ihre Handlungsfähigkeit in der Gesellschaft hervor. Um mit den Worten Butlers zu sprechen: die Annahme der Anrufung bringt das Subjekt erst zur Existenz. In dieser Konstruktion liegt die Möglichkeit zu handeln, sie wird aber auch gleichzeitig von sozialen Normen und Erwartungen eingeschränkt (vgl. Butler 2001, S. 122). Für die *Cultural Studies* hat Stuart Hall den Zusammenhang zwischen Repräsentationen im Diskurs und Identität herausgearbeitet. Er zeigt, wie Menschen, die Rassismus erleben, im Diskurs als ‚die Anderen' hervorgebracht werden und wie diese Konstruktion wiederum eigene Identifizierungen

---

[4]Diskurse betrachten wir hier angelehnt an Stuart Hall als sprachliche und nicht-sprachliche Formationen von Sagbarem und nicht Sagbarem. Diskurse regulieren, wie Menschen repräsentiert werden können oder auch nicht repräsentiert werden können. Sie folgen diskursexternen und internen Strukturierungen und Begrenzungen (vgl. Hall 2007, S. 165)

[5]Bildungstheoretische Subjektivierungsprozesse werden durch Erfahrungen in gesellschaftlichen Macht- und Herrschaftsverhältnissen hervorgebracht. Untersuchungen selbiger liegen häufig poststrukturalistische Ansätze zugrunde, die sich u. a. auf Judith Butler (2001), Michel Foucault (1994) oder auch Stuart Hall (1997) beziehen. Tina Spies (2014), Astride Velho (2016) und Nadine Rose (2012) haben im Bereich Rassismuskritik und Migrationsforschung Dissertationen vorgelegt, worin sie Subjektivierungsverhältnisse untersuchen. Beispielhaft kann in Flucht- und Migrationsdiskursen die beständige Konstruktion des muslimischen jungen Mannes erwähnt werden, dem aufgrund seiner Sozialisation und/oder seiner Religion und Kultur eine hypermaskuline Haltung zugeschrieben wird, deren Auslebung notwendigerweise nicht im familiären Kontext möglich ist, sondern sich in öffentlichen Formen Bahn brechen muss – etwa in der Silvesternacht in Köln 2015 (vgl. Bergold-Caldwell und Grubner 2017; Dietze 2016).

[6]Wir beziehen uns in unseren Ausführungen auf das Konzept der Anrufung von Louis Althusser, womit er Ideologie und ideologische Staatsapparate untersucht. Er beschreibt in der Urszene wie Macht- und Herrschaftsverhältnisse auch auf der Ebene der Individuen anerkannt und damit reifiziert werden. Das Konzept der Anrufung drückt sich bereits hierin aus: Ein Polizist ruft einer (freien) Person – ohne Gewalt Androhung – „He Sie da!" hinterher; im Moment der Wendung der Person hin zum Polizisten entsteht ein ideologisch unterfüttertes Anerkennungsverhältnis (Althusser 1977, S. 108 ff.). Sie bestätigt die Position des Polizisten und sie bestätigt die Position des Empfängers der Anrufung.

und die eigene Handlungsfähigkeit beeinflusst (vgl. Hall 1997, S. 1 ff.). Auch er weist daraufhin, wie sich das Zusammenspiel von Anrufungen des Subjekts über Repräsentationen im Diskurs verhält.

Da der Zusammenhang von Bildung und Subjekt im vorliegenden Artikel zentral ist, werden wir zunächst das aus postkolonialer Perspektive schwierige Erbe des Bildungsbegriffs herausarbeiten.[7] An Beispielen, die auf einer aktuellen Studie zum Thema Rassismus im Kontext Schule beruhen (vgl. Georg und Dürr 2017), werden sodann nicht nur die Auswirkungen rassistischer Strukturierung von Gesellschaft auf Subjektivierungsprozesse deutlich, sondern auch die derzeitig überwiegenden Antworten der Akteur*innen beim Thema Bildung auf die Herausforderungen durch Flucht- und Migrationsbewegungen. Diese ‚schwierigen' Herangehensweisen und Lösungsvorschläge beruhen zum Teil auf verinnerlichten Vorannahmen, die ohne die Einnahme einer reflexiven Haltung (re-)aktualisiert werden.

1 Bildung und Rassismus oder *Rassismus bildet*[8]

Aus postkolonialer, poststrukturalistischer und posthumanistischer Perspektive ist die Idee eines durch Wissen und Bildung hervorgebrachten autonomen Subjekts der Aufklärung in die Kritik geraten (vgl. Reckwitz 2008). Dieses Subjekt war als autonomes nicht mehr vom göttlichen abhängig, bediente sich seiner eigenen Vernunft und war damit frei in seiner eigenen Entschlusskraft. Um aber jene Vernunft zu erlangen und damit bestimmte Fähigkeiten auszubilden, brauchte dieses Subjekt einen universellen Zugang zu Bildung. Dass aber in dem Anspruch eines

---

[7]Die aktuelle Gegenwart ist als ‚postkolonial' zu bezeichnen. Dies meint, dass wir zwar nicht mehr im Zeitalter des Kolonialismus leben, wohl aber mit den Nachwirkungen des Kolonialismus, die sich z. B. in rassifizierenden Zuschreibungen, in der Verwendung von Sprache, in der Verteilung von Ressourcen und in unserem gesamten Wissensfundus manifestieren (vgl. Arndt und Ofuatey-Alazard 2011). Das Präfix ‚post' betrachtet in der Postkolonialen Theorietradition eine globale Situation, die durch Kolonialisierung geprägt wurde und deren Auswirkungen noch andauern (vgl. Castro Varela und Dhawan 2009). In der postkolonialen Theorietradition geht es auch um die Verdeutlichung von Normalisierungs- und Homogenisierungstendenzen des ‚Westens' gegenüber anderen Orten auf der Welt (vgl. Mohanty 1988) sowie zum anderen darum, den ‚Westen' als Konstruktion sichtbar zu machen (vgl. z. B. Hall 2007; Said 2003).

[8]*Rassismus bildet* ist der – wie wir finden – treffende Titel eines von Anne Broden und Paul Mecheril (2010) herausgegebenen Sammelbandes.

universalistischen Versprechens der Aufklärung nicht ‚alle' Menschen gemeint waren, zeigt Braidotti in ihrer posthumanistischen Kritik eindeutig auf (vgl. 2014, vgl. dazu auch Butler 2003). Während in Europa Ideen von Mündigkeit, Vernunft, Freiheit und (wissenschaftlicher) Aufklärung zunahmen, kolonisierten viele zentraleuropäische Länder jene des globalen Südens (vgl. auch Mbembe 2015).

Unserer Meinung nach entstehen hier zwei kritikwürdige Perspektiven auf Bildung, die teilweise nebeneinander existieren, aber auch ineinandergreifen. Zunächst einmal wurden westliche Bildungstraditionen als hegemonial in das Kolonialvorhaben eingebracht und umgesetzt (vgl. Castro-Varela 2007, o. S.). Im Zuge dessen wird ein Subjekt der Bildung erschaffen; wer als gebildet betrachtet werden konnte und wer nicht, wurde durch machtvolle Darstellungen und Diskurse über die rassifizierten Anderen hervorgebracht (vgl. Piesche 2005). Institutionelle Bildung wurde deshalb in dieser Zeit häufig dazu missbraucht, die koloniale ‚Zivilisierungsmissionen' zu rechtfertigen. Diese – nicht nur im Auftrag von Bildung – erfolgte Zivilisierungsmission wurde zunächst mit brutalster Gewalt, später mit etwas weniger körperlicher Gewalt,[9] wohl aber mit der Ausübung epistemischer Gewalt[10] durchgeführt. Ziel dieser ‚Mission' war es – auch durch institutionelle Bildungsangebote – den Herrschaftsanspruch des Westens durchzusetzen. ‚Bildung' – die jenen ‚Unzivilisierten' noch ‚gebracht' werden musste sowie die Lenkung von Bildungsprozessen dienten in der imperialistischen Logik dazu, die Universalisierung von hegemonialen (und kolonialen) Kultur und Bildungsideen voranzutreiben, sie geradezu als zentrales Moment dieser einzusetzen (vgl. Castro Varela 2007 o. S.). Diese hegemoniale Idee von Bildung, verbunden mit einer Trennung in ‚wir' und ‚die', besteht bis heute fort und subjektiviert Menschen in je unterschiedliche Positionen. Jenseits der historisch entstandenen Ideologie darüber, wer als gebildet gilt und wer nicht, müssen wir damit heute von einer postkolonialen Situation sprechen – nach dem

---

[9]Wir wollen hier an die Opfer rassistischer Gewalt erinnern, deren Zahlen dankenswerterweise von der *Amadeu Antonio Stiftung* aufgezeichnet werden (vgl. Amadeu Antonio Stiftung 2017)

[10]Epistemische Gewalt meint eine Gewalt durch Deutungshoheit, Wissensformen und vermeintliche Wissenschaft. Die Fragen, welches Wissen als legitimes Wissen anerkannt wird und wie sich ein bestimmtes Wissen als hegemoniales Wissen durchsetzt, stehen im Zusammenhang mit der Untersuchung von Gewaltverhältnissen, wie sie sich im Ausschluss und in der Marginalisierung sowie in der Disziplinierung von Menschen ausprägen (vgl. dazu Kilomba 2010).

Kolonialismus, aber mit dessen massiven Folgen –, die teilweise in etablierten Formen von Bildung noch als Stereotyp existiert.

Im Folgenden wollen wir verdeutlichen, wie Menschen unter diesen Bedingungen subjektiviert und gesellschaftlich positioniert werden. Sowohl für privilegierte Menschen als auch für jene, die marginalisiert sind, erweist sich dieser Vorgang als komplex, – vor allem aber, so hebt Eske Wollrad hervor, ist er „nicht frei wählbar" (2011, S. 144). Unter Subjektivierungen versteht sie

> jene gesellschaftlichen Prozesse, vermittels derer Menschen als TrägerInnen *vermeintlich* klar umgrenzter Identitäten hergestellt werden. Ein solches Verständnis von Subjektivierungen setzt sich von der Vorstellung starrer Identitätskonzepte ab, verweist jedoch gleichzeitig darauf, dass Positionen zwar partiell verschoben werden können, aber grundsätzlich nicht frei wählbar sind (Wollrad 2011, S. 144, Hervh. der Autorinnen).

Die nun im Folgenden vorgestellten Problematiken und Lösungswege verändern diese Konstellation nicht, eher Gegenteiliges ist der Fall. Durch De-Thematisierungen von Rassismus und postkolonialen Verhältnissen entsteht der Eindruck von egalitärer Teilhabe, die durch eigenes Zutun erreicht werden kann. Da dies gerade im Hinblick auf Bildungsabschlüsse und Bildungswege von Migrant*innen nicht der Fall ist,[11] werden Subjektpositionen auf unterschiedlichen Ebenen verstärkt.

2 Rassismus (nicht) zum Thema machen

Postkoloniale Theoretiker*innen beschreiben in vielfacher Hinsicht, wie wenig Kolonialismus und seine Auswirkungen in Deutschland zum Thema gemacht werden (vgl. Arndt 2013); ebenso wenig der Zusammenhang von Kolonialismus und NS-Zeit sowie fortbestehende koloniale Denkmuster und Erinnerungskulturen (vgl. Aikins 2016). Möglicherweise ist es dieser postnationalsozialistischen Situation (vgl. Messerschmidt 2009) in Kombination mit der postkolonialen geschuldet, dass die Thematisierung von Rassismus in Deutschland schwerfällt.

---

[11]Die *PISA-Studien* sorgten in dieser Hinsicht für öffentliche Aufmerksamkeit, weil hier zum ersten Mal im Ländervergleich deutlich wurde, dass das deutsche „Schulsystem eine weitaus größere Selektivität und Abhängigkeit des Schulerfolges von der sozialen und ethnischen Herkunft der Schülerinnen und Schüler bescheinigt als in den meisten anderen Ländern." (Butterwege 2007, o. S.).

2.1 Distanzierungsmuster

Astrid Messerschmidt hat vier Distanzierungsmuster herausgearbeitet, welche die Auseinandersetzung in Deutschland veranschaulichen und hilfreiche Reflexionsmomente deutlich machen (vgl. 2010). Sie zeigt auf: Skandalisiert wird nicht die Tatsache, dass Rassismus in Deutschland existiert, sondern jeweils die Person, die Rassismus zum Thema macht (1). Das heißt, jene, die Rassismus ansprechen, werden zu ‚Störenden'. Über die Aktualität von rassistischer Gewalt z. B. wird wenig diskutiert, dafür aber meist über jene Person, die bestimmte Zustände angesprochen hat. Die Verlagerung der Thematisierung von Rassismus in ein Sprechen über Rechtsextremismus (2) stellt ein weiteres Muster der Distanzierung dar. So wird rassistisches Verhalten selten als Rassismus benannt; im besten Fall wird über ‚rechte Gesinnungen' diskutiert. Insbesondere dieser (Nicht-)Umgang bzw. die Nicht-Benennung von Rassismus erlauben es, sich aus mehrheitsdeutscher Perspektive als ‚Eine*r von den Guten' wahrzunehmen – denn die ‚Bösen' befinden sich am ‚rechten Rand'. Dies geht oft auch mit der Argumentation einher, dass Rassismus zwar in Bezug auf den Nationalsozialismus zu verstehen sei, das Wort ‚Rassismus' heute jedoch nicht mehr verwendet werden könne (und solle) oder aber nicht mehr relevant sei, was die weitreichende Tendenz der Verschiebung der Thematik in die Vergangenheit (3) deutlich macht. Dass Rassismus in Deutschland überhaupt existiert, wird dementsprechend geleugnet, was auch an sogenannten Ersatzdiskursen (4) sichtbar wird: Über Rassismus wird nicht gesprochen – wohl aber über ‚andere Kulturen' und darüber, dass *diese* – ‚rückständig', ‚nicht aufgeklärt', ‚frauenfeindlich' etc. seien und aus diesen Gründen nicht zu *‚uns'* (der konstruierten Mehrheit) passten. In diesem Prozess bilden sich Subjekte bzw. werden gebildet – nicht nur jene Positionen der ‚Anderen', sondern auch Subjekte, welche sich der Kategorie ‚Wir' zuordnen. Die derart hervorgebrachten und zugewiesenen, weil nicht selbstgewählten Subjektivierungen, setzen sich in der Bildungspraxis innerhalb von Institutionen fort, wie wir im Folgenden zeigen wollen.

2.2 „Das sind nur Worte, da steckt kein Rassismus dahinter" – Rassismus und Schule

Über strukturelle Diskriminierung am Beispiel Schule wurden in den vergangenen Jahren zahlreiche Studien durchgeführt. Diese Studien zeigen auf, wie Bildung und Bildungsinstitutionen subjektivierend wirken – und wie sie damit auch Formen von Diskriminierung reproduzieren. Ausgehend von der Perspektive

Jugendlicher mit Rassismuserfahrungen rekonstruiert Wiebke Scharathow was Rassismus für diese bedeutet und auf welche gesellschaftlichen Bedingungen und Verhältnisse ihre Erfahrungen verweisen (vgl. 2014). Sie macht deutlich, wie schwierig die Benennung von Rassismuserfahrungen sein kann, da „Rassismus als unsichtbare Erfahrung" (Scharathow 2014, S. 407) und somit auch als Herausforderungen für mögliche Handlungsoptionen von den Jugendlichen betrachtet wird.[12] Im Rahmen des *beratungsNetzwerk Hessen* wurde zwischen 2014 und 2016 eine Studie durchgeführt (vgl. Georg und Dürr 2017), die zu ähnlichen Ergebnissen kommt und an Scharathows Thesen anschließt.[13] Hier werden insbesondere die Subtilität von Rassismus im Schulalltag offensichtlich sowie der Versuch aufseiten der überwiegend mehrheitsdeutschen Lehrkräfte, sich ein nicht der Norm und den Verhaltensanforderungen entsprechendes Handeln (z. B. Aggressivität oder Verschwiegenheit, Lernproblematiken etc.) rassifizierter Schüler*innen zu erklären. Deutlich wird dabei: Den meisten Lehrkräften sind die Wirkmechanismen von Rassismus nicht bewusst bzw. werden sie geleugnet.

Dabei wird sogar die Verwendung von eindeutigen Wörtern auf dem Pausenhof oder in der Klasse nicht als Rassismus klassifiziert. Die Hemmschwelle für eine solche Einordnung scheint aufseiten der mehrheitsdeutschen Lehrkräfte besonders hoch zu liegen, wie das Zitat einer Lehrkraft verdeutlicht:

> Hier und da hört man das immer wieder mal auf dem Pausenhof oder auf den Gängen. Also Sachen, wie ‚Du Jude', ‚N'[14], solche Sachen hört man immer wieder. Wobei, wenn man dann genauer hinschaut, ob das jetzt wirklich Rassismus ist (…). Das sind halt Wörter, die aus diesem Bereich genommen werden, aber ich denk', da steckt nicht immer viel Rassismus dahinter. Das sind einfach Wörter der Umgangssprache (Georg und Dürr 2017, S. 22).[15]

---

[12]Rassismus als „unsichtbare Erfahrung" spricht hier auf die Problematik an, dass Rassismuserfahrungen für die Betroffenen kaum ansprechbar sind, weil ihre Erfahrungen durch Bagatellisierung, Nicht-Erstnehmen oder gar Leugnen oft „unsichtbar gemacht" werden (Scharathow 2014, S. 407).

[13]Für die Studie von Eva Georg und Tina Dürr (vgl. 2017) wurden 24 Interviews geführt, u. a. mit Schulleiter*innen, Lehrer*innen, Schulsozialarbeiter*innen sowie Schüler*innen und der Schüler*innenvertretung. Die Interviews wurden unter einer rassismuskritischen Perspektive ausgewertet. Das *beratungsNetzwerk hessen – für Demokratie und gegen Rechtsextremismus als Auftraggeber der Studie,* berät seit 2007 sowohl Schulen als auch Gemeinden, Vereine, Institutionen und Einzelpersonen bei rassistischen und rechtsextrem-konnotierten Vorfällen.

[14]Wir verzichten auf die Ausformulierung des sogenannten *N-Wortes.*

[15]Die Studie enthält auch eine kurze Reflexion zu Antisemitismus.

Rassismus gerät vor allem dann in den Blick, wenn er sich in Form von körperlicher Gewalt äußert oder als Rechtsextremismus (durch das Tragen von offensichtlichen Symbolen) geäußert wird. Verbale Äußerungen hingegen werden bagatellisiert und als „Wörter der Umgangssprache" oder „normale Konflikte" (Georg und Dürr 2017, S. 24) unter Jugendlichen eingeordnet, in denen Rassismus keine Rolle spielt. Doch selbst körperlich übergriffige Handlungen werden nicht als Rassismus eingeordnet, z. B., wenn einem muslimischen Mädchen auf dem Schulhof das Kopftuch vom Kopf gerissen wird. Die*der Lehrer*in dazu: „‚(Das ist) jetzt nicht ideologisch irgendwie verankert, die reißen das Kopftuch [nicht] runter, weil sie das halt nicht ertragen können oder so. Die wollen ein Mädchen ärgern.'" (Georg und Dürr 2017, S. 22). Körperliche Übergriffe wie diese sind nicht als „wirkungsvolle Kinderkommunikation" (ebd.), wie ein Lehrer dies interpretiert, zu verstehen. Vielmehr transportieren sie immer einen Verweis auf eine auch durch Rassismus strukturierte Ordnung in der es ein konstruiertes ‚Wir' und die so konstruierten ‚Anderen' gibt. Gerade das *Kopftuch* dient dabei schon lange als Symbolträger, worüber Subjektpositionen hergestellt und oben beschriebene Subjektivierungen gefestigt werden.

3 Pädagogische Antworten auf aktuelle Herausforderungen im Kontext Flucht und Migration

Sofern im pädagogischen Alltag problematische Momente, die in einem Zusammenhang mit Flucht und Migration stehen, wahrgenommen werden, heißen derzeitige Antworten häufig: ‚Interkulturelle Trainings', ‚Konfliktmanagement im Kontext Kultur', ‚Umgang mit Schüler*innen aus anderen Kulturen', ‚Schüler*innen mit Migrationshintergrund' oder ähnlich. Mit einem Rassismusverständnis, welches postkoloniale Verhältnisse anerkennt und den Blick auf die mit diesen verbundenen Folgen für die Subjektivierung von Menschen richtet, wird allerdings deutlich, dass es eigentlich nicht um die ‚andere' Kultur geht, sondern auf der einen Seite um den Erhalt eines Selbstbildes, eines ‚wir', welches wiederum erst dadurch gestärkt wird, dass die ‚Anderen' zu ‚Anderen' gemacht werden. Es gilt daher vielmehr, den Blick auf diesen Mechanismus von Zuschreibungen zu richten und nicht auf ein vermeintlich (essenzialisiertes) Merkmal wie jenes der Kultur.

Im Folgenden Abschnitt problematisieren wird daher zunächst die Tendenz, *Kultur* und vermeintliche Herkunft z. B. einer Schülerin zur Erklärung von Verhaltensweisen heran zu ziehen. In der Kontextualisierung zum oben aufgeführten

Beispiel Schule kann so der Zusammenhang von Kultur, Rassismus und Subjektivierung verdeutlicht werden. Schließlich bieten wir weitere Perspektiven auf das Verhalten von Schüler*innen mit Rassismuserfahrungen an, insbesondere wenn Lehrkräfte sich die Frage stellen, warum *die* (Schüler*innen, die Rassismus erleben) denn nichts sagen (vgl. Georg und Dürr 2017, S. 27 f.).

3.1 *Kultur* als Problem und als Erklärung von Verhalten

Es lohnt sich, bei dem vielfältigen Gebrauch des Begriffs ‚Kultur', sich den Kulturbegriff einmal genauer anzuschauen: Obwohl der Begriff als solcher eher etwas unabgeschlossenes, veränderbares und differentes nahelegt, wird er häufig in den jetzigen Debatten als eine naturalisierte Eigenschaft, welche Menschen *haben,* die sie *sind* oder aber der sie *angehören* beschrieben. Zwei analytische Blickwinkel auf den Begriff Kultur und dessen Verwendung wollen wir anbieten:

1. Mit Blick auf das weiter oben dargestellte Verständnis von Rassismus, wonach unter anderem der Begriff ‚Kultur' auch als eine Art „Sprachversteck für Rasse" (Leiprecht 2001, S. 170) verstanden werden kann, müssen die Praxen der Homogenisierung, Ontologisierung und Essenzialisierung kritisch betrachtet werden. Durch Rückschlüsse von einem einzigen Menschen und dessen Handlungen auf eine kulturelle Gruppenzugehörigkeit, entsteht eine Homogenisierung, d. h. die Annahme von Einheitlichkeit aller Angehörigen dieser Gruppe. Dieser folgt häufig eine sogenannte Essenzialisierung, also die Zuschreibung von Eigenschaften und der Verweis darauf, dass diese Eigenschaften den Angehörigen einer vorher hergestellten oder tatsächlichen Gruppe, ‚inhärent', ‚angeboren', zumindest aber ‚eigen' wären. Hier findet dann oftmals auch die bekannte Verknüpfung von Hautfarbe und zugeschriebener Kultur statt. Dieser Mechanismus ist auch als Rassifizierung zu bezeichnen und hat subjektivierende Folgen für die jeweiligen Menschen und problematische für einen pädagogischen Kontext. Wo *Kultur* bzw. das *Kultur-haben* einiger Gesellschaftsangehöriger einen solch essenzialistischen Charakter angenommen hat, wird dann die Hoffnung einiger pädagogischer Fachkräfte formuliert, den Umgang mit den ‚Anderen' oder wahlweise der ‚anderen Kultur' (Mecheril 2009, S. 93) erlernen zu können.
2. Ein zweiter Kulturbegriff ist in Verwendung, wenn *Kultur-haben* als etwas Fortschrittliches dargestellt wird. Dieser Kulturbegriff knüpft an die imperialistische Logik an, die wir oben vorgestellt haben. Die ‚Anderen' bleiben dann immer ‚wenig entwickelte', noch nicht modernisierte ‚Andere',

die einem homogenisierten Kollektiv angehören, die zivilisiert werden müssen und infolgedessen immer hierarchisch positioniert sind. Wenn der Begriff der Kultur mitsamt seiner kolonialen Geschichte als dieses essenzialisierende Moment nicht reflektiert wird, bleibt meist die Annahme bestehen, dass es diese Anderen – die (noch) Kultur sind, statt diese zu haben– tatsächlich gibt (vgl. dazu auch Broden 2011).

In der Folge wird *Kultur* auch zur alleinigen Erklärung von Verhaltensweisen (z. B. von Schüler*innen) herangezogen. Bestehende Machtunterschiede und die Herstellung von Ungleichheit **über** den Mechanismus der Kulturalisierung (und Rassifizierung) kommen nicht in den Blick. Isabell Diehm und Frank Olaf Radtke zeigen beispielsweise auf, dass es nicht die Zugehörigkeit zu einer (vermeintlich) ‚anderen' Kultur ist, die Positionen von Migrant*innen, Schwarzen und *People of Colour (Poc)* als ‚anders' erscheinen lässt, sondern eben jene Mechanismen der Ausgrenzung, Isolierung, Diskriminierung und in dem Sinne auch die Kulturalisierung durch die Mehrheitsgesellschaft (vgl. 1999). Paul Mecheril macht weiterhin deutlich:

> Es interessiert (dann) nicht so sehr, wie in einem bestimmten sozialen Raum vor dem Hintergrund der gesellschaftlichen, institutionellen und kulturellen Vorgaben ‚kulturelle Differenz' erzeugt wird, sondern [v]ielmehr ist das (…) Differenzprodukt von Interesse, das abgelöst von den kontextspezifischen Bedingungen seiner Produktion als je schon existierender Unterschied und nicht als Praxis der Unterscheidung betrachtet wird (Mecheril 2013, S. 24).

3.2 Das Zusammenwirken von *Kultur*, Rassismus und Subjektivierung

Wird *Kultur* also als den Menschen (hier Schüler*innen) inhärentes Phänomen gesehen und in pädagogischen Kontexten zu einer zentralen Erklärungsweise von Verhalten der betreffenden Personen, so muss dies auch zentrale Folgen für die Subjektivierung der jeweiligen Schüler*innen haben (vgl. Rose 2012). Diese Zuweisungs- und Benennungspraxen strukturieren die Subjektivierung insofern, dass sie Erfahrungen prägen. Vor dem oben dargestellten Hintergrund der De-Thematisierung und Bagatellisierung von Rassismus bzw. einer Verkennung der subtilen Formen durch Blicke, Sprache, Worte (vgl. Ahmed 2000, S. 39), gestalten sich in der Folge auch die Artikulationsmöglichkeiten von Schüler*innen. Artikulationsmöglichkeiten, die Schüler*innen haben, oder die ihnen durch Rassifizierungen auch genommen werden, aber haben Einfluss auf selbstermächtigende Erfahrungen und könnten, wenn vorhanden, dazu beitragen, die Tragweite der Subjektivierung zu transformieren. Wenn jedoch das Verständnis vorherrscht, dass es in pädagogischen Kontexten vor allem darum gehen müsse, sich ein Wissen über die vermeintlich ‚Anderen' bzw. in dem Sinne eigentlich ‚Ge-anderten', anzueignen, argumentieren wir aus einer kritischen bildungstheoretischen Perspektive auf Subjektivierungspraktiken, dass eher Gegenteiliges der Fall ist. Der (alleinige) Bezug auf ‚Kultur' erzeugt Verhältnisse, die eben diese Transformationen nicht erlauben, sondern in gewisser Weise weiter festschreiben. Als handlungsleitendes und identitätsstiftendes Moment schafft der alleinige Bezug auf *Kultur* Subjektverhältnisse, die erstens kaum andere Positionierungen und zweitens keine Perspektive auf die immer auch vertikal hierarchisch angeordneten Subjektpositionen[16] im Kontext von Machtverhältnissen zulassen. Im Sinne eines *Verdeckungszusammenhangs* (vgl. Bitzan 2000)[17] wird die Thematisierung bestimmter Erfahrungen (z. B. jener von Rassifizierung und Kulturalisierung) verunmöglicht und kann gleichzeitig dazu führen, rassistische Logiken fortzuführen.

3.3 „Rassismus bildet" oder: „Warum sagen die denn nix"? Strategien rassifizierter Schüler*innen

Wir möchten unsere bisherigen Erläuterungen nun noch einmal mit dem Kontext Schule verbinden und die obige Darstellung der De-Thematisierung und der Bagatellisierung rassifizierender Erfahrungen um die Perspektive und ‚Antworten' der betroffenen Schüler*innen erweitern. Dies steht insofern im Zusammenhang mit Subjektivierung, da die gemachten Erfahrungen von Schüler*innen das

---

[16]Als eine ‚vertikale' Strukturierung von Subjektpositionen oder Gesellschaft wird eine Perspektive verstanden, die zwar von einer Verschiedenheit/Diversität von Subjekten ausgeht, nicht aber hierarchische und herrschaftsbildende und aufrechterhaltende Momente in den Blick nimmt. Letzteres wird in der Folge als ‚horizontale' Perspektive bezeichnet. Hier kommen auch Praxen der sozialen Ungleichheit, des ‚Anders-machens' und eine kritische Reflexion weiterer strukturierender bzw. auf das Subjekt wirksam werdender Kategorien (wie z. B. soziale Herkunft etc.) in den Blick.

[17]Maria Bitzan spricht von einem *Verdeckungszusammenhang* (vgl. Bitzan 2000) wenn hierarchische Strukturen auf Subjekte einwirken, ohne dass sie als gesellschaftliche Strukturen erkennbar sind.

Selbstbild, das weitere Verhalten und das In-der-Welt-Sein maßgeblich prägen. Rassismus anzusprechen, ist zum einen wegen des oben angedeuteten Verdeckungszusammenhangs und der De-Thematisierung nicht einfach. Rassismus als solcher wird häufig nicht erkannt. Zum anderen wird von den Lehrkräften meist eingefordert, dass die Schüler*innen die Vorfälle selbst ansprechen – dies gilt als Voraussetzung, um einzuschreiten. Dabei ergeben sich allerdings einige Problematiken. Die Versuche, den rassistischen Gehalt einer Aussage oder einer Tat an der Reaktion des Betroffenen zu überprüfen, führen oftmals eher dazu, dass Schüler*innen lieber schweigen, als sich zu äußern, weil sie Gefahr laufen, sekundäre Rassismuserfahrungen[18] zu müssen (vgl. Georg und Dürr 2017, S. 27)[19]. In einem Klima, in dem Rassismus de-thematisiert bleibt und von daher selten wahrgenommen wird, sprechen Schüler*innen verständlicherweise nur sehr wenig über eigene Rassismuserfahrungen. Ein Schüler beschreibt dieses Thema als „so ein Tabuthema, da spricht man nicht so gerne drüber, also, beziehungsweise die Schüler, die davon betroffen sind." (Georg und Dürr 2017, S. 28) Er fährt fort: „Weil die schämen sich auch glaube ich wohl darüber" und „man ist ja auch eingeschüchtert." (ebd.). Tabuisierung, Scham und die hierarchischen Verhältnisse im Kontext Schule spielen eine nicht zu unterschätzende Rolle. Rassismus anzusprechen, bedeutet noch immer, zum ‚Störenden' zu werden (vgl. Messerschmidt 2010, S. 53). ‚Störer*innen' werden Schüler*innen in den Augen der Lehrer*innen auch, wenn sie sich anders als z. B. verbal ‚distanziert' und ‚reflektiert' über ihre Erfahrungen äußern. Die im Folgenden aufgeführten Möglichkeiten belegen, dass sie ggf. mit Rückzug antworten, ‚schweigen' oder ‚aggressiv' werden. Die eigenen

---

[18] Als sekundäre Rassismuserfahrungen sind jene Erfahrungen zu bezeichnen, die nach einer *ersten* Rassismuserfahrung stattfinden – z. B. wenn das Ansprechen von Rassismus bagatellisiert oder nicht ernst genommen wird. Diese Reaktionen, in denen sich mitunter eine *Leugnung* der Existenz von Rassismus auf Seiten der Mehrheitsgesellschaft zeigt, sind für die Betroffenen Personen *ebenso schlimm* wie die *eigentlichen* Übergriffe, Kommentare, Blicke, die *vorher* stattgefunden haben. *Erst* und *vorher* werden hier bewusst hervorgehoben, weil Menschen, die Rassismuserfahrungen machen, diese i. d. R. nicht nur einmal machen. zu machen und sich für ihre Empfindungen rechtfertigen zu müssen

[19] So beschreiben sowohl nicht betroffene Schüler*innen als auch die Lehrer*innen, dass es kein Rassismus gewesen sein könne oder aber „nicht so schlimm sei" (Georg und Dürr 2017, S. 34), je nachdem wie die betroffene Person sich verhält – d. h. wenn diese z. B. lacht oder die Bedeutung herunterspielt, werden von den Lehrer*innen keine weiteren Maßnahmen eingeleitet.

Diskriminierungserfahrungen anzusprechen, ist in einem Setting (hier Schule), in dem neben Bagatellisierung und De-Thematisierung zusätzlich die Benotung und die Gunst der Lehrenden eine Rolle spielen, nicht einfach, wie die Aussage eines Schülers nahelegt:

> Aber dann ist auch die Sache, weil man so Ängste oder Befürchtungen hat, das zu melden, sage ich mal. Lieber geht man da anders vor, als zu einem Lehrer oder zu einem Verbindungslehrer zu gehen und das zu melden. Sondern einfach ignorieren und darüber hinwegsehen oder irgendwie anders vorzugehen, was gar nicht der gute Fall sein sollte (Georg und Dürr 2017, S. 28).

Schüler*innen entwickeln im Umgang mit Rassismus ganz unterschiedliche Strategien. Schweigen und der Versuch, ‚sich daran zu gewöhnen' gehören dazu, wie auch folgendes Zitat zeigt: „Also öffentlich macht man das auch nicht. Ich bin jetzt auch nicht in der Klasse und erzähle das jetzt jedem. Das bleibt halt mir überlassen. Das ist auch kein Thema, wo man tagtäglich drüber spricht. Da gewöhnt man sich im Laufe der Zeit dran." (ebd., S. 29). Andere wehren sich, indem sie versuchen den Aussagen und dem Verhalten von Mitschüler*innen verbal oder auch körperlich etwas entgegenzusetzen. Sie werden dann von Lehrer*innen und Schüler*innen oft als aggressiv eingestuft, was wiederum Folgen für die weitere schulische Laufbahn hat (vgl. Ehlen 2015). Während der Blick im Umgang mit den (nicht nur als ‚kulturell') ‚anders' Wahrgenommenen also meist zu einer Thematisierung von Kultur führt, wird die Herstellung dieser ‚Anderen' selten betrachtet. Auch die De-Thematisierung und Bagatellisierung von den beschriebenen Erfahrungen wird dann nicht wahrgenommen. Mithin geraten die Auswirkungen dieser Erfahrungen und deren Wirkungen auf Subjektivierungen aus dem Blick.

4 Ein Lernziel für pädagogische Kontexte? Subjekt-Bildung unter einer postkolonialen Perspektive

Aufgrund eines verkürzten Rassismusverständnisses und vor dem Hintergrund der wirkmächtigen Distanzierungsmuster werden Rassismuserfahrungen von Schüler*innen oft nicht erkannt oder anerkannt. Das Ansprechen von Rassismuserfahrungen und -wissen wird nicht nur erschwert, sondern von den (meist der Mehrheitsgesellschaft angehörigen) Lehrkräften sogar als störend und z. T. gar als

‚instrumentalisierend'[20] beschrieben. Konflikte zwischen Schüler*innen werden ausschließlich an den einzelnen Personen festgemacht und dem*r Schüler*in mit Rassismuserfahrung wird vorgeworfen, aggressiv zu sein (vgl. auch Ehlen 2015, S. 151). Das Mit-Einstimmen von Betroffenen in rassistische Scherze wird als Legitimation dafür herangezogen, dass dies „lustig" sei und „nichts mit Rassismus zu tun habe" (Georg und Dürr 2017, S. 13). Rassismus als gesellschaftliches Strukturprinzip und als Erfahrung von Schwarzen und Schüler*innen of Color wird als Lebensrealität ausgeblendet und weitestgehend de-thematisiert. Wie gezeigt, besteht im Kontext der Bildungsinstitution Schule ein großer Handlungsbedarf, um der alltäglichen Reproduktion von Rassismus entgegenwirken zu können, der insbesondere angesichts aktueller Flucht- und Migrationsbewegungen relevant wird.

Rassismuskritische Bildung, die wir als grundlegenden Bestandteil einer postkolonialen Perspektive verstehen,[21] stellt Reflexionsmaterial und Analysen bereit, wie sie für die derzeitige Situation im Kontext von Flucht und Migration in Bildungskontexten benötigt werden. Bildungskontexte halten (hier am Beispiel der Institution Schule verdeutlicht) für komplexe Situationen überwiegend Antworten bereit, die Schüler*innen an minorisierte Subjektpositionen binden anstatt dass Lösungswege zur Überwindung aufgezeigt werden würden. Vielmehr muss die Frage gestellt werden, wie Bildungs- und damit auch immer Subjektivierungsprozesse so gestaltet werden können, dass sie eine Entwicklung von Selbstverhältnissen gestatten, in welchen kategoriale Zuschreibungen (wie z. B. Kultur) kritisch-reflexiv betrachtet werden können und eine Distanzierung von letzteren möglich ist.

Zunächst gilt es jedoch anzuerkennen, dass Schüler*innen, die Rassismuserfahrungen machen, eigene Strategien des Umgangs mit einer rassifizierenden Umgebung finden und sich daher auch z. B. dem von Lehrer*innen gesetzten Imperativ, Rassismus anzusprechen, entziehen. Pia Thattamannil verweist mit

---

[20]Instrumentalisierend meint, dass Lehrer*innen äußern, eine Thematisierung diene mitunter dazu, eine gute Note zu bekommen. Es lassen sich hier auch Bezüge zu einer sogenannten Täter-Opfer-Umkehr ziehen, die im Kontext Rassismus, aber auch anderer Formen von Diskriminierung verbreitet ist.

[21]Wir sehen rassismuskritische Bildung als einen Teil postkolonialer Bildung, die speziell auf rassifizierende Strukturen blickt, während postkoloniale Bildung für uns noch grundsätzlicher und breiter globale Herrschaftsstrukturen und weitere Diskriminierungsformen wie z. B. die Verschränkung mit Sexismus, sozialer Herkunft, Religion, Behinderung, Alter, Körperlichkeit sowie weitere Merkmale in den Blick nimmt und aus einer kritischen Perspektive unter Einbezug der kolonialen Erfahrung thematisiert.

Rückgriff auf Maureen Maisha Eggers (2013) darauf, dass die unterschiedlichen Strategien von Schüler*innen, die Rassismuserfahrungen machen, auch als Kompetenz und Lebensstrategie betrachtet werden sollten und Schüler*innen nicht nur als Personen gesehen werden können, die „nicht sprechen" oder „aggressiv" sind (Georg/Dürr 2017, S. 29). Eggers konstatiert,

> dass ein Leben unter Bedingungen rassistischer Normalität zu einer spezifischen Auseinandersetzung mit der Sozialen Wirklichkeit zwingt. Daraus können Lebenskompetenzen erwachsen. [...] Ich gehe davon aus, dass rassistisch markierte Subjekte Lösungswege für den Umgang von durch Rassismus verursachte Handlungsbarrieren suchen müssen, um in einer von Ungleichheit geprägten Gesellschaft handlungsfähig zu bleiben (2013, S. 4).

Statt einzufordern, dass Schüler*innen sprechen sollen, und wenn sie sprechen, ihre Erfahrungen zu de-thematisieren und zu bagatellisieren, schlägt Thattamanil weiterhin vor, zunächst einmal nach eben jenen Bedingungen zu fragen, unter denen überhaupt möglich wird, Rassismuserfahrungen anzusprechen bzw. Strukturen zu schaffen, die ein Ansprechen „weniger häufig verhindern" (2017, S. 31 f.).

Zentral wäre hier wohl zunächst, eine Idee von Bildung, welche die postkoloniale Situation nicht verkennt und ins Zentrum von Institutionen wie der Schule, aber auch außerschulischer Settings und der Früherziehung[22], stellt. Ein derartiger Ansatz muss zum einen berücksichtigen, wie postkoloniale Konfigurationen unsere Gesellschaft strukturieren und andererseits eine Selbstverortung, d. h. eine Reflexion des eigenen Standpunkts (z. B. entlang einer (post-) kolonialen rassistisch organisierten Gesellschaft), ermöglichen und begleiten. Hinsichtlich des oben diskutierten Beispiels eines Rückbezugs auf Kultur lautete die entscheidende Frage unter dieser Perspektive dann nicht mehr, ob es kulturelle Unterschiede gibt, sondern: „Unter welchen Bedingungen benutzt wer mit welchen Wirkungen ‚Kultur'?" (Mecheril 2009, S. 27). Es braucht in Anerkennung von Bildung als Subjekt-Bildung in der Verschränkung mit Rassismus jeweils (Bildungs-)Angebote für verschiedene Positionen und Erfahrungen im Kontext rassistischer Gesellschaftsstrukturen. Diese Orte dürfen Bildung – Subjektbildung

---

[22]Ein Beispiel wäre hier das Projekt *Kinderwelten*, wodurch Kinder schon früh sensibilisiert werden, wie und unter welchen Umständen gesellschaftliche Ungleichheiten entstehen und wo ein Raum existiert, sich kollektiv gegen solche Ungleichheiten zur Wehr zu setzen (vgl. Wagner 2008).

und *Wissensbildung* – nicht als getrennte Prozesse betrachten. Nur dann können auch Unterrichtssettings, in welchen gelegentlich mit (re-)traumatisierenden, weil stereotypen Beispielen (vgl. Bergold-Caldwell et al. 2017) und rassistischem Material (vgl. Marmer und Sow 2015) gearbeitet wird, kritisch betrachtet und verändert werden. Es braucht in der Folge Räume für eine Arbeit mit diesen jeweils eigenen Verortungen und darin die Anerkennung einer postkolonialen und rassistischen Logik. Wie mehrfach adressiert, führt diese noch immer dazu, dass es Menschen gibt, die Rassismus erfahren und auch solche, die keinen erfahren. Diese Räume müssen vor dem Hintergrund eben dieser Tatsache eine kritische Auseinandersetzung, vor allem aber ein *Empowerment* der Marginalisierten, ermöglichen.

Logiken der Marginalisierung sind gekoppelt an eurozentristische Geschichtserzählungen, weshalb Bildungskontexte, die sich einem postkolonialen und rassismuskritischen Bildungsideal verschreiben, genau diese Analysen ins Zentrum ihrer Bildungsidee stellen sollten – z. B. im Unterricht, in Seminaren oder in Kursen der Erwachsenenbildung. Eine veränderte Perspektive auf die Geschichtsschreibung bietet neben anderen Kulturevents zum Beispiel der *Black History Month*[23]. Damit wird versucht, Teile der Geschichtsschreibung, die oftmals unsichtbar gemacht werden, darzustellen. Ist es der Anspruch von Bildungskontexten, die zu Bildenden zu ermächtigen, weltbildend und -verändernd zu wirken, ja zur Handlungsfähigkeit zu bilden, so muss die Wirkung einer hegemonialen, stereotypen und oft rassifizierten Geschichtsschreibung und die Wirkung dessen auf die Subjektbildung der Schüler*innen nicht nur anerkannt, sondern zukünftig auch verändert werden (vgl. dazu auch Golly 2016).

Räume der Artikulation und der Erfahrung von Veränderung können nur geschaffen werden, wenn sich alle daran Beteiligten auch einbringen. Da ein ‚Hören-Können', Kenntnis über die Funktionsweisen von Rassismus und die Auswirkungen von Kolonialismus erfordert, schlagen wir einen weiteren Reflexionsort vor. Auch Menschen, die sich als Mehrheitsangehörige betrachten, sind von der Machtstruktur Rassismus betroffen. Durch das Involviertsein in rassistische Handlungen verlieren sie ebenfalls ihre Würde und ihre Freiheit (vgl. Sow 2008, S. 272; Wollrad 2011, S. 39). Sie erlangen über die rassistische Strukturierung

---

[23]Den *Black History Month (BHM)* gibt es in den USA bereits seit 1926. Ziel ist es, einer breiten Öffentlichkeit die Geschichte des Landes aus der Perspektive Schwarzer Menschen zugänglich und vor allem sichtbar zu machen. In Deutschland wird der *BHM* seit 1996 von der *Initiative Schwarze Menschen* in Deutschland organisiert.

der Gesellschaft eine Position, die dazu führt, Rassismus und Kolonialismus als Problem von Schwarzen und *PoC* zu definieren. Auch darüber entstehen eine Un-Kenntnis und das Hören und Gehört werden, wird verstellt. Deshalb bleibt zu konstatieren, dass vor dem Hintergrund der Verschränkung von Rassismus und Bildung, d. h. also der Wirkweise von Rassismus auf die ‚Bildung des Selbst', der Blick auf Rassismus und postkoloniale Gesellschaftsstrukturen eine gesamtgesellschaftliche Schärfung erfahren muss. Bildungsinstitutionen nehmen innerhalb dieser Forderung eine wichtige Rolle ein: Sie können nicht nur die Möglichkeit bieten, reflexive, postkoloniale und rassismuskritische Räume zur Verfügung zu stellen bzw. diese immer wieder zu erarbeiten, sondern sie bieten darüber hinaus auch die Möglichkeit durch Kollektivierungsprozesse neue Bedingungen für eine verletzungsärmere Zukunft zu schaffen. Diese Chancen müssen immer wieder von Neuem realisiert, die Räume geschaffen und aufrechterhalten werden.

Literatur

Ahmed, Sara (2000). Strange Encounters. Embodied Others in Post-Coloniality. Routledge
Aikins, J. K. (2016). Jenseits der Einsicht: Vielseitige Geschichten – vielstimmige Erinnerungen. In D. Bergold-Caldwell, L. Digoh, H. Haruna-Oelker, C. Nkwendja-Ngnoubamdjum, C. Ridha & E. Wiedenroth-Coulibaly (Hrsg.), *Spiegelblicke. Perspektiven jüngerer Schwarzer Bewegung in Deutschland*. (S. 148–153). Berlin: Orlanda.
Althusser, Louis (1977). Ideologie und ideologische Staatsapparate. Aufsätze zur marxistischen Theorie. Hamburg/Berlin VSA.
Amadeu Antonio Stiftung (2017). Online verfügbar unter http://www.amadeu-antonio-stiftung.de. Zugegriffen: 01. Oktober 2017.
Arndt, S. (2013). Im Spiegel der Geschichte. *an.schläge. Das feministische Magazin*. November 2013, S. 15–17.
Arndt, S., & Ofuatey-Alazard. N. (Hrsg.). (2011). *Wie Rassismus aus Wörtern spricht: (K)Erben des Kolonialismus im Wissensarchiv deutscher Sprache. Ein kritisches Nachschlagewerk*. Münster: Unrast.
Arslan, Emre; Bozay, Kemal (Hrsg.). (2016). Symbolische Ordnung und Bildungsungleichheit in der Migrationsgesellschaft. Wiesbaden: Springer VS.
Bergold-Caldwell, D., Wuttig, B., & Scholle, J. (2017a). „Always placed as the Other." Rassialisierende Anrufungen als traumatische Dimension im Kontext Schule. In M. Jäckle, B. Wuttig, & C. Fuchs (Hrsg.), *Handbuch Trauma – Pädagogik – Schule* (S. 281–306). Bielefeld: Transcript
Bergold-Caldwell, D., & Grubner, B. (2017b). *Ethnisierung der Geschlechterverhältnisse. Antifeminismus, Sexismus und Rassismus nach Köln*. Interdisziplinäre Ringvorlesung. Themenschwerpunkt: „Backlash!? Antifeminismus in Wissenschaft, Politik und Gesellschaft". Marburg, https://www.uni-marburg.de/genderzukunft/aktuelles/events/rvl2017/rvl2017bergoldcaldwellgrubner. Zugegriffen: 14. Juli 2017.

Bitzan, M. (2000). Geschlechtshierarchischer Verdeckungszusammenhang. Überlegungen zur sozialpädagogischen Mädchen- und Frauenforschung. In D. Lemmermöhle, D. Fischer, D. Klika, & A. Schlüter (Hrsg.), *Lesarten des Geschlechts. Zur De-Konstruktionsdebatte in der erziehungswissenschaftlichen Geschlechterforschung* (S. 146–160). Opladen: Leske und Budrich.

Braidotti, Rosi (2014). Posthumanismus. Leben jenseits des Menschen. Campus. Frankfurt/ New York.

Broden, A. & Mecheril, P. (Hrsg.). (2010). *Rassismus bildet: bildungswissenschaftliche Beiträge zu Normalisierung und Subjektivierung in der Migrationsgesellschaft*. Bielefeld: transcript Verlag.

Broden, A. (2011). Verstehen der Anderen? Rasssismuskritische Anmerkungen zu einem zentralen Topos interkultureller Bildung. In W. Scharathow & R. Leiprecht (Hrsg.), *Rassismuskritik. Bd. 2: Rassismuskritische Bildungsarbeit* (S. 119–133). 2. Aufl. Schwalbach/Ts.: Wochenschauverlag.

Butler, J. (2001). *Psyche der Macht. Das Subjekt der Unterwerfung*. Gender Studies. Frankfurt a. M.: Suhrkamp.

Butler, J. (2003). Noch einmal: Körper und Macht. In A. Honneth & M. Saar (Hrsg.), Michel Foucault. Zwischenbilanz einer Rezeption. Frankfurter Foucault-Konferenz 2001 (S. 52–67). Frankfurt a. M.: Suhrkamp.

Butterwege, C. (2007). *Grundlagen Dossier Migration: Bildung und Integration*. In: Bundeszentrale für politische Bildung. http://www.bpb.de/gesellschaft/migration/dossier-migration/56490/bildung. Zugegriffen am 01.10.2017

Castro Varela, M. (2007). *Verlernen und die Strategie des unsichtbaren Ausbesserns. Bildung und Postkoloniale Kritik*. http://www.igbildendekunst.at/bildpunkt/2007/widerstand-macht-wissen/varela.html Zugegriffen am 01.10.2017

Castro Varela, M., Dhawan, N. (2009). *Postkoloniale Theorie. Eine kritische Einführung*. 2. Aufl. Bielefeld: transcript Verlag.

Radtke, F. O., & Diehm, I. (1999). *Grundriss der Pädagogik/Erziehungswissenschaft: Erziehung und Migration: Eine Einführung*. Stuttgart u. a: Kohlhammer.

Dietze, Gabriele (2016). *Das Ereignis Köln*. In: *Femina politica* (1), S. 93–102.

Golly, N. (2016). (2016). „Es ist gut, dass du bist, wie du bist und es ist schön, dass es dich genauso gibt." Perspektiven für Schwarze Kinder in Kindergarten und Schule. In D. Bergold-Caldwell, L. Digoh, H. Haruna-Oelker, C. Nkwendja-Ngnoubamdjum, C. Ridha & E. Wiedenroth-Coulibaly (Hrsg.), *Spiegelblicke. Perspektiven jüngerer Schwarzer Bewegung in Deutschland*. (S. 148–153). Berlin: Orlanda

Eggers, M. M. (2013). *Diskriminierung an Berliner Schulen benennen – Von Rassismus zu Inklusion*, In Migrationsrat Berlin-Brandenburg (Hrsg.): Leben nach Migration, Online-Newsletter Nr. 8/2013, http://www.mrbb.de/dokumente/pressemitteilungen/MRBB-NL-2013-08-Leben%20nach%20Migration.pdf, S. 9–13.

Ehlen, C. (2015). „Nee, nee also hier bei uns nicht" – Das Rassismusverständnis weißer Lehrender. In E. Marmer & P. Sow (Hrsg.), *Wie Rassismus aus Schulbüchern spricht* (S. 148–160) Weinheim, Basel: Beltz.

Foucault, M. (1994). *Das Subjekt und die Macht*. In L. Hubert & R. P. Dreyfus (Hrsg.), Michel Foucault: Jenseits von Strukturalismus und Hermeneutik (S. 243–250). 2. Aufl. Weinheim: Beltz.

Georg, E. & Dürr, T. (2017). *Was soll ich da denn sagen? Zum Umgang mit Rassismus im Schulalltag.* Marburg: beratungsNetzwerk hessen.

Hall, S. (1997). Introduction. Who needs ‚identity'? In S. Hall & P. D. Gay (Hrsg.), *Questions of cultural identity* (S. 1–17). Los Angeles: Sage.

Hall, S. (2007). *The West and the Rest: Discourse and Power.* In C. Andersen & R. C. A Maaka (Hrsg.), *The indigenous experience. Global perspectives* (S. 165–173). Toronto: Canadian Scholars' Press Inc.

Kilomba, G. (2010). Plantation Memories. Episodes of Everyday Racism. 2. Aufl., Münster: Unrast.

Leiprecht, Rudolf (2001). Alltagsrassismus. Eine Untersuchung bei Jugendlichen in Deutschland und den Niederlanden. Münster: Waxmann.

Marmer, E., & Sow, P. (Hrsg.). (2015). *Wie Rassismus aus Schulbüchern spricht.* Weinheim, Basel: Beltz.

Mbembe, J. (2015). *Kritik der schwarzen Vernunft.* 4. Aufl. Berlin: Suhrkamp.

Mecheril, P. (2013). „Kompetenzlosigkeitskompetenz". Pädagogisches Handeln unter Einwanderungsbedingungen. In G. Auernheimer (Hrsg.), *Interkulturelle Kompetenz und pädagogische Professionalität* (S. 15–35). Wiesbaden: Springer VS.

Mecheril, P., & Melter, C. (2009). *Rassismuskritik.* Band 1. Schwalbach/Ts. Wochenschau Verlag.

Messerschmidt, A. (2009): Rassismusanalyse in einer postnationalsozialistischen Gesellschaft, in: C. Melter/P. Mecheril (Hrsg.): Rassismuskritik. Band 1: Rassismustheorie und -forschung, Schwalbach/Ts.: S. 59–74.

Messerschmidt, A. (2010). Distanzierungsmuster. Vier Praktiken im Umgang mit Rassismus. In A. Broden & P. Mecheril (Hrsg.), *Rassismus bildet: bildungswissenschaftliche Beiträge zu Normalisierung und Subjektivierung in der Migrationsgesellschaft* (S. 41–59). Bielefeld: transcript Verlag.

Messerschmidt, Astrid (2010): Distanzierungsmuster.Vier Praktiken im Umgang mit Rassismus. In: Broden, Anne und Mecheril, Paul (Hrsg.): Rassismus bildet. Bildungswissenschaftliche Beiträge zu Normalisierung und Subjektivierung in der Migrationsgesellschaft. S. 41–59. Bielefeld: transcript.

Mohanty, C. T. (1988). Aus westlicher Sicht: feministische Theorie und koloniale Diskurse. *Beiträge zur feministischen Theorie und Praxis, 11*, S. 149–162.

Piesche, P. (2005): Der ‚Fortschritt' der Aufklärung – Kants ‚Race' und die Zentrierung des weißen Subjekts. In: M. M. Eggers, G. Kilomba, P. Piesche & S. Arndt (Hrsg.), *Mythen, Masken und Subjekte. Kritische Weissseinsforschung in Deutschland* (S. 30–40). 1. Aufl. Münster: Unrast.

Reckwitz, A. (2008). *Subjekt.* 2. Aufl. Bielefeld: transcript Verlag.

Rose, N. (2012). *Migration als Bildungsherausforderung. Subjektivierung und Diskriminierung im Spiegel von Migrationsbiographien.* Bielefeld: transcript Verlag.

Said, E. W. (2003). *Orientalism.* London: Penguin Books.

Scharathow, W. (2014). *Risiken des Widerstandes. Jugendliche und ihre Rassismuserfahrungen.* Bielefeld: transcript Verlag.

Sow, N. (2008). *Deutschland Schwarz Weiss. Der alltägliche Rassismus.* 1. Aufl. München: Bertelsmann.

Spies, T. (2014). *Migration und Männlichkeit. Biographien junger Straffälliger im Diskurs.* Bielefeld: transcript Verlag.

Spivak, C. (2015): *Can there be a feminist world.* Public Books. http://www.publicbooks. org/can-there-be-a-feminist-world. Zugegriffen: 01. Oktober 2017.

Thattamannil, P. (2017). Rassismuserfahrungen ansprechen. In E. Georg & T. Dürr: *Was soll ich da denn sagen? Zum Umgang mit Rassismus im Schulalltag.* Marburg: beratungsNetzwerk hessen.

Velho, A. (2016). *Alltagsrassismus erfahren. Prozesse der Subjektbildung – Potenziale der Transformation.* Frankfurt a. M.: Peter Lang.

Wagner, P. (Hrsg.). (2008). *Handbuch Kinderwelten. Vielfalt als Chance – Grundlagen einer vorurteilsbewussten Bildung und Erziehung.* Freiburg im Breisgau: Verlag Herder.

Wollrad, E. (2011). Getilgtes Wissen, überschriebene Spuren. Weiße Subjektivierungen und antirassistische Bildungsarbeit. In A. Broden & P. Mecheril (Hrsg.), *Rassismus bildet. Bildungswissenschaftliche Beiträge zu Normalisierung und Subjektivierung in der Migrationsgesellschaft.* (S. 141–162) Bielefeld: transcript Verlag.

"blue scholars"* – Interdependente Klassismusanalyse als kollektive Forschung

Dirk Eilers

„Wir werden uns also vorläufig mit den eigenen Erfahrungen begnügen müssen", schrieb Anja Meulenbelt (1988, S. 64) in ihrer Monografie *Scheidelinien. Über Sexismus, Rassismus und Klassismus.* Das Zitat nimmt Bezug auf den Stand der Forschung zum Themenkomplex *Klassismus* und verweist zugleich auf deren fortbestehende begriffstheoretische Lücken. In ihrer intersektional angelegten Forschungsarbeit führt Meulenbelt erstmalig im deutschsprachigen Kontext den Begriff ‚Klassismus' als eigenständige Diskriminierungsform ein (vgl. Kemper und Weinbach 2009). Der nach wie vor marginalen Bezugnahme auf klassismuskritische Perspektiven in erziehungs- und sozialwissenschaftlichen Forschungsfeldern will das diesem Text zugrunde liegende Dissertationsvorhaben eine intersektionale Analyse der strukturellen Auswirkungen sozialer Ungleichheitslagen entgegensetzen. Der eingangs zitierten Aussage von Meulenbelt kommt dabei durch ihren Verweis auf klassistische Diskriminierungs- und Adressierungserfahrungen als Ansatzpunkt für klassismuskritische Theoriebildung eine paradigmatische Bedeutung zu. Unter Bezugnahme auf den als handlungstheoretischen Rahmen fungierenden

---

*Der Titel „blue scholars" ist ein Wortspiel mit dem Begriff *blue collar,* einer Bezeichnung für Arbeiter*innen, die aus der englischen Bezeichnung *collar* (Kragen) abgeleitet ist und dabei auf eine klassische Arbeitsmontur anspielt. In diesem Forschungsvorhaben sind mit *blue scholars* Forscher*innen aus der Arbeiter*innenklasse gemeint.

D. Eilers (✉)
Berlin, Deutschland
E-Mail: d.eilers@bildungswerkstatt-migration.de

Ansatz des *Social Justice und Diversity*[1] sollen im Rahmen der Forschungsarbeit Perspektiven zur Erarbeitung einer empirisch fundierten Erweiterung, Präzisierung und weiteren Theoretisierung des Klassismusbegriffs skizziert werden. Ziel ist es, den Klassismusbegriff für Antidiskriminierung und *Empowerment*[2] verstärkt nutzbar zu machen. Dabei soll unter anderem folgenden Fragen nachgegangen werden: Wie stellen sich die interdependenten Erfahrungsdimensionen sozialer Klassenzugehörigkeit auf der individualisierten Ebene dar? Welche Subjektbildungs- und Subjektivierungspraxen können aus diesen Erfahrungen herausgearbeitet werden? Welche Implikationen ergeben sich hieraus für klassismuskritische Theorie und ihre Anwendung im Kontext von emanzipatorischer politischer Praxis und *Social Justice Education?*

Der vorliegende Text möchte den Leser*innen einen Überblick über die Ausgangslagen und Beweggründe geben, die der Entstehung des Forschungsvorhabens zugrunde liegen. Neben der einführenden Darstellung der Implikationen einer klassismuskritischen Perspektive in Bezug auf soziale Ungleichheit wird im Rahmen der nachfolgenden Ausführungen aufgezeigt, dass soziale Klasse, insbesondere auch im Vergleich zu anderen Differenzkategorien, in diskriminierungskritischen Theorien unterrepräsentiert ist. Zentrales Anliegen des Textes ist es, den Lesenden einen Zugang zu dem Spannungsfeld, in dem sich der Klassismusbegriff analytisch bewegt, zu ermöglichen. Über die Erläuterung der theoretischen und methodischen Hintergründe der Forschungsarbeit soll zudem die Perspektive eines erfahrungsbasierten Ansatzes und die Relevanz der eigenen Erfahrung als Ausgangsgrundlage für Antidiskriminierungsarbeit gestärkt werden.

---

[1] Das in den USA entwickelte Antidiskriminierungs- und Trainingskonzept *Diversity and Social Justice* wurde im Jahr 2001 von Leah Carola Czollek, Gudrun Perko und Heike Weinbach für den deutschsprachigen Kontext adaptiert. Seither finden immer mehr Workshops und Seminare zu diesem Themenkomplex in formellen und informellen Bereichen der politischen Bildung statt. Ausgangspunkt der Auseinandersetzung in *Social Justice und Diversity Trainings* sind die Teilnehmer*innen mit ihren sozialen Gruppenzugehörigkeiten. Die selbstreflexive Analyse der jeweiligen gesellschaftlichen Positionierungen bildet dabei eine Art Plattform, von der aus die Diskriminierungssysteme auf Grund von „race", *gender*, sexueller Orientierung, sozialer Klasse, Alter, Körper und anderen Kategorien jeweils ausführlicher sektional und intersektional behandelt und analysiert werden (vgl. Czollek et al. 2012).

[2] Mit *Empowerment* sind in diesem Zusammenhang emanzipatorische Bildungsprozesse gemeint, die eine Transformation der Sicht auf die Welt und sich selbst befördern und es zudem ermöglichen, eine Sprache zu finden, die eigenen Erfahrungen zu beschreiben und zu analysieren und somit zu einer Veränderung der gesellschaftlichen Verhältnisse beitragen (vgl. Gottuck und Mecheril 2014).

1 Wie soziale Ungleichheit thematisiert wird: Über die Abwesenheit klassismuskritischer Perspektiven

Der deutsche Begriff Klassismus ist eine Adaption des englischen Begriffs *classism*. Dieser wurde unter anderem 1972 im Kontext der verlegerischen Aktivitäten des lesbisch-feministischen Kollektivs der *Furies* in den USA aufgegriffen. Hier wurde die aus den eigenen Auseinandersetzungen mit sozialer Klasse innerhalb des Kollektivs hervorgegangene klassismuskritische[3] Perspektive bereits als intersektional verstanden und mit anderen Formen von Diskriminierung wie Heterosexismus und Rassismus zusammen gedacht (vgl. Bunch und Myron 1974, S. 7). Spezifisch an der Klassismusperspektive ist ihr verbindender Blick auf die individuellen, institutionellen und kulturellen Ebenen der Ausbeutung in Produktions- und Reproduktionsverhältnissen. Indem die persönlichen Erfahrungen mit den Gegebenheiten von kapitalistischer Vergesellschaftung zusammen gedacht werden, vereint der Klassismusbegriff die Felder von (Anti-)Diskriminierungs- und Klassentheorien, wie Rita Mae Brown, Mitglied der *Furies,* festhielt:

Class is much more than Marx' definition of relationship to the means of production. Class involves your behaviour, your basic assumptions about life, your experiences (determined by your class) validate your assumptions, how you are taught to behave, what you expect from yourself and from others, your concept of future, how you understand problems and solve them, how you think, feel, act. (1974, S. 15).

Im Zuge der Übertragung des Antidiskriminierungs- und Trainingskonzepts *Diversity and Social Justice* von Adams et al. (2007) auf den deutschsprachigen Kontext fand eine erneute Auseinandersetzung mit dem Begriff Klassismus statt. Das Miteinbeziehen klassismuskritischer Perspektiven in die Analyse gesellschaftlicher Verhältnisse blieb jedoch trotz der angestoßenen Entwicklungen sehr beschränkt. Stattdessen ist in den hegemonialen öffentlichen und wissenschaftlichen Diskursen um soziale Ungleichheit in der BRD über die letzten Jahre eine Zunahme klassistischer Ressentiments zu beobachten. Als Marker für diese Entwicklungen lassen sich beispielsweise die Untersuchungen zur Abwertung von Langzeitarbeits-

---

[3]In Analogie zum Begriff der *Rassismuskritik* (Mecheril und Melter 2009) werden im Rahmen des Forschungsvorhabens die zu entwickelnden Ansätze als *klassismuskritisch* bezeichnet, um darauf zu verweisen, dass es keine Verortungen außerhalb von klassistischen Strukturen gibt.

losen des Bielefelder Instituts für interdisziplinäre Konflikt- und Gewaltforschung anführen (Kemper und Weinbach 2009).[4] Weitere Anhaltspunkte finden sich in den anhaltenden Debatten um die mit dem kulturalistisch aufgeladenen Begriff ‚Unterschicht' bezeichnete Großgruppe wohlfahrtsabhängiger Personen, die sich angeblich daran gewöhnt hat, von staatlichen Almosen zu leben (vgl. kritisch Dörre 2015). In der Betrachtung der Implikationen verschiedener Verbegrifflichungen zeigt sich, dass die Thematisierung von sozialer Ungleichheit unter sehr unterschiedlichen Vorzeichen und Motivationen erfolgt: Sie reicht von der bloßen Vernachlässigung der Zusammenhänge und Auswirkungen kapitalistischer Vergesellschaftung über die Individualisierung ihrer Ursachen im Sinne meritokratischer Ideologien bis hin zu ihrer Legitimation als eine für das Funktionieren der Gesellschaft notwendige sogenannte *„Vertikalspannung"* (Sloterdijk 2009). Die unter anderem das Feld der Bildungspolitik nach wie vor dominierende Ideologie der Meritokratie „gibt vor, dass alle, die sich wirklich Mühe geben, es im Bildungssystem und damit auch allgemein im Leben schaffen können" (Castro Varela 2014, S. 21). In einem Interview zu klassistischen Bildungsbarrieren spricht die Politikwissenschaftlerin und Pädagogin María do Mar Castro Varela über die Individualisierung von struktureller Benachteiligung als einem gelungenen „ideologischen Coup, der die Marginalisierten für ihre Benachteiligung selbst verantwortlich macht" (ebd.). In verschiedenen Debatten um soziale Ungleichheit ist zudem die Tendenz zu beobachten, dass die Auswirkungen sozioökonomischer Prekarisierungsprozesse auf das Leben von Menschen zunehmend kulturalisiert werden: Nicht Klasse, sondern vermeintlich unterschiedliche Kulturen führen zu (strukturellen) gesellschaftlichen Reibungs- und Problemsituationen. Der Klassismusforscher Christian Baron (2014) spricht hierbei von dem Phänomen einer bürgerlichen Umdeutung von Klassentheorien. Beispielhaft für eine „Renaissance der Klassentheorie" führt Baron die Autoren Heinz Bude und Paul Nolte an, die unter anderem von einer „Kultur der Unterschicht" sprechen (2014, S. 225). Castro Varela spricht in Bezug auf dieses Thema davon, dass Integrations- und Bildungsdiskurs aktuell eine „unrühmliche Allianz" in der Kulturalisierungsthese einzugehen scheinen (Castro Varela 2014, S. 21).

Klassismus als ideologiekritische Perspektive wäre sehr geeignet für die Untersuchung dieser Entwicklungen, allerdings ist der Begriff der breiten

---

[4]In den vormals unter dem Titel *Deutsche Zustände* veröffentlichten Untersuchungen zur gruppenbezogenen Menschenfeindlichkeit lassen sich für die Fragen zur Abwertung von Langzeitarbeitslosen über die letzten sieben Jahre kontinuierlich hohe Zahlen verzeichnen. Auch im Jahr 2014 unterstellen die Hälfte der Befragten, dass die meisten Arbeitslosen nicht wirklich daran interessiert seien einen Job zu finden (vgl. Zick und Klein 2014).

Öffentlichkeit hierzulande „bislang derart unbekannt, dass es ein Euphemismus wäre, ihm ein Schattendasein anzudichten" (Baron und Steinwachs 2012, S. 20).

2 Wie Klassismus thematisiert wird, ohne auf gemeinsame Grundlagen Bezug zu nehmen: Über Probleme in der Anwendung klassismuskritischer Perspektiven

In der sozial- und erziehungswissenschaftlichen Forschung ist dennoch für die letzten Jahre ein nicht zu unterschätzender Zuwachs an Publikationen mit explizitem Bezug auf Klassismus als Forschungs-, Handlungs- und Analyseperspektive zu verzeichnen (vgl. Baron 2013, 2016; Baron und Steinwachs 2012; Bitiş und Borst 2013; Kemper 2008, 2011; Kemper und Weinbach 2009; Roßhart 2016; Steinwachs 2015; Wellgraf 2012, 2013; Weinbach 2006, 2012). Nichtsdestotrotz sind in den verschiedenen klassismuskritischen Ansätzen große Differenzen hinsichtlich ihrer inhaltlichen Ausrichtung zu bemerken. Daher ist der Problematik zu begegnen, dass die derzeitigen Akteur*innen im Feld der Klassismusforschung divergierende Auffassungen darüber haben, was unter dem Begriff Klassismus verhandelt werden soll (vgl. Baron 2014, S. 228). Deutlich wird dies zum Beispiel anhand der zwei grundlegenden Fragen, wer als von Klassismus negativ betroffen angesehen wird und ob Klassismus auch von *unten* nach *oben* wirkt, so beispielsweise im Rahmen der Überlegung, ob es aus einer nicht-privilegierten Klassenposition heraus möglich ist, eine privilegierte Klassenposition klassistisch zu adressieren (ebd.). Die Autor*innen der bislang einzigen deutschsprachigen Einführung zum Thema nehmen an, dass „alle Menschen Klassenerfahrungen auf unterschiedliche Weise machen" (Kemper und Weinbach 2009, S. 22). Unter Bezugnahme auf verschiedene, vorwiegend US-amerikanische Autor*innen, differenzieren sie verschiedene Formen von Klassismus, betonen zugleich jedoch in Anlehnung an Adams (2007) sowie Moon und Rolinson (1996), dass, trotz der in allen Klassen existierenden Vorurteile, Klassismus als eine *Top-Down-Praxis* zu denken sei, die wesentlich auf strukturell bedingten Privilegien beruht. Explizit verdeutlicht sich die Perspektive von Kemper und Weinbach durch die theoretische Verortung innerhalb des *Social Justice* und der hiermit zusammenhängenden, wiederholten Bezugnahme auf Iris Marion Young, die im Kontext struktureller Ungerechtigkeit von einer systematischen Deprivation der Betroffenen auf institutioneller Ebene spricht (vgl. Kemper und Weinbach 2009, S. 23). Aus der Perspektive des *Social Justice* können Diskriminierung und Ausgrenzung ausgehend von nicht-privilegierten Gruppen auch privilegierte Gruppen betreffen, „auch wenn Erstere aufgrund ihrer gesellschaftlichen Benachteiligung nicht in der Lage sind, ihre Diskriminierung hegemonial oder normgebend zu machen" (Kemper und Weinbach 2009, S. 51). Weitere Differenzen bestehen in der analytischen Schwerpunktsetzung klassismuskritischer Perspektiven. Zur Diskussion steht dabei, wie ökonomische Basis und soziokulturelle Repräsentation der jeweiligen Klassenposition zueinander in Relation zu setzen sind. Dies bedingt, dass die Frage, auf welcher Ebene interveniert werden soll, unterschiedlich beantwortet wird (vgl. Baron 2014; Kemper 2014; Weinbach 2006). Die in diesen Differenzen sichtbar werdenden Leerstellen klassismuskritischer Analysen verweisen insgesamt auf unterschiedliche theoretische Grundlagen und Bezugspunkte im deutschsprachigen Raum.[5]

Für die Anwendung und Weiterentwicklung bestehender klassismuskritischer Ansätze ergibt sich entsprechend die Aufgabe einer konzeptionellen Präzisierung des Klassismusbegriffs. Dabei weist Kemper (2014) daraufhin, dass eine rein theoriebasierte Schärfung des Klassismusbegriffs auch Gefahren birgt. Der Begriff sei durch unterschiedliche emanzipatorische Kontexte geprägt und könnte durch eine akademische Theoretisierung seine praktische Verwendbarkeit einbüßen – und somit auch sein Potenzial, gesellschaftliche Verhältnisse *von unten* zu verändern. Die Herausforderung einer begrifflichen Präzisierung besteht laut Kemper zudem in dem funktionalen Doppelcharakter des Klassismusbegriffs (*Empowerment* und Gesellschaftsanalyse), der jeweils unterschiedliche theoretische Bezugnahmen in Antidiskriminierungsansätzen und Klassentheorien mit sich bringt. Der dabei entstehenden doppelten Thematisierung fehle jedoch bislang „ein eigenständiger Ort der Diskussion" (ebd., S. 425).

Auch in der interdisziplinären Bearbeitung von „*race*", *class* und *gender* werden diese Defizite in der Ausarbeitung des Klassismusbegriffs sichtbar. Angesichts eines zunehmenden Engagements für die Differenzkategorie soziale Klasse,

---

[5]In dieser Problematik verdeutlichen sich auch die besonderen Entstehungsbedingungen des Klassismusbegriffs im US-amerikanischen Kontext sowie die Schwierigkeiten seiner Übertragung auf den bundesdeutschen Kontext. Weinbach schreibt in diesem Zusammenhang, dass der Entwicklung von *classism* als eigenständige Diskriminierungs- und Unterdrückungsform im US-amerikanischen Raum andere Voraussetzungen zugrunde gelegen haben. So wurde der Begriff *class* in progressiven politischen Kreisen nicht diskreditiert oder durch andere Begrifflichkeiten wie *Schicht, Milieu* oder *Lebenswelt* ersetzt. Klasse sei in den theoretischen Debatten als Begriff und Beschreibung sozialer und ökonomischer Wirklichkeiten nicht umstritten gewesen. Dies habe eine beständige Debatte und auch eine Weiterentwicklung des Begriffs und seiner Bedeutung ermöglicht (vgl. Weinbach 2006, S. 92 f.).

welches ohne den Bezug auf zugehörige analytische Konzepte auszukommen scheint, sprechen Klassismusforscher*innen von sozialer Klasse als dem analytischen „*poor cousin*" [*sic!*] (Barone 1998, S. 3) seiner verwandten Diskriminierungsformen. Die Vernachlässigung von „*class*" als dem „*uncool subject*" (hooks 2000, S. viii) wirkt sich dabei auch auf die Analyse anderer Differenzkategorisierungen aus. Aus der Subsumierung der Auswirkungen klassistischer Diskriminierung unter die Auswirkungen von anderen Diskriminierungsformen ergibt sich in der Folge, dass letztere sektional überladen werden und somit analytisch und faktisch nur unzureichend bearbeitet werden können (vgl. Wellgraf 2012). Dies ist zum Beispiel der Fall, wenn die Klassenunterschiede der Involvierten in der Thematisierung von Rassismus und (Hetero-)Sexismus keine Rolle spielen.

3 Methodischer Zugang zur kollektiven Erforschung von Klassismuserfahrungen

Hinsichtlich des methodischen Vorgehens orientiert sich das Vorhaben zur Erforschung interdependenter Klassismuserfahrungen an der vorrangig von Frigga Haug entwickelten Methode der kollektiven Erinnerungsarbeit.[6] Haug untersucht Vergesellschaftungsprozesse von Individuen und setzt hierfür an den Erfahrungen und Identitätskonstruktionen der im Forschungsprozess Involvierten an (vgl. Haug 1999a). Die Gruppe der Beteiligten nimmt dabei die Funktion eines unterstützenden und *korrektiven* Kollektivs ein, welches die eigenen Sozialisationsprozesse als empirisches Ausgangsmaterial betrachtet und sie zu ihrem Forschungsgegenstand macht.[7] Wesentliche Charakteristika

---

[6]Zu ihrem Entstehungskontext ist anzumerken, dass die Methode Anfang der 1970er Jahre von Frauen* mit unterschiedlichen ‚Bildungshintergründen' entwickelt worden ist, die im Umfeld einer *neuen* Frauenbewegung in Westberlin organisiert waren. Zentrales Anliegen der beteiligten Frauen* war die für sie mit ihrem *Empowerment* in Zusammenhang stehende Aufarbeitung der eigenen Verstrickungen in die gesellschaftlichen Verhältnisse (vgl. Haug 1999a).

[7]Haug schreibt in diesem Kontext, dass die Arbeit mit Erinnerungen ein Kollektiv braucht, da es andernfalls nicht möglich sei, den herrschenden ‚gesunden' Menschenverstand, die kritische Widerrede, den Konsens in der Argumentation, gegenläufige Erfahrungen und die notwendige Fantasie zu mobilisieren (vgl. Haug 1999b, S. 200). Entsprechend stellt die Gruppe als Korrektiv sicher, dass die Forschenden sich nicht in ihren eigenen konstruierten Denkweisen und Selbstverständlichkeiten verstricken, sondern im Erkenntnisprozess hinter die subjektiv funktionale Fassade bisheriger Erinnerungskonstruktionen blicken können (vgl. Behrens und Stiensmeier-Pelster 2003).

der Methode sind die Arbeit mit selbst produziertem schriftlichen Material und die anschließende Dekonstruktion desselben innerhalb eines kollektiven Bearbeitungsprozesses (vgl. Behrens und Stiensmeier-Pelster 2003).[8] Ziel des kollektiven Prozesses ist es für die Teilnehmenden, einen klassismuskritischen Standpunkt zu erarbeiten, um auf dieser Grundlage eine gemeinsame und intersektionale Perspektive zu entwickeln. Neben der gegenseitigen Unterstützung in einem kritisch-reflexiven Analyseprozess eigener Erzählungen, Selbstzuschreibungen und Identitätskonstruktionen werden die innerhalb dieses Prozesses angewandten Erklärungs- und Dekonstruktionsansätze gemeinsam ausgelotet, expliziert und erweitert.

Das für die methodische Umsetzung zu bildende forschende Kollektiv soll in Anlehnung an den von der feministischen Standpunkttheoretikerin Sandra Harding (1994) formulierten Anspruch einer Demokratisierung des Vor- und Umfelds wissenschaftlicher Forschung in den Gesamtprozess miteinbezogen werden und möglichst heterogen zusammengesetzt sein. Es wird aus Personen bestehen, die nicht nur über die mit der sozialen Strukturkategorie Klasse verbundenen Erfahrungen von Diskriminierung und Unterdrückung verfügen, sondern im Sinne der feministischen Standpunkttheorie durch ihre Erfahrung auch in Bezug auf weitere Kategorien in ihren Erkenntnismöglichkeiten privilegiert sind.[9] Durch diese Vorgehensweise soll unter Bezugnahme auf Patricia Hill Collins (2000 [1990]) ein Dialog zwischen unterschiedlichen marginalisierten Positionen angeregt werden, mit dem Ziel eine interdependente Klassismusanalyse zu ermöglichen.

---

[8]Übertragen auf das Forschungsvorhaben zu interdependenten Klassismuserfahrungen geht es zunächst darum gemeinsam eine alltagsnahe, klassismusrelevante Fragestellung zu formulieren. Darauf aufbauend schreiben die einzelnen Personen zu dieser Fragestellung eine Erinnerung im Sinne einer kurzen Situationsgeschichte auf. Die daraus entstandenen Szenen dienen in der weiteren Auseinandersetzung als Ausgangsmaterial und werden in einem gemeinsamen Bearbeitungsprozess *dekonstruiert*. Hierfür findet ein erster Austausch über das spontane Verständnis der gemeinsam ausgewählten Szene statt. Die eigentliche Dekonstruktion erfolgt in Form von zwei weiteren Schritten. Sie teilt sich auf in die systematische Zerlegung der sprachlichen Bestandteile der Szene sowie eine distanzierende Betrachtung der Konstruktion der Autor*in im Verhältnis zum Gegenstand. Zum Abschluss der Szenenbearbeitung sollten wesentliche Ergebnisse resümiert und festgehalten werden (vgl. Behrens und Stiensmeier-Pelster 2003).

[9]Dies bezieht sich auf sich überschneidende Diskriminierungs- und Adressierungserfahrungen aus unter anderem den Bereichen Rassismus, Antisemitismus, *Gender*, sexuelle Orientierung und Körper.

4 Theoretische Bezugnahmen für eine kollektiv zu erarbeitende, erfahrungsbasierte und interdependente Klassismusanalyse

Den theoretischen Bezugsrahmen bilden Ansätze und Konzepte, welchen als ein gemeinsames Anliegen die Analyse und Thematisierung gesellschaftlicher Macht- und Herrschaftsverhältnisse zugrunde liegt. Für die Bearbeitung und Kontextualisierung der im Vorfeld aufgeworfenen Fragestellungen werden insbesondere wissenschaftliche Perspektiven herangezogen, die in ihren Erklärungsansätzen auf in Wechselwirkung stehende, interdependente soziale Strukturkategorien und die mit diesen verknüpften Wirkungsweisen von Ausbeutung, Diskriminierung und Unterdrückung Bezug nehmen (Adams et al. 2007; Adams et al. 2013; Czollek et al. 2012; Young 1990). Im Hinblick auf die Möglichkeiten zur kollektiven Erforschung interdependenter Klassismuserfahrungen stellen neben verschiedenen theoretischen Arbeiten, die sich mit der Aufrechterhaltung und Reproduktion von Klassenverhältnissen beschäftigen (vgl. Bourdieu 1982, 1983, 1988, 1993, 2005; Bourdieu und Wacquant 1996; Gramsci 1991–2001), die im Kontext feministischer Wissenschaftskritik entwickelten Standpunkttheorien einen wichtigen Bezugspunkt dar.

Die den Ausgangspunkt einer feministischen Auseinandersetzung mit Erkenntnistheorien markierende Frage „*Is the sex of the knower epistemologically significant?*" (Code 1981, S. 267) lässt sich hinsichtlich ihres Verweises auf die Implikationen der gesellschaftlichen Positioniertheit der Wissensproduzent*in auf den Kontext einer klassismuskritischen Forschung übertragen. Zentral ist dabei die für die feministische Epistemologie paradigmatische Grundannahme der *Situiertheit des Wissens* (Haraway 1996; Harding 1994).[10] Mit ihr ist die für die feministische Standpunkttheorie grundlegende Annahme verbunden, dass die jeweils spezifischen gesellschaftlichen Positionierungen der Wissensproduzent*innen Ausgangspunkt für eine im partiellen Sinne adäquatere und

---

[10]Diese besagt, dass Wissenschaften von empirischen Subjekten produziert werden, die von gesellschaftlichen Positionierungen aus wahrnehmen und sprechen. Das produzierte Wissen ist insofern immer als situiert und kontextabhängig zu denken und entsprechend sind Wissenschaften gemäß dem feministischen Paradigma des situierten Wissens als geprägt durch die Machtverhältnisse ihrer Produzent*innen zu verstehen. Im Hinblick auf die Objektivitätsansprüche unterschiedlich situierter wissenschaftlicher Forschung ergeben sich im Anschluss an die dargestellte Position grundlegende Konsequenzen in Bezug auf sowohl den Entdeckungs- und Begründungszusammenhang, als auch in Bezug auf den Verwertungs- und Überzeugungskontext (Singer 2010, S. 293 f.).

objektivere Sicht auf die Verhältnisse sein können.[11] Die Erarbeitung eines interdependenten klassismuskritischen Standpunkts setzt jedoch eine kritische Reflexion der eigenen Positionierung im Sinne einer engagierten Position voraus (vgl. Hartsock 1983).

Diese Erkenntnis findet sich in der theoretischen Konzeptionierung der kollektiven Erinnerungsarbeit wieder. Haug hat hierfür wesentliche Denkfiguren aus den Schriften Antonio Gramscis entnommen, so auch die für die Erinnerungsarbeit grundlegende Idee des *sich kohärent Arbeitens* (vgl. Gramsci 1991–2001; Haug 1999a). Ziel ist es, aus den bizarr zusammengesetzten Inhalten des Alltagsverstands ein *Inventar ohne Vorbehalt* zu erstellen.[12] Haug sieht in der kollektiven Erinnerungsarbeit die Möglichkeit, dieses Inventar im kritisch-konstruktiven Austausch mit der Gruppe zu erarbeiten (vgl. ebd.).

Indem Gramsci den *Alltagsverstand* als Ausgangspunkt für den Kampf um politische Hegemonien versteht, entwickelt er die zentralen Voraussetzungen für eine an den Erfahrungen ansetzende emanzipatorische Praxis (vgl. Opratko 2012). Der Alltagsverstand wird von Gramsci jedoch nicht als eine natürliche, universelle oder spontane Form des Denkens begriffen; er ist vielmehr historisch gewachsen, notwendigerweise fragmentarisch, zerstückelt und episodisch und dabei aus widersprüchlichen Ideologien zusammengesetzt (vgl. Hall 2004). So wie Gesellschaftsveränderung für Gramsci in Anlehnung an Marx Selbstveränderung ist (vgl. Merkens und Rego Diaz 2007), gilt es den Alltagsverstand von seinem Standpunkt aus zu kritisieren und das im Alltagsverstand enthaltene Inventar kritisch aufzuarbeiten: „Die eigene Weltauffassung zu kritisieren heißt mithin, sie einheitlich und kohärent zu machen" (Gramsci 1991–2001, 1376).

---

[11]Die hieraus für die Erarbeitung eines feministischen Standpunkts gezogene forschungspraktische Konsequenz, dass es für einen objektiveren Blick auf die gesellschaftlichen Verhältnisse unabdingbar sei, bei den Erfahrungen und Lebensbedingungen von Frauen anzusetzen (vgl. Harding 1990), soll im Rahmen des Forschungsvorhabens auf die Erarbeitung eines klassismuskritischen Standpunkts transferiert werden. Den Ansatzpunkt für eine Erforschung interdependenter Klassismuserfahrungen bilden demzufolge die Erfahrungen derjenigen, die aufgrund ihrer gesellschaftlichen Positionierung von klassistischer Unterdrückung und Diskriminierung negativ betroffen sind.

[12]„Der Anfang der kritischen Ausarbeitung ist das Bewusstsein dessen, was wirklich ist, das heißt ein ‚Erkenne dich selbst' als Produkt des bislang abgelaufenen Geschichtsprozesses, der in einem selbst eine Unendlichkeit von Spuren hinterlassen hat, übernommen ohne Inventarvorbehalt. Ein solches Inventar gilt es zu Anfang zu erstellen." (Gramsci 1991–2001, S. 1376).

Mit der Entwicklung des *buonsenso*[13] als dem kritischen Kern des Alltagsverstands verankert Gramsci in diesem ein bedeutendes Erkenntnispotenzial. Während der Alltagsverstand als Schauplatz der Auseinandersetzungen für die kritische Praxis des sich kohärent Arbeitens verstanden werden kann, ist im *buonsenso* demgegenüber der auf der Erfahrung von Ausbeutung und Unterdrückung resultierende Anknüpfungspunkt für eine solche zu sehen. Mit dieser Internalisierung kritischer Elemente im Alltagsverstand umgeht Gramsci bewusst zweierlei Gefahren: Die eine wäre die einer elitären Haltung, „die den Alltagsverstand der Massen als prinzipiell borniert kritisiert und deren alltägliche Erfahrungen, Einstellungen und Praxen als Anknüpfungspunkt für progressive Politik verwirft", die andere wäre die populistischer Strategien, „die den widersprüchlichen Alltagsverstand als Maßstab politischer Positionen missversteht." (Opratko 2012, S. 46).

In dem Maße, wie mit Gramsci der Übergang von „Ideologie als ‚System von Vorstellungen' zu Ideologie als gelebter, habitueller, gesellschaftlicher Praxis" (Eagleton 2000, S. 136) stattfindet, lässt sich die ökonomische Orientierung des Klassenbegriffs um die ihn begleitenden sozialen und kulturellen Dimensionen erweitern. Zu diesem Aspekt hat auch Pierre Bourdieu wesentliche Beiträge geliefert (vgl. 1982, 1993; Bourdieu und Wacquant 1996). Wichtiges Erkenntnisinstrument seiner Analyse ist das Konzept des Habitus und die mit ihm verbundenen Vorstellungen vom sozialen Raum als soziales Feld (Krais und Gebauer 2010). Zentral ist darüber hinaus Bourdieus Kapitalbegriff; Kapital als „soziale Energie" (Bourdieu 1982, S. 194) manifestiert sich als gespeicherte und akkumulierte Arbeit in materieller oder verinnerlichter Form. Das als akkumuliertes, vererbbares oder auf andere Weise übertragbare Kapital bedingt dabei unterschiedliche Handlungsmöglichkeiten für Einzelne und Gruppen (vgl. Bourdieu 1983).

---

[13]In seinen Untersuchungen zur Rezeption des Hegemoniebegriffs in verschiedenen postgramscianischen Ansätzen bemängelt Benjamin Opratko, dass der Begriff des *buonsenso* in den Gefängnisheften „etwas unglücklich" (2012, S. 45) mit *gesunder Menschenverstand* ins Deutsche übersetzt wurde. Dies impliziere eine Richtigkeit *spontaner* Urteile, die ohne Reflexion und Kritik auskommen und widerspreche somit der Stoßrichtung des von Gramsci in dieser Sache entwickelten Arguments.

5 Ausblick

An den auf diese Weise strukturell bedingten, unterschiedlichen Handlungsmöglichkeiten will „blue-scholars" als Forschungs- und *Empowerment*projekt anknüpfen. Als übergeordnetes Ziel wird dabei das Analysieren und Ausloten der individuellen und kollektiven Handlungsmöglichkeiten verstanden, um so im Sinne des *Social Justice* die *Sphären der Einflussnahme* zu erweitern und zu mehr Anerkennungs- und Verteilungsgerechtigkeit beizutragen. Dafür sollen verschiedene Ausprägungen und Formen von Klassismuserfahrungen in einen Dialog gebracht werden. Ziel ist nicht bloß das *kohärent Arbeiten* des Alltagsverstandes im Sinne einer theoretischen Schärfung der klassismuskritischen Analyse. Im Rahmen des Forschungsprozesses soll darüber hinaus die Entwicklung kollektiver Formen von *Empowerment* und Solidarität angestoßen werden. Hierzu zählt neben der intersektionalen Auseinandersetzung mit spezifischen Formen eigener Diskriminierungserfahrung auch die Reflexion von eigenen, internalisierten klassistischen Vorstellungen und Überzeugungen.

Literatur

Adams, M., Bell, L. A. & Griffin, P. (Eds.). (2007). *Teaching for Diversity and Social Justice* (2nd ed.). London: Routledge.

Adams, M., Blumenfeld, W. J. & Castañeda, C. (R.) (Eds.). (2013). *Readings for Diversity and Social Justice* (3rd ed.). London: Routledge.

Baron, C. (2016). *Proleten, Pöbel, Parasiten. Warum die Linken die Arbeiter verachten*. Berlin: Das Neue Berlin.

Baron, C. (2014). Klasse und Klassismus. *PROKLA Zeitschrift für kritische Sozialwissenschaft, 175*, S. 225–235.

Baron, C. (2013). „Zu hoch für dich". Warum ist es unter Linken en vogue, sich über Angehörige der sogenannten Unterschicht lustig zu machen? konkret, 5. http://www.konkret-magazin.de/hefte/heftarchiv/id-2013/heft-52013/articles/zu-hoch-fuer-dich.html. Zugegriffen: 06.07.2017.

Baron, C. & Steinwachs, B. (2012). *"Faul, Frech, Dreist". Die Diskriminierung von Erwerbslosen durch BILD-Leser*innen*. Münster: edition assemblage.

Barone, C. (1998). *Extending Our Analysis of Class Oppression: Bringing Classism more fully into the race & gender picture*. Dickinson.edu http://users.dickinson.edu/~barone/ExtendClassRGC.PDF. Zugegriffen 06.07.2017.

Behrens, U. & Stiensmeier-Pelster, J. (2003). Kollektive Erinnerungsarbeit als qualitativer Zugang zu Lernmotivation und Lernverhalten. In J. Stiensmeier-Pelster & F. Rheinberg (Hrsg.), *Diagnostik von Motivation und Selbstkonzept* (S. 169–180). Göttingen: Hogrefe.

Bitiş, S. & Borst, N. (Hrsg.) (2013). *Un_mögliche Bildung. Kritische Stimmen und verschränkte Perspektiven auf Bildungsun_gleichheiten*. Münster: Unrast.

Bourdieu, P. (1982). *Die feinen Unterschiede. Kritik der gesellschaftlichen Urteilskraft* (1979). Frankfurt a. M.: Suhrkamp.
Bourdieu, P. (1983). Ökonomisches Kapital, kulturelles Kapital, soziales Kapital. In R. Kreckel (Hrsg.), *Soziale Ungleichheiten. Sonderband 2 der Sozialen Welt* (S. 183–198). Göttingen: Otto Schwartz.
Bourdieu, P. (1988). *Homo academicus* (1984). Frankfurt a. M.: Suhrkamp.
Bourdieu, P. (1993). *Sozialer Sinn. Kritik der theoretischen Vernunft* (1980). Frankfurt a. M.: Suhrkamp.
Bourdieu, P. (2005). *Die männliche Herrschaft* (1998). Frankfurt a. M.: Suhrkamp.
Bourdieu, P. & Wacquant, L. J. D. (1996). *Reflexive Anthropologie*. Frankfurt a. M.: Suhrkamp.
Bunch, C. & Myron, N. (Eds.) (1974). *Class and Feminism*. Baltimore: Diana Press.
Castro Varela, M. d. M. (2014). *Bildungsprivilegien für alle!* migrazine.at http://www.migrazine.at/artikel/bildungsprivilegien-f-r-alle. Zugegriffen: 06.07.2017.
Code, L. B. (1981). Is the Sex of the Knower epistemologically significant? *Methaphilosophy, 12 (July/October)*, S. 267–276.
Czollek, L. C., Perko, G. & Weinbach, H. (2012). *Praxishandbuch Social Justice und Diversity. Theorien, Training, Methoden, Übungen*. Weinheim: Beltz.
Dörre, K. (2015). Unterklassen. Plädoyer für die analytische Verwendung eines zwiespältigen Begriffs. *ApuZ, 65 (10)*, S. 3–10.
Eagleton, T. (2000). *Ideologie. Eine Einführung*. Stuttgart: Metzler.
Gramsci, A. (1991-2001). *Gefängnishefte*. Hamburg: Argument.
Gottuck, S. & Mecheril, P. (2014). Einer Praxis einen Sinn zu verleihen, heißt sie zu kontextualisieren. Methodologie kulturwissenschaftlicher Bildungsforschung. In A. Geimer & F. von Rosenberg (Hrsg.), *Bildung unter Bedingungen kultureller Pluralität: Bildungs- und kulturtheoretische Grenzgänge* (S. 87–108). Wiesbaden: Springer.
Hall, S. (2004). *Ideologie, Identität, Repräsentation. Ausgewählte Schriften 4*. Hamburg: Argument.
Haraway, D. (1996). Situiertes Wissen. Die Wissenschaftsfrage im Feminismus und das Privileg einer partialen Perspektive. In E. Scheich (Hrsg.), *Vermittelte Weiblichkeit. Feministische Wissenschafts- und Gesellschaftstheorie* (S. 217–248). Hamburg: Hamburger Edition.
Harding, S. (1990). *Feministische Wissenschaftstheorie. Zum Verhältnis von Wissenschaft und sozialem Geschlecht* (1986). Hamburg: Argument.
Harding, S. (1994). *Das Geschlecht des Wissens. Frauen denken die Wissenschaft neu* (1991). Frankfurt a. M.: Campus.
Hartsock, N. (1983). The Feminist Standpoint: Developing the Ground for a Specifically Feminist Historical Materialism. In S. Harding & M. Hintikka (eds.), *Discovering Reality: Feminist Perspectives on Epistemology, Metaphysics, Methodology, and Philosophy of Science* (S. 283–310). Dordrecht: Reidel.
Haug, F. (1999a). Selbstbeobachtung als tragendes Element in der Methode der Erinnerungsarbeit. In: *Journal für Psychologie*, 7 (2), S. 36–42. nbn-resolving.de http://nbn-resolving.de/urn:nbn:de:0168-ssoar-40157. Zugegriffen: 06.07.2017.
Haug, F. (1999b). *Vorlesungen zur Einführung in die Erinnerungsarbeit. The Duke Lectures*. Hamburg: Argument.
Hill Collins, P. (2000). *Black Feminist Thought. Knowledge, Consciousness and the Politics of Empowerment* (1990). New York: Routledge.

hooks, b. (2000). *where we stand: class matters*. New York: Routledge.
Kemper, A. (2008). Opfer der Marktgesellschaft. Obdachlosigkeit als klassistische Formation. *Arranca!, 38*, S. 46–48.
Kemper, A. (2011). Klassenkörper. *Arranca!, 44*. http://arranca.org/ausgabe/44/klassenkoerper. Zugegriffen: 06.07.2017.
Kemper, A. (2014). Klassismus: Theorie-Missverständnisse als Folge fehlender Selbstorganisation? Replik zu Christian Baron: Klasse und Klassismus, PROKLA 175. *PROKLA Zeitschrift für kritische Sozialwissenschaft, 176*, S. 425–429.
Kemper, A. & Weinbach, H. (2009). *Klassismus. Eine Einführung*. Münster: Unrast.
Krais, B. & Gebauer, G. (2010). *Habitus* (2002). Bielefeld: transcript.
Melter, C. & Mecheril, P. (2009). *Rassismuskritik: Rassismustheorie und -forschung*. Schwalbach/Ts.: Wochenschau-Verlag.
Merkens, A. & Rego Diaz, V. (Hrsg.) (2007). *Mit Gramsci arbeiten: Texte zur politisch-praktischen Aneignung Antonio Gramscis*. Hamburg: Argument.
Meulenbelt, A. (1988). *Scheidelinien. Über Sexismus, Rassismus und Klassismus*. Reinbek bei Hamburg: Rowohlt.
Moon, D. G., & Rolison, G. L. (1996). Communication of classism. In J. Green (Hrsg.), *Words apart. The language of prejudice* (S. 122–138). London: Kyle Cathie.
Opratko, B. (2012). *Hegemonie. Politische Theorie nach Antonio Gramsci*. Münster: Westfälisches Dampfboot.
Roßhart, J. (2016). *Klassenunterschiede im feministischen Bewegungsalltag. Antiklassistische Interventionen in der Frauen- und Lesbenbewegung der 80er und 90er Jahre in der BRD*. Berlin: w_orten & meer.
Singer, M. (2010). Feministische Wissenschaftskritik und Epistemologie: Voraussetzungen, Positionen, Perspektiven. In R. Becker & B. Kortendiek (Hrsg.), *Handbuch Frauen- und Geschlechterforschung. Theorien, Methoden, Empirien (3., erw. u. durchgesehene Aufl.)* (S. 285–294). Wiesbaden: VS Verlag für Sozialwissenschaften.
Sloterdijk, P. (2009). *Du musst dein Leben ändern*. Frankfurt a. M.: Suhrkamp.
Steinwachs, B. (2015). *Zwischen Pommesbude und Muskelbank. Die mediale Inszenierung der „Unterschicht"*. Münster: edition assemblage.
Weinbach, H. (2006). *Social Justice statt Kultur der Kälte: Alternativen zur Diskriminierungspolitik in der Bundesrepublik Deutschland*. Berlin: Dietz.
Weinbach, H. (2012). Psychotherapie und Klassismus. *Social Justice als soziales und politisches Projekt. Quer. denken lesen schreiben, 18*, S. 46–48.
Wellgraf, S. (2012). *Hauptschüler. Zur gesellschaftlichen Produktion von Verachtung*. Bielefeld: transcript.
Wellgraf, Stefan (2013). "The Hidden Injuries of Class". Mechanismen und Wirkungen von Klassismus in der Hauptschule. In C. Giebeler, C. Rademacher & E. Schulze (Hrsg.), *Intersektionen von race, class, gender, body. Theoretische Zugänge und qualitative Forschungen in Handlungsfeldern der Sozialen Arbeit* (S. 39–59). Opladen: Budrich.
Young, I. M. (1990). *Justice and the Politics of Difference*. Princeton: Princeton UP.
Zick, A. & Klein, A. (2014). *Fragile Mitte – Feindselige Zustände: Rechtsextreme Einstellungen in Deutschland 2014*. Bonn: Dietz.

„Als ob uns was geschenkt worden wäre ..."

Privilegienreflexion im Kontext der pädagogischen Arbeit

Friederike Reher

In diesem Beitrag geht es sowohl um die Reflexion von Privilegien (wie Weißsein, Männlichkeit, Heteronormativität, körperlicher Befähigung und Bildungsprivilegien) als auch um Abwehrmechanismen gegenüber dieser Reflexion in der pädagogischen Arbeit. Das bedeutet, dass neben der Betrachtung der Heterogenität der pädagogisch begleiteten Menschen, auch der Fokus auf die pädagogischen Fachkräfte gelegt wird. Hierfür werden polydimensionale Machtdifferenzen und Diskriminierungslinien aufgezeigt. Den Blick auf Dominanz- und Machtgefälle zu richten, heißt nicht, Widerstandspotenziale von Diskriminierten auszublenden. Vielmehr geht es darum, hegemoniale Diskurse aufzuzeigen und ihnen analytisch zu begegnen. Darauf aufbauend kann das *Empowerment* der Diskriminierten durch *Powersharing* der Privilegierten ergänzt werden.

Zunächst wird der Begriff der Privilegierung thematisiert (1). Dabei zeige ich exemplarisch Privilegien in Bezug auf die sozialen Kategorien Gender, Klasse, ‚Rasse' und körperliche Befähigung auf. Daran anschließend (2) werden Forschungsergebnisse vorgestellt, die Einblicke in die Abwehr der Privilegienreflexion geben (vgl. Walgenbach/Reher 2016). Hier wird es um die Frage gehen, mit welchen Strategien Privilegierte verhindern, dass ihre strukturelle Bevorzugung benannt wird. Mit diesem theoretischen Wissen ausgestattet,

---

F. Reher (✉)
Berlin, Deutschland
E-Mail: reher@portal-intersektionalitaet.de

wird darauf aufbauend die Privilegienreflexion in der pädagogischen Praxis zur Anschauung gebracht (3) und es werden Impulse für ein solidarisches und diskriminierungskritisches Handeln gegeben (4).

1 Privilegiert sein

Die Reflexion von Privilegien geht auf die Kritik an der Universalisierung des *global sisterhood* von *weißen*[1] Frauen zurück. Die universalistische Ausrichtung beruhte auf der Annahme, alle Frauen* würden ähnliche Diskriminierungserfahrungen machen. Mit diesem Ansatz vollzogen sich Diskriminierungen gegenüber Schwarzen[2] Frauen (unbewusst), da ihre spezifischen Situationen ausgeblendet wurden. Auch lesbische Frauen haben diese Diskriminierung durch heterosexuelle Feministinnen angeprangert. Es entstand zunehmend das Bewusstsein, dass die Arbeit *weißer,* heterosexueller Cis-Frauen (unbewusst) *weiße,* hetero- und cis-normative[3] Positionen (re-)produziere (vgl. Frankenberg 1996, S. 51).

Um die Auseinandersetzung mit Privilegiensystemen besser nachvollziehbar zu machen, wage ich einen kurzen Exkurs zu den Begriffen ‚Macht' und ‚Dominanz'.

Oft wird Macht nur als repressiv und unterdrückend beschrieben. Mit Michel Foucault gesprochen, kann Macht jedoch auch als produktiv gelten – ‚Macht macht etwas': Sie produziert Dinge, Wahrheiten und politische Räume. Innerhalb dieser Diskurse wird bestimmt, wer wie und wann handlungsfähig ist und welches Wissen machtvoll Räume öffnet. Machtspiele haben Einfluss darauf, wie sich Menschen sich selbst und anderen gegenüber verhalten und wie sie sich auf sich und andere beziehen (vgl. Masschelin 2003, 132 f.).

Macht ist also nicht etwas, das hierarchisch von oben nach unten wirkt, sondern es handelt sich um ein produktives Netz (vgl. Foucault 1977a, 1977b). Macht ist auch nicht etwas primär Schlechtes, sondern es kommt darauf an, wer wann wie machtvoll handelt. Zum Beispiel kann die Ermächtigung *(Empowerment)* von Diskriminierten, die ihr Recht und ihren Raum einfordern, als erstrebenswert gelten.

---

[1]Zur Schreibweise siehe Eggers/Kilomba/Piesche/Arndt 2009, S. 13.
[2]Zur Schreibweise siehe ebd.
[3]Cis bedeutet ‚diesseits' und wird als Pendant zu ‚Trans*' verwendet. Einer Cis-Frau wurde bei der Geburt das Geschlecht ‚Frau' zugewiesen, sie soll gesellschaftlich als Frau leben und will das auch.

Nach Birgit Rommelspacher wird Macht zu Dominanz, „wenn sich viele Machtquellen vernetzen und damit ein Anspruch auf soziale Unterscheidung und Überlegenheit durchgesetzt wird" (Rommelspacher 1998, S. 25.) Solche machtvollen Netzwerke sind Privilegiensysteme. Privilegierte handeln innerhalb dieser Netzwerke, „um Personen zu beeinflussen und das eigene Umfeld zu gestalten" (Rosenstreich 2009, S. 206). Privilegien stellen sicher, dass Zugänge zu Ressourcen nur für privilegierte Menschen offenstehen. Katharina Walgenbach fasst sie deshalb als

> […] die strukturelle Dominanz eines sozialen Kollektivs, die sich sehr unterschiedlich ausdrücken kann: in dem bevorzugten Zugang zu Ressourcen, in der Gewissheit privilegierter Subjekte, dass die gesellschaftlichen Institutionen zugunsten des eigenen Kollektivs operieren, in der machtvollen Position, sich selbst der sozialen Norm zugehörig fühlen zu können, die eigenen Werte als universell anzusehen oder die eigene soziale Position als ‚natürlich gegeben' wahrzunehmen. Für die Privilegierten selbst bleiben die strukturellen Bevorzugungen dabei oft unsichtbar (2013, S. 271).

Zwischen Privilegierten und gesellschaftlichen Strukturen besteht ein Passungsverhältnis. Ruth Frankenberg umschreibt dieses metaphorisch als

„die Erfahrung, nicht ins Gesicht geschlagen zu werden. Es ist eher die Erfahrung, durch eine automatische Glastür hindurch zu gehen als in sie hinein zu gehen. Es ist die Erfahrung, dass die eigene Person neutral, normal und normativ ist." (1996, S. 55)

Privilegierte Gruppen erkennen oft nicht, dass ihre Perspektive eine besondere ist. So entsteht die Unsichtbarkeit des privilegierten Standpunktes (vgl. Young 2002, S. 441).

Dies lässt sich mit einem kurzen alltagsweltlichen Beispiel verdeutlichen:
Beim Einkaufen im Supermarkt habe ich nach dem Bezahlen vergessen, einen Artikel einzupacken. Ich musste den Supermarkt erneut aufsuchen, wo ich der Verkäuferin, die nun eine andere war, erklärte, dass ich bei ihrer Kollegin versehentlich einen Artikel liegen gelassen hätte. Woraufhin sie entgegnete, welche Kollegin ich denn meinen würde – die Of-Color-Verkäuferin oder die mit der **Dauerwelle?**

Die Äußerung veranschaulicht, wie es ist, wenn Privilegierte ihre Positionierung als neutral wahrnehmen. Dadurch wird die eine Verkäuferin immer wieder auf eine angenommene Gruppenzugehörigkeit zurückgeworfen, während die andere Verkäuferin in ihrer Individualität – nämlich dadurch, eine Dauerwelle zu haben – beschrieben wird.

Privilegierte können sich frei als Individuen entwerfen, anstatt auf Gruppenidentitäten reduziert zu werden (vgl. Rosenstreich 2009, S. 207). Sie betrachten sich beispielsweise als normal, erfolgreich, normativ, fortschrittlich oder kultiviert.

Damit schließen sie Deprivilegierte aus, bzw. verweisen sie diskriminierend auf einen Bereich, der diesen Kriterien entgegensteht. Privilegierung entsteht also über Praktiken der Ausgrenzung. Deren Ein- und Ausschlussmechanismen sind nicht vorrangig auf bewussten persönlichen Entscheidungen begründet, sondern tief in den gesellschaftlichen Strukturen verankert und demgemäß eine Stabilisierung und Absicherung gesellschaftlicher Schieflagen. Die Strukturen wirken und erneuern sich folglich durch die Subjekte und mithilfe ihrer (z. T. unbewussten) Handlungen.

Privilegierung kennzeichnet daneben einen relativen Machtzugang. D. h., viele Menschen sind nicht entweder ausschließlich privilegiert oder ausschließlich deprivilegiert, sondern auf verschiedenen Machtfeldern different positioniert. Die mehrdimensionale Perspektive veranschaulicht also die Betroffenheit vieler Menschen von multidimensionalen Privilegierungs- bzw. Deprivilegierungsmechanismen. Wie Raewyn Connell gezeigt hat, kann z. B. hegemoniale Männlichkeit durch den privilegierten oder deprivilegierten Bezug zu Weißsein, durch Bildungsprivilegien und Heteronormativität verstärkt oder gebrochen werden (vgl. Connell 1987; Walgenbach/Reher 2016). In welchem Umfang ein Mensch privilegiert ist, kann sich demgemäß je nach Kontext ändern: „Privilegierte und Deprivilegierte sind von Privilegien bzw. Diskriminierung immer relativ betroffen" (Walgenbach/Reher 2016).

Privilegien beziehen sich auf soziale Kategorien – also z. B. auf Gender, Klasse, körperliche Befähigung oder natio-ethno-kulturelle Zugehörigkeiten. Für die Kategorie Gender stehen die Privilegien hegemoniale Männlichkeit, Heteronormativität und das Cis-System (vgl. dazu Connell 1987, vgl. auch Hartmann/Klesse/Wagenknecht/Fritzsche/Hackmann 2007 und Pohlkamp 2015). Privilegierte Klassenpositionierungen beziehen sich auf Bildungsprivilegien, finanzielle Privilegien und gesellschaftlich gewichtige soziale Netzwerke (vgl. Bourdieu 1997; Meuser 2006). Körperliche Befähigung wird strukturell hierarchisch genutzt, indem Menschen in Bezug auf ihre motorischen Fähigkeiten, ihre ‚Gesundheit', ihr Alter oder ihre angenommene Attraktivität unterschieden werden (vgl. Köbsell 2015). Die Kategorie ‚Rasse' ist eng verknüpft mit dem Privileg ‚Weißsein' und im bundesdeutschen Kontext mit einer deutschen Staatsbürger*innenschaft sowie damit, keine Migrationserfahrung zu haben, dass die Erstsprache Deutsch ist und die geografische Zugehörigkeit zum Okzident angenommen wird (vgl. Terkessidis 2004, Eggers/Kilomba/Piesche/Arndt 2009, Tißberger/Dietze/Hrzán/Husmann-Kastein 2006).

2 Die Abwehr der Privilegienreflexion

Um die Reflexionsabwehr in Bezug auf die eigenen Privilegien zu verdeutlichen, greife ich auf Forschungsergebnisse des Projekts *Privilegien reflektieren* zurück (vgl. Walgenbach/Reher 2016). In den Forschungssettings wurden Gruppengespräche geführt. Als Schlüsselreiz zu Beginn der Gespräche wurde jeweils ein Privilegientest durchgeführt. Dieser baut auf Überlegungen von Peggy McIntosch (vgl. 2003) sowie auf dem US-amerikanischen Privilegientest von Barbara Lesch McCaffry (o. J.) auf und wurde von Susanne Baer und Daniela Hrzán (o. J.) für den deutschsprachigen Raum überarbeitet. Der sogenannte Test ist *de facto* eine Übung.[4] Dabei werden die Teilnehmenden durch Bejahung oder Verneinung von Aussagen zum Nachdenken über ihre Privilegierungen angeregt. Der Ablauf der Übung gestaltet sich wie folgt: Die Teilnehmenden stellen sich in einer Reihe im Raum auf und gehen jeweils einen Schritt vorwärts, sobald sie eine der vorgelesenen Aussagen mit Ja beantworten können (z. B. „Wenn Deine Familie nie umziehen musste, weil sie die Miete nicht mehr bezahlen konnte, trete einen Schritt vor" oder „Wenn Du nie Angst vor Gewalt hattest wegen Deiner angenommenen natio-ethno-kulturellen Zugehörigkeit, Deines sozialen Status', Deines Geschlechts, Deiner sexuellen Orientierung oder Deiner Körperlichkeit, trete einen Schritt vor"). In der Übung wird Bezug genommen auf die Privilegien Weißsein, Männlichkeit, Bildungsprivilegien, Heteronormativität und Körperlichkeit. Teilnehmende, die eine Aussage nicht mit Ja beantworten, gehen keinen Schritt nach vorne, sondern bleiben stehen. So verändert sich im Laufe der Übung das Bild der Reihe in eine Verteilung der Teilnehmenden auf den gesamten Raum. Am Ende der Übung wird demgemäß dazu angeregt, sich die eigene Schlussposition zu vergegenwärtigen. Daran anschließend findet ein Gruppengespräch zur Aufarbeitung und Reflexion der Übung statt. Dieses Gespräch jeweils wurde aufgezeichnet und für die vorliegende Analyse verwendet. Die aufgezeichneten Gespräche wurden mit der Dokumentarischen Methode unter der Fragestellung „wie wird über Privilegien gesprochen?" analysiert (vgl. Walgenbach/Reher 2016).

---

[4]Diese Übung erfreut sich gegenwärtig einer weiten Verbreitung in der Antidiskriminierungspädagogik und politischen Bildungsarbeit sowie mannigfaltiger Weiterentwicklungen. Der hier vorgestellte Ablauf und die vorgestellten Fragen entsprechen einer von vielen Varianten (zu anderen Weiterentwicklungen siehe beispielsweise die Übung „Wie im richtigen Leben" (DGB-Bildungswerk Thüringen 2008) sowie „Ein Schritt nach vorne" (Anti-Bias-Werkstatt/GLADT e. V., 2010).

Für eine Darstellung der Abwehrstrategien unterscheide ich a) versteckte, verschleiernde und b) offensichtliche Strategien. Durch offensichtliche Abwehr der Privilegienreflexion handeln Privilegierte direkt und aggressiv, indem sie die Sichtbarmachung der eigenen privilegierten Position abweisen. Die versteckten, heimlichen Abwehrstrategien sind viel impliziter weshalb es oft schwieriger ist, ihnen kritisch zu begegnen (vgl. Reher 2010).

Im Folgenden stelle ich drei immer wiederkehrende, versteckte Abwehrmechanismen vor (vgl. Walgenbach/Reher 2016): die Homogenisierung, die Provokation als Instrument der Gesprächssteuerung der privilegierten Eigengruppe und die Unterbindung solidarischer Beziehungen zwischen Privilegierten und Deprivilegierten. In den Beispielen wird aus den geführten Gruppengesprächen zitiert. Die Zitate spiegeln teilweise einen diskriminierenden Sprachgebrauch wider.

Homogenisierung
Bei homogenisierenden Gesprächsabläufen wird die bestehende Ungleichheit dethematisiert. Um dies umsetzen zu können, wird existierende Heterogenität verbal auf ein Außen verschoben. Dies ist eine territoriale Grenzziehung und verweist Diskriminierte auf ein Außerhalb. Gesprochen wird dann umgangssprachlich z. B. über ‚wir und die Anderen'.

Es wird geografisch, historisch oder zwischen sozialen Kollektiven differenziert.

Auf die Frage, wie die Privilegienübung von den Teilnehmenden[5] empfunden wurde, wird beispielsweise Folgendes gesagt:

Es war „typisch amerikanisch, weil so von wegen Rassen und so was, weil das war ja extrem da mit der Rassenfeindlichkeit und so und das ist ja bei uns, glaub ich, eher nicht so. Also, davon bin ich überzeugt, eigentlich."[6]

In dem Beispiel hat Amerika eine rassistische Vergangenheit und Deutschland ‚nur' eine Gegenwart, die „eher nicht so" rassistisch ist. Hier werden also implizit der deutsche Kolonialismus und der Nationalsozialismus verschleiert. Dadurch gelingt es auch, die Gegenwart als frei von Rassismus zu beschreiben. Erschreckend ist auch, dass der ‚Rasse'-Begriff ohne kritische Distanzierung verwendet wird (vgl. Reher 2010 und Walgenbach/Reher 2016).

---

[5]Wenn keine geschlechtliche Selbstverortung von den Teilnehmenden im Verlauf der Gespräche vollzogen wird, werden sie genderneutral als ‚Teilnehmer*in' benannt. Bei geschlechtlicher Selbstverortung wird in der Analyse das von den Teilnehmenden genannte Geschlecht wiedergegeben.

[6]Teilnehmer*in 25 (Gespräch A, Zeile 6–14).

In einem anderen Beispiel, bei dem es thematisch auch um die Übung geht, sagt jemand:

„Ich glaube, [...] wenn man es an der Uni macht, [...] hat bestimmt jeder schon mal ein Buch gelesen. Aber, wenn man es jetzt [...] selbst im Gymnasium macht, [...] würden bestimmt Leute sagen: ‚Nee, ein Buch habe ich noch nicht gelesen.'"[7]

Hier wird klassistisch zwischen der Universität und anderen Bildungsorten unterschieden und auf diese Weise der eigene Kontext homogenisiert, obwohl im Gespräch direkt davor Studierende von ihren klassistischen Ausgrenzungserfahrungen berichtet hatten.

Mithilfe der Homogenisierung gelingt es, ein Sprechen über Diskriminierung innerhalb des lokalen Wirs zu unterbinden (vgl. ebd.).

Provokation als Instrument der Gesprächssteuerung der privilegierten Eigengruppe
Diese Strategie wird eingesetzt, um die Führung des Gesprächsstrangs zu übernehmen und den inhaltlichen Fokus zu verschieben. Beispielsweise betont ein Cis-Mann in einem Gespräch sehr dominant immer wieder, dass nicht nur Cis-Frauen aufgrund ihres Geschlechts in negative Situationen kommen würden: „Entschuldigung [...] jetzt muss ich mal intervenieren [...] gerade Jungs [...] die haben es da viel schwerer teilweise als Frauen, ja?!"[8]

Der Gesprächsteilnehmer unterbindet mit seinem Redebeitrag die Thematisierung über sexualisierte Gewalt und verschiebt den Schwerpunkt des Gesprächs auf eine für ihn ‚angenehmere Thematik', weil hierdurch nicht mehr problematisierend über eine soziale Gruppe gesprochen wird, mit der er sich aufgrund seiner geschlechtlichen Positionierung identifiziert. Interessant ist zudem, dass er dominant seinen Diskursstrang verteidigt, indem seine Stimme immer lauter wird. Seine privilegierte Positionierung als *weißer*, cis-männlicher Teilnehmer nutzt er, um entgegen den aufkommenden Protesten der anderen Gesprächsteilnehmenden eine Gleichstellung der beiden Themenstränge voranzutreiben. Diese Strategie kann als provokativ gewertet werden, weil sie zwar Bezug nimmt auf die Äußerungen der Diskriminierten, diese aber bagatellisiert und durch die Verdrehung struktureller Hierarchisierungen systematisch angreift.

Ein anderer *weißer*, körperlich befähigter und cis-männlicher Teilnehmer in einem anderen Gespräch äußert:

---

[7]Teilnehmer*in 26 (Gespräch A, Zeile 431–436).
[8]Teilnehmer 7 (Gespräch A, Zeile 1057–1076).

„[…] dass ich hier sozusagen dann einen mehr oder minder Durchmarsch gemacht hab', […] freut mich. Ich bin mir meiner […] Privilegierung bewusst, ich genieße sie, ich bin dankbar dafür – vor allem auch aus der Erkenntnis heraus, dass ich erst mal meistens nichts dafürkann."[9]

Dieser Gesprächsteilnehmer versteht Privilegien als etwas, das ihm passiv zuteilwird. Jede Beziehung zu Deprivilegierten fehlt. So bleibt unklar, wie es zur privilegierten Position kommt.

Provokativ ist die Äußerung, weil sie im starken Kontrast zu den Erfahrungsberichten der Diskriminierten steht und diese einfach übergeht.

Die Strategie der Provokation ist also ein Instrument der Gesprächssteuerung, durch das Privilegierte das Thema verschieben und die Berichte der Diskriminierten banalisieren (vgl. Walgenbach/Reher 2016).

Unterbindung solidarischer Beziehungen zwischen Privilegierten und Deprivilegierten

Diese Abwehrstrategie wird umgesetzt, indem Privilegierte die Gesprächsbeiträge von Diskriminierten einfach übergehen, als hätten diese nie etwas gesagt. Die schon vorgestellten Zitate werden mehrheitlich geäußert, nachdem eine Person über ihre Diskriminierungserfahrungen berichtet hat. Auf diese Weise wird es für Diskriminierte sehr schwer, ihre Position einzubringen. Sie sind in den analysierten Gesprächen darauf angewiesen, sowohl immer wieder sehr deutlich und mit Nachdruck ihre Erfahrungen selbst zu thematisieren, als auch solidarisch darin unterstützt zu werden. In den analysierten Gesprächen gab es nur wenige Momente, in denen sich Privilegierte mit Deprivilegierten solidarisierten und auf diese Weise ihre Macht teilten. Andere Privilegierte reagierten, indem sie den solidarischen Gesprächsstrang möglichst sofort wieder beendeten (vgl. ebd.). So setzen sich Privilegierte durch verschiedene Strategien dafür ein, das Sprechen über Diskriminierung innerhalb der Gruppe zu unterbinden.

Daneben zeigt sich, dass sich Privilegierte vermehrt beim Thema Ausschluss und Diskriminierung als nicht persönlich involviert empfinden. Es fällt ihnen oft schwer, sich klar zu machen, dass es eine Verbindung zwischen struktureller Privilegierung und Deprivilegierung bzw. zwischen Bevorzugung der einen und Benachteiligung und Ausschluss der anderen gibt.

---

[9]Teilnehmer 3 (Gespräch C, Zeile 33–40).

3 Privilegienreflexion im Kontext der pädagogischen Arbeit

Im Folgenden thematisiere ich die Auseinandersetzung mit Privilegiensystemen in der pädagogischen Arbeit. Dazu formuliere ich keine vorgefertigten Antworten, sondern möchte zum Nachdenken über Differenzlinien und pädagogische Settings sowie ihre Weiterentwicklung anregen. Im Fokus steht hierbei die Privilegienreflexion auf der institutionellen, symbolischen und identitären Ebene sowie in Bezug auf die pädagogische Beziehungsstruktur zwischen den pädagogischen Fachkräften und den von ihnen begleiteten Menschen. Mit der institutionellen Ebene in der pädagogischen Arbeit werden strukturelle Aspekte, die im Arbeitskontext relevant werden, thematisiert (vgl. Winker/Degele 2009, S. 28 ff.). Die symbolische Ebene spiegelt Werte und Normen wider und wirkt so auf die Identitätskonstruktionen der Menschen (vgl. Butler 1991, 1995). Die Identitätsebene wird relevant, wenn es um Selbstbeschreibungen mithilfe des *doing difference* geht (Fenstermaker/West 2001). Die eigene Sicherheit und Sinnkonstruktion wird dabei durch Wir-Kollektive stabilisiert (Winker/Degele 2009, S. 59 ff.).

Auf der *institutionellen Ebene*, d. h. auch das Team betreffend, lauten die Fragen:

- Wie ist unsere Arbeitsstelle in Bezug auf unterschiedliche Privilegien aufgestellt? Was bedeutet das für den Arbeitsalltag?
- Welche unterschiedlichen Privilegien finden sich in unserem Team? Welche Macht- und Herrschaftsgefälle gibt es deshalb zwischen uns? Was bedeutet das für unsere gemeinsame Arbeit?

Für die *symbolische Ebene* und innerhalb des Teams stellen sich nachfolgende Fragen:

- Welche Subjektpositionen werden offen verhandelt? Gibt es unsichtbare, dethematisierte, nicht-vorstellbare Positionen?

Für die *identitäre Ebene* lässt sich die folgende Frage formulieren:

- Gibt es Subjektpositionen, die wir (unbewusst) gegeneinander in Stellung bringen?

Auf die *pädagogische Arbeit bezogen und in Bezug auf die Beziehungsstruktur zwischen den Pädagog*innen und den pädagogisch Begleiteten* können die vorgestellten Ebenen je nach Kontext relevant werden. Demgemäß stellen sich für die pädagogische Arbeit Fragen, die in unterschiedliche Richtungen zielen:

- Welche Positionierungen der pädagogisch Begleiteten kann ich unterstützen? Wo fällt es mir schwer? Wann und warum bemerke ich bei mir Ablehnung?

Und *Ebenen übergreifend* schließt sich die Fragen an:

- Wie kann ich solidarisch handeln?

4 Impulse für ein solidarisches und privilegienkritisches Handeln

In der Auseinandersetzung mit der eigenen Verantwortung und Reflexion von Privilegien gibt es oft einen Entwicklungsprozess, bei dem auf verschiedenen Ebenen Hürden genommen werden müssen.

Privilegien werden oft als etwas Gutes beschrieben und betont, dass jeder Zugang dazu haben sollte. Dahinter verbirgt sich der Wunsch, dass alle Menschen Teilhabe an gesellschaftlichen Gütern haben sollten. Wenn dieser Ansatz mit strukturellen Mechanismen zusammen gedacht wird, läuft dies auf eine produktive Auseinandersetzung mit sozialer Ungleichheit und Diskriminierung hinaus. Wichtig ist dabei, nicht zu übersehen, dass Privilegien deshalb so heißen, weil sie über Ausschlussmechanismen gesichert werden. In ihren Auswirkungen stellen sie eine Verletzung der Grundrechte dar. Wenn dies nicht bedacht wird, zeigt sich nicht selten ein Unverständnis über die Relationalität zwischen Privilegierten und Deprivilegierten. Das ist nicht verwunderlich, weil eine der dominanten Erzählungen der Moderne die Gleichheit aller Menschen auf der Grundlage der Menschenrechte ist.

Dass das kapitalistische Glücksversprechen (also die individualisierende Annahme, jeder Mensch sei seines Glückes Schmied*in) auf Ein- und Ausschlussmechanismen baut, wird von Privilegierten (auch unbewusst) verschleiert und dethematisiert. Auf diese Weise entsteht eine Nicht-Thematisierung struktureller Aspekte bei gleichzeitiger Hinwendung zu individualistischen Leistungsbewertungen. Die Individualisierung verdeutlicht sich auch in der Zurückweisung erfahrener Diskriminierungen in den Bereich der angeblichen Selbstverschuldungen.

Darauf zielen bspw. die beiden folgenden populären Aussagen:
"Was gehst Du denn auch so leicht bekleidet feiern? Ist doch klar, dass Du dann unangenehm angemacht wirst!."
Das ist eine sexistische Aussage, die strukturelle Aspekte dethematisiert und stattdessen individualistisch Schuld zuschreibt.

Eine weitere gängige Aussage – diesmal klassistisch gefärbt – ist zum Beispiel: *"Ja, das Abitur hast Du nicht geschafft. Warst Du wohl nicht schlau genug oder faul?!."*
Diese Aussage zeigt, was passiert, wenn eine individualistische Leistungsbewertung vorgenommen wird, ohne dabei die gesellschaftlichen Zusammenhänge zu thematisieren.

Während des Bewusstwerdens über das eigene strukturelle Einbezogensein tritt oft das Gefühl von *Scham* oder *Schuld* auf. Bisher als ‚Wahrheit' angenommene Aspekte (also zum Beispiel, dass alle Menschen alles erreichen können und in der bundesdeutschen Demokratie durch das Grundgesetz geschützt werden), geraten ins Wanken. Diese Irritation bietet die Möglichkeit, ein anderes Verständnis von sich, den anderen Menschen und sozialen Interaktionen zu entwickeln. Statt in Scham zu gehen, gibt es die Möglichkeit, Verantwortung für das eigene Handeln zu übernehmen und zu versuchen, anders bzw. diskriminierungskritisch zu agieren.

Wenn die Verunsicherung jedoch nicht als Chance, sondern als beängstigend und belastend begriffen wird, kommt es oft zur Abwehr der Privilegienreflexion. In diesem Fall wird an den bisherigen Wahrheiten der Chancengleichheit festgehalten und die Reflexion (wieder) abgewehrt.

Um dem Gefühl der Beklemmung zu entgehen, wird z. B. versucht, sich an den gesellschaftlichen Positionen der Deprivilegierten anzupassen und dabei die eigenen Privilegierungen zu verschleiern.

Zum Beispiel muss auch ich aufpassen, dass ich nicht aufgrund von Diskriminierungserfahrungen in einer Kategorie immer aus der Perspektive der diskriminierten Person spreche.

In linkspolitischen, alternativen Szenen ist ein beliebtes Ausweichmoment auch die Verkündung des hierarchiefreien Raumes, in dem alle Menschen sich frei entfalten können. Hier wird die Imagination eines gesellschaftskritischen ‚Außen' bedient. Damit wird vermieden, sich selbst als (unbewusst) diskriminierend und strukturell geprägt begreifen zu müssen (vgl. Reh 2015).

Es ist selbst mithilfe von Reflexion und Solidarität nicht einfach, bestehende Ungleichheiten abzubauen. Die analysierten Gespräche zeigen, dass es der expliziten Auseinandersetzung bedarf. Das *Empowerment* der Deprivilegierten kann dabei durch *Powersharing*-Strategien durch die Privilegierten ergänzt

werden. *Powersharing*, also das Teilen von Macht, bezieht sich, wie Gabriele Rosenstreich gezeigt hat, auf zwei Momente:
  Zum einen geht es um das aktive
  „Zuhören seitens der beteiligten Mehrheitsangehörigen, um die selbstdefinierten Perspektiven und Interessen minorisierter Menschen zu erfahren. Powersharing bedeutet nicht, sich selbst zu beauftragen, für andere ‚mitzusprechen'. Es geht weder um Vertretung noch um Toleranz, sondern um Machtzugang. Darüber hinaus stellt die Bewusstmachung der eigenen Privilegien und Ressourcen eine weitere Voraussetzung dar, da diese nun gezielt eingesetzt und geteilt werden können" (Rosenstreich 2009, S. 199 f.).

Powersharing gelingt dort am besten, wo die Veränderungsprozesse mit „selbstironischer Fehlerfreundlichkeit" begleitet werden. Dieser von Paul Mecheril geprägte Begriff beschreibt einen freundlichen, selbst-freundlichen und lernbereiten Umgang mit Fehlern (vgl. Mecheril 2004, S. 130 f.).

Denn auch wenn Privilegierte nicht diskriminieren wollen, agieren sie durch ihre strukturelle Positionierung potenziell diskriminierend.

Es ist nicht immer einfach, die eigenen Privilegien zu reflektieren. Durch selbstironische Fehlerfreundlichkeit wird die Grundlage geschaffen, innerhalb eines vertrauensvollen Umgangs miteinander die eigene Begrenztheit lernend zu verschieben, ohne sich dabei aus der Verantwortung für das eigene Denken und Handeln gegenüber Anderen zu verabschieden.

Literatur

Anti-Bias-Werkstatt/GLADT e.V. (2010). *HeJ – Handreichung für emanzipatorische Jungendarbeit*: http://hej.gladt.com/archiv/2009-12-15-Methode%20Ein%20Schritt%20 nach%20vorn.pdf. Zugegriffen: 21. Juni 2017.
Baer, S., & Hrźan, D. (o. J.). *Privilegientest*. HU Berlin: http://baer.rewi.hu-berlin.de/ wissen/genderundrecht/privilegientest/. Zugegriffen: 10. Mai 2008.
Bourdieu, P. (1997). Ökonomisches Kapital – Kulturelles Kapital – Soziales Kapital. In: Pierre Bourdieu (Hrsg.), *Die verborgenen Mechanismen der Macht. Schriften zu Politik und Kultur, 1* (S. 49–80). VSA: Hamburg.
Butler, J. (1991). *Das Unbehagen der Geschlechter*. Frankfurt a. M.: Suhrkamp.
Butler, J. (1995). *Körper von Gewicht*. Frankfurt a. M.: Suhrkamp.
Connell, R. W. (1987). *Gender and Power: Society, the Person and Sexual Politics*. Stanfort: University Press.
DGB-Bildungswerk Thüringen (2008). *Bausteine zur nicht-rassistischen Bildungsarbeit*: http://baustein.dgb-bwt.de/B3/ImRichtigenLeben.html. Zugriff: 21. Juni 2017.
Eggers, M. M., Kilomba, G., Piesche, P., und Arndt, S. (Hrsg.) (2009). *Mythen, Masken und Subjekte*, Münster: Unrast.

Fenstermaker, S., & West, C. (2001). ‚Doing Difference' revisted. Probleme, Aussichten und der Dialog in der Geschlechterforschung. In B. Heintz (Hrsg.), *Geschlechtersoziologie (S.* 236–249). Sonderheft 41. Kölner Zeitschrift für Soziologie und Sozialpsychologie.

Foucault, M. (1977a). *Der Wille zum Wissen. Sexualität und Wahrheit I*, Frankfurt a. M.: Suhrkamp.

Foucault, M. (1977b). Die Machtverhältnisse gehen in das Innere der Körper über. In: M. Foucault (2003): *Dits et Ecrits. Schriften, Bd. 3*, (S. 298–309). Frankfurt/Main: Suhrkamp.

Frankenberg, R. (1996). Weiße Frauen, Feminismus und die Herausforderung des Antirassismus. In B. Fuchs und G. Habinger (Hrsg.), *Rassismen und Feminismen. Differenzen, Machtverhältnisse und Solidarität zwischen Frauen (S.* 51–66). Wien: Promedia.

Hartmann, J., Klesse, C., Wagenknecht, P., Fritzsche, B. & Hackmann, K. (Hrsg.) (2007). *Heteronormativität. Empirische Studien zu Geschlecht, Sexualität und Macht*. Wiesbaden: VS.

Köbsell, S. (2015). Abelism. Neue Qualität oder ‚alter Wein' in neuen Schläuchen?. In I. Attia, S. Köbsell & N. Prasad (Hrsg.). *Dominanzkultur reloaded. Neue Texte zu gesellschaftlichen Machtverhältnissen und ihren Wechselwirkungen (S.* 2–34). Bielefeld: Transkript: Bielefeld.

Masschelein, J. (2003): Trivialisierung von Kritik. Kritische Erziehungswissenschaft weiterdenken. *Zeitschrift für Pädagogik*, Beiheft 46 (S. 124–141). Weinheim, Basel, Berlin: Beltz.

McCaffry, L. B. (o. J.). *Privilege Exercise*, http://userpages.umbc.edu/~korenman/wmst/privilege1.html, Zugegriffen: 6. Oktober 2015.

McIntosh, P. (2003): White Privilege and Male Privilege. A Personal Account of Coming to See Correspondences Through Work in Womens's Studies. In Kimmel, M. & Ferber, A. (Hrsg.), *Privilege. A Reader (S. 147–160)*, Cambrige: Westview.

Mecheril, P. (2004). *Einführung in die Migrationspädagogik*. Weinheim und Basel: Beltz.

Meuser, M. (2006). *Geschlecht und Männlichkeit. Soziologische Theorie und kulturelle Deutungsmuster.* Wiesbaden: VS.

Pohlkamp, I. (2015): *Genderbashing. Diskriminierung und Gewalt an den Grenzen der Zweigeschlechtlichkeit.* Münster: Unrast.

Reh, K. (2015). *Kommune – solidarische Gemeinschaft oder exklusiver Club?.* In Contraste 365 (S. 9). http://www.contraste.org/index.php?id=106. Zugegriffen: 3. Oktober 2015.

Reher, F. (2010). *Privilegien reflektieren. Eine empirische Studie über die pädagogischen Herausforderungen der Antidiskriminierungsarbeit.* (Unveröffentlichte Diplomarbeit, Justus-Liebig-Universität Gießen, Institut für Erziehungswissenschaft).

Rommelspacher, B. (1998). *Dominanzkultur. Texte zu Fremdheit und Macht*, Berlin: Orlanda.

Rosenstreich, G. (2009). Von Zugehörigkeiten, Zwischenräumen und Macht: Empowerment und Powersharing in interkulturellen und Diversity Workshops, in: G. Elverich, A. Kalpaka, K. Reindlmeier (Hrsg.). *Spurensicherung. Reflexion von Bildungsarbeit in der Einwanderungsgesellschaft* (S. 195–234). Münster: Unrast.

Terkessidis, M. (2004). *Die Banalität des Rassismus. Migranten zweiter Generation entwickeln eine neue Perspektive.* Bielefeld: Transkript.

Tißberger, M., Dietze, G., Hrzán, D. & Husmann-Kastein, J. (2006). *Weiß-Weißsein-Whiteness. Kritische Studien zu Gender und Rassismus*. Frankfurt a. M.: Peter Lang.

Walgenbach, K. & Reher, F. (2016): Reflecting on Privileges – Defensive strategies of priveleged individuals in anti-oppressive education. In *The Review of Education, Pedagogy, and Cultural Studies*, Vol. 38, Issue 2 (S. 189–210).

Walgenbach, K. (2013): Postscriptum: Intersektionalität – Offenheit, interne Kontroversen und Komplexität als Ressourcen eines gemeinsamen Orientierungsrahmens. In H. Lutz, M. T. Herrera Vivar & L. Supik (Hrsg.). *Fokus Intersektionalität – Bewegungen und Verortungen eines vielschichtigen Konzeptes* (S. 265–278). VS: Wiesbaden.

Winker, G. & Degele, N. (2009). *Intersektionalität. Zur Analyse sozialer Ungleichheit*. Bielefeld: Transkript.

Young, I. M. (2002): Fünf Formen der Unterdrückung. in: C. Horn & N. Scarano (Hrsg.). *Philosophie der Gerechtigkeit. Texte von der Antike bis zur Gegenwart* (S. 428–445). Frankfurt a. M.: Suhrkamp.

„All included"? Into what? – Heteronormativitätskritische Perspektiven auf diskriminierungssensible Bildungsarbeit

Mart Busche

> *Die kapitalistische Gesellschaft erzeugt den Homosexuellen wie sie den Proletarier hervorbringt, wodurch sie ständig ihre eigenen Schranken errichtet.*
> (Hocquenghem 1974, S. 11)

Die Initiative *Berlin tritt ein für Selbstbestimmung und Akzeptanz sexueller Vielfalt*, ein Aktionsplan des Berliner Abgeordnetenhauses von 2009, stellt eine richtungsweisende Grundlage für die Bildungsarbeit zu vielfältigen geschlechtlichen und sexuellen Lebensweisen dar. In ihrer Umsetzung im Bereich der Schule beinhaltet sie u. a. die Schulung von Lehrkräften, Erstellung von Bildungsmaterialien, Vermittlung historischen Wissens, Akzeptanzförderung sowie Unterstützung queerer Kinder und Jugendlicher (vgl. Bildungsinitiative QUEERFORMAT 2011). Dennoch zeigt sich bei Schulen, dass die Angebote noch immer nicht ausreichend bzw. zu punktuell sind bzw. dass die Relevanzsetzung des Themas bei Pädagog*innen nicht sehr ausgeprägt ist: besonders Grundschullehrkräfte wehren das Thema mit Verweis auf ihre vom Thema Sexualität vermeintlich noch unberührte Zielgruppe ab

M. Busche (✉)
Berlin, Deutschland

(vgl. Kempe-Schälicke 2015, S. 242) oder delegieren die Verantwortung für das Thema LSBTI[1] an andere Stellen (vgl. Schmidt und Schondelmayer 2015, S. 229 ff.).

Unterstützend wirkt hier das Angebot ästhetisch-musealer Bildungsarbeit des Jugendmuseums in Berlin-Schöneberg. Dieses führt in Kooperation mit verschiedenen Schulen das Modellprojekt *All included – Museum und Schule gemeinsam für sexuelle und geschlechtliche Vielfalt*[2] durch. An der Schnittstelle von Bildung und Kultur werden neue Zugänge zum Thema erprobt, die in kinder- und jugendgerechter Weise eine Mischung aus historischen Einblicken in die Wandlungsprozesse von Geschlechter- und Sexualitätskonzepten, lokalen Bezügen im Stadtraum, konkreten Begegnungen zwischen Schüler*innen und Protagonist*innen der entsprechenden Communities und Organisationen sowie ästhetisch-künstlerischen Visualisierungsformen bietet. Kinder und Jugendliche können sich in unterschiedlichen Werkstatt- und Seminarformaten mit sexueller und geschlechtlicher Vielfalt und der Wirkung gesellschaftlicher Normen auseinandersetzen. So wurden 2015 mit Kindern und Jugendlichen Lernwerkstätten und kreative Workshops durchgeführt, u. a. mit einem mobilen Bauwagen, in dem sich verschiedene Exponate befunden haben. Dieser wurde auf verschiedenen Schulhöfen platziert. Aus den Lernwerkstätten wurde eine aus elf thematischen Stationen bestehende Werkschau entwickelt, die im Jugendmuseum von April bis Oktober 2016 öffentlich zugänglich war. Sie wurde in verschiedenen Workshop-Formaten für die pädagogische Arbeit mit Kindern und Jugendlichen aus Grund- und Oberschulen genutzt.

Der vorliegende Aufsatz betrachtet die Verhandlung geschlechtlicher und sexueller Normen in der Werkschau und in der Arbeit des museumspädagogischen Teams anhand ausgewählter Beispiele. Konkret sind dies Analysen von visuellem Material (Text und Objekt) sowie einer Feldbeobachtung. Dabei geht es darum, aus einer heteronormativitätskritischen Perspektive zu analysieren, was genau in der pädagogischen Arbeit von *All included* als geschlechtliche und sexuelle Vielfalt verstanden wird und auf welche Weise dabei wo welche Grenzen gezogen werden. Für eine Weiterentwicklung des eigenen Reflexionsvermögens als einem wichtigen Bestandteil von pädagogischen Professionalisierungsprozessen ist folgendes interessant nachzuvollziehen: Wie werden auch in Bildungsangeboten

---

[1]Das Akronym steht für LesbischSchwulBisexuellTransInter.
[2]Das Projekt wird gefördert im Rahmen des Programms *Demokratie leben!* des *Bundesministeriums für Familie, Senioren, Frauen und Jugend* (2015–2019).

mit einem inklusiven und diskriminierungssensiblen Anspruch wider besserer Absicht potenziell identitäre und kategoriale Engführungen der real existierenden Vielfalt transportiert? Und wie kann mit diesen umgegangen werden?

Das Datenmaterial wurde im Rahmen des Praxisforschungsprojekts VieL*Bar: Vielfältige geschlechtliche und sexuelle Lebensweisen in der Bildungsarbeit – Didaktische Potenziale und Herausforderungen museumspädagogischer Zugänge erhoben. VieL*Bar begleitet diese pädagogische Arbeit von All included im Zeitraum von April 2016 bis März 2018 wissenschaftlich und reflektiert gemeinsam mit dem museumspädagogischen Team inhaltliche und didaktische Herangehensweisen. Konkret zielt VieL*Bar darauf, Gelingensbedingungen und Herausforderungen heteronormativitätskritischer Bildungsarbeit am Beispiel von All included herauszuarbeiten und die Erkenntnisse für eine queertheoretisch fundierte Professionalisierung von Bildungsarbeit zum Thema geschlechtliche und sexuelle Vielfalt nutzbar zu machen. Dabei werden die unterschiedlichen Angebote des Museums systematisch erfasst und aus einer heteronormativitätskritischen Perspektive analysiert, wobei der empirische Zugang über eine Triangulation von Methoden der qualitativen Sozialforschung gesucht wird. In Interviews werden die Perspektiven der pädagogisch Handelnden erhoben und mittels teilnehmender Beobachtung die Interaktionen zwischen Kindern und Jugendlichen, Pädagog*innen und Exponaten der Werkschau erfasst. Mit Hilfe von rekonstruktiven und diskursanalytischen Verfahren werden diese ausgewertet. Die Realisierung des partizipativen Handlungsforschungsansatzes erfolgt durch mehrfaches Zurückspielen der gewonnenen Einsichten an die beteiligten Pädagog*innen und durch eine ‚Reflecting Group' (vgl. Wigger et al. 2012). In der Zusammenführung von wissenschaftlichem Wissen und beruflichem Erfahrungswissen werden Anknüpfungspunkte diskutiert und eine unmittelbare qualitative Weiterentwicklung der erforschten pädagogischen Arbeit angeregt. Denn ein bedeutendes Kriterium von Professionalität liegt in der Reflexion des eigenen theoretischen Bezugsrahmens (vgl. Hartmann 2014, S. 25).[3] Dies ist in verschiedenen Transfer-Workshops bereits teilweise erfolgt und die hier im Anschluss diskutierten Beispiele für Grenzziehungen und Öffnungen sexueller und geschlechtlicher Kategorien stellen einige der dort besprochenen Gegenstände dar. Unsere kritischen Rückfragen sind in den Workshops vom pädagogischen Team immer wertschätzend aufgenommen worden; insgesamt ist die Zusammenarbeit von wiederholten Bekundungen wechselseitiger Bereicherung geprägt. Da den

---

[3]Dies gilt ebenso für wissenschaftlich Tätige. In diesem Sinne danke ich Jutta Hartmann, Uli Streib-Brzič und den Herausgebenden dieses Bandes für ihr anregendes Feedback.

meist freiberuflich tätigen Bildungsarbeiter*innen kaum Zeit zur Verfügung steht, selber über All included zu schreiben, ist dieser Artikel auch als Dokumentation und Würdigung ihrer wertvollen Arbeit zu verstehen. Gleichzeitig weist die hier enthaltene Kritik über die Inhalte und Arbeitsweisen von All included hinaus, da es in VieL*Bar nicht um eine Evaluation der pädagogischen Umsetzung des Themas geschlechtliche und sexuelle Vielfalt geht, sondern um die Beantwortung einer eigenen Fragestellung, die für die ästhetisch-museale Bildung insgesamt nützlich sein soll.

Das Praxisforschungsprojekt *VieL*Bar* interessiert sich für die Herausforderungen einer heteronormativitätskritischen Bildung. Dabei wird der konstitutive Effekt von Heterosexualität nicht nur bezogen auf Subjektivität und Begehrensrelationen erkannt, sondern deren regulierende Kraft auch mit Blick auf kulturelle Denk- und Handlungsweisen, auf soziale Prozesse und gesellschaftliche Institutionen gesehen (vgl. Hartmann 2016, S. 119). Um solcherlei Regulationen in den erhobenen Daten zu analysieren, gilt es zu betrachten, welche geschlechtlichen und sexuellen Ausdrucksweisen überhaupt verstehbar sind. Sind sie auf einer strukturellen und normativen Ebene repräsentiert und damit anerkennbar? Dies ist wichtig, weil der Zugang zu einem handlungsfähigen Subjektstatus über solche Anerkennungsdiskurse produziert wird. Darüber hinaus interveniert ein heteronormativitätskritischer Zugang in die Ordnungen von Sex, Gender und Begehren, die Zugehörigkeit über eine Entscheidung zwischen Norm und Abweichung, ‚Wir' und ‚Nicht-Wir' sowie Eindeutigkeit und Uneindeutigkeit herstellen.

Um die für diesen Beitrag genutzten Analysewerkzeuge nachvollziehbar zu machen, wird hier im Folgenden der theoretische Rahmen verdeutlicht, der sich aus einer heteronormativitätskritischen und intersektionalen Perspektive zusammensetzt (Abschn. 1). Im Anschluss diskutiere ich drei Beispiele, die unterschiedliche Dimensionen von Normativität aufzeigen (Abschn. 2–4) und schließe mit einem kurzen Ausblick zu Verständnis und Grenzen geschlechtlicher und sexueller Vielfalt (Abschn. 5).

1 Theoretische Zugänge: Heteronormativitätskritik und Mechanismen des Otherings

Das Konzept der Heteronormativität findet in machtkritischen Analysen Verwendung, wenn es darum geht, dominante Ordnungen von Zweigeschlechtlichkeit und Heterosexualität als Verweisungszusammenhang sichtbar zu machen und zu verflüssigen:

„Die Kritik gilt einer Ordnung, in der Geschlechter innerhalb einer heterosexuellen Matrix hervorgebracht, Geschlechtsidentitäten als kohärent entworfen,

Geschlechterverhältnisse ausschließlich in Beziehungen zwischen ‚Männern‘ und ‚Frauen‘ repräsentiert und weitere geschlechtliche und sexuelle Identitäten marginalisiert bzw. auf binär-hierarchisierte Kategorien, wie die von ‚homosexuell‘ vs. ‚heterosexuell‘, reduziert werden" (Hartmann 2016, S. 107).

Während sich das Theorem der Gleichheit aller Menschen in den meisten Verfassungen westlicher Demokratien findet, erlauben es „Legitimationslegenden" (Rommelspacher 2009, S. 26) wie Rassismus, Ableismus oder auch Heteronormativität, die faktische Ungleichbehandlung von Menschen zu erklären, zu begründen und aufrecht zu erhalten. Über Diskurse und Praxen werden soziale Unterschiede zu quasi-natürlichen gemacht und Gruppen als ‚normale‘ und ‚abweichende‘ Mehrheiten und Minderheiten hervorgebracht. Ähnlich wie Rommelspacher (ebd., S. 29) dies für Rassismus beschreibt, kommen bei Heteronormativität vier verschiedene Mechanismen zum Zuge: Als ‚Naturalisierung‘ (Abschn. 1) kann die biopsychologische Konstruktion eines wesenhaften Unterschieds zwischen Frauen und Männern, cis-, inter- und transgeschlechtlichen wie homo- und heterosexuellen Personen gefasst werden; diese werden zu Gruppen zusammengefasst und durch einen Prozess der ‚Homogenisierung‘ (Abschn. 2) die bestehenden Unterschiede innerhalb der Gruppen nivelliert. Mittels einer ‚Polarisierung‘ (Abschn. 3) werden diese Gruppen unvereinbar einander gegenübergestellt und über die Zuschreibung unterschiedlicher Wertigkeiten, etwa reproduktionsorientiert – pervers; natürlich – widernatürlich; identitätssichernd – identitätsstörend etc., eine ‚Hierarchisierung‘ (Abschn. 4) vorgenommen. Über die genannten Mechanismen findet die Produktion von Zuschreibungen und Zugehörigkeiten statt, die entlang der Linie ‚wir – ihr‘ die ungleiche Verteilung von Ressourcen und Privilegien regelt. Der Begriff des ‚Othering‘, der aus der antirassistischen und postkolonialen Theorie stammt, benennt die hierbei vorgenommene Konstruktion der*des Anderen als einen „machtvollen Prozess des Different-Machens, der Ausgrenzung und der Hineinrufung in eine untergeordnete Position" (Riegel 2016, S. 54). Heteronormativität als gesellschaftliches Dominanzverhältnis legitimiert und perpetuiert auf diese Weise die Diskriminierung nicht-heterosexueller und cis-geschlechtlicher Personen und Gruppen.

Nun existieren über Geschlecht und Sexualität hinaus noch weitere Regelsysteme, über die eine Ordnung von Dominanz und Unterordnung hergestellt werden kann. Um in einer heteronormativitätskritischen Analyse die Verwobenheit unterschiedlicher Dominanzverhältnisse ebenfalls in den Blick zu fassen, erscheint mir besonders Mary Matsudas Vorschlag, auch nach anderen Dominanzverhältnissen zu fragen, hilfreich:

"The way I try to understand the interconnection of all forms of subordination is through a method I call 'ask the other question.' When I see something that looks racist, I ask 'Where is the patriarchy in this?' When I see something that looks sexist, I ask 'Where is the heterosexism in this?' When I see something that looks homophobic, I ask, 'Where are the class interests in this?'" (Matsuda 1991, S. 1189).

Dies gilt es auch in einer heteronormativitätskritischen Analyse zu beherzigen, da sonst beispielsweise Zusammenhänge zwischen nationalstaatlichen Verfasstheiten und sexuellen Politiken (z. B. Auseinandersetzungen um die Homoehe oder Fragen zu Homosexualität im Baden-Württembergischen Einbürgerungstest 2006–2011) oder bürgerlichen Bildungsidealen und altersbedingten Grenzen aus dem Blick geraten (etwa bei der Bejahung sexueller Bildung in der Schule, aber der Ablehnung schwuler Erzieher in der KiTa).

2   Diskursive Konstruktionen von Andersheit und Echtheit

Zwei Statements von Kindern und Jugendlichen, die in der Werkschau des Jugendmuseums prominent platziert waren, sind in diesem Zusammenhang interessant, ebenso ein Text der Organisator*innen der Werkschau, der eine der Stationen beschrieb. Sie sind als diskursive Äußerungen zu verstehen, die jenseits der Sprechenden einen gewissen Zusammenhang von Wissen und Macht widerspiegeln.

Gleich beim Eintritt in den ersten Ausstellungsraum bewegte mensch[4] sich auf eine Sprechblase zu, in der stand: „Ich habe gelernt, dass andere Leute anders leben und was es für Geschlechter gibt." Erst einmal lebt ja jede Person anders und wenn es in der vorausgegangenen pädagogischen Praxis gelungen ist, eine Vielfalt über das bisher Bekannte hinaus sichtbar zu machen, dann dokumentiert sich hier ein Erfahrungs- und Erkenntnisgewinn. Nun steht der Satz aber im Kontext von Geschlecht(ern) und es könnte sich eine Aufzählung anschließen. In der pädagogischen Praxis wie auch in der Werkschau wird auf eine Anzahl unterscheidbarer Geschlechter verwiesen. Obwohl dabei definitiv eine Vielfältigkeit von geschlechtlichen und sexuellen Lebensweisen sichtbar wird, kommen Fluiditäten,

---

[4]Das Indefinitpronomen „man", welches üblicherweise an dieser Stelle stehen würde, bezeichnet in der Regel eine beliebige Person. Aus dem Alt- bzw. Mittelhochdeutschen stammend, ist diese Person männlich. Da wir nicht wissen, ob die Person in dem geschilderten Fall ein Geschlecht hat und welches das ist, habe ich hier die neutrale Form „mensch" gewählt.

unterschiedliche Transitionen oder gar Verweigerungen der Zuordnung kaum in den Blick. Auch findet mit dem zitierten Satz keine Bezugnahme der Vielfältigkeit von Geschlecht(lichkeit) auf das eigene Leben der Kinder und Jugendlichen statt, das ja ebenfalls als anders wahrgenommen werden könnte. Der einzige persönliche Bezug zeigt sich in der Position als Repizient*in von Wissen: „Ich habe gelernt…". Die sprechende Person tritt also als erfolgreiche Empfängerin von Wissen hervor – ganz wie es der Erwartung an Kinder und Jugendliche in einer Bildungsinstitution entspricht. Doch zurück zum Geschlecht: Wäre es überspitzt, hier von einer Objektifizierung der „anderen" Geschlechter zu sprechen? Diese erscheinen in jedem Fall als erkenn- oder definierbar, wobei Mechanismen der Homogenisierung und Polarisierung zur Anwendung kommen könnten. Die Konstruktion geschlechtlich eindeutiger und voneinander abgrenzbarer Gruppen entspricht den hegemonialen Verfahrensweisen, die über teilweise langfristige medizinische, biologische, juristische und sozialisatorische Praxen zu einer Kultur der Zweigeschlechtlichkeit (vgl. Hagemann-White 1984) bzw. einer heterosexuellen Matrix führten (vgl. Butler 1991, 1997). Könnten transgender, agender oder genderqueere Personen, die sich zwischen oder jenseits von Geschlechtsidentitäten bewegen, im zitierten Satz mitgemeint sein? Wenn ja, dürfte nicht von einer eindeutigen Bestimmbarkeit noch von einer zählbaren Größe ausgegangen werden. Sofern – wie oben angedeutet – im pädagogischen Material eine große Bandbreite unterschiedlicher geschlechtlicher Lebensweisen und ihre Wandelbarkeit abgebildet sowie auf die Möglichkeit eingegangen werden würde, sich nicht geschlechtlich zu identifizieren, wäre auch eine solche, breiter gefasste Lesart des zitierten Satzes möglich. Sie enthielte zwar weiterhin die Zuschreibung der Andersheit, quasi als ‚die Noch-Anderen der Anderen', würde aber nicht-geschlechtliche Lebensweisen einschließen: „Andere Menschen leben anders, z. B. ohne sich geschlechtlich irgendwo zugehörig zu fühlen. Außerdem gibt es noch eine Menge verschiedener geschlechtlicher Lebensweisen."

Ebenfalls interessant ist ein anderes Statement einx[5] Schülx, das eine weitere Sprechblase in der *All included*-Werkschau zeigte: „Ich habe gelernt, was Homosexualität in echt bedeutet". Durch die Formulierung „in echt" – gleichbedeutend mit tatsächlich – wird suggeriert, dass Homosexualität ein Phänomen darstellt,

---

[5]Eine Möglichkeit, geschlechtszuweisenden Wortendungen zu entkommen, besteht darin, diese nach dem Wortstamm durch ein ‚x' zu ersetzen. Das ‚x' kann als Ausstiegsoption (‚Exit') oder Durchkreuzen von Geschlechtszuweisungen verstanden werden (vgl. Gallmann 2016: 6).

das zwar als fremd empfunden wird, sich aber konkret und in Gänze begreifen und dessen „wahre Natur" sich erschließen lässt. Wenn außer Acht gelassen wird, dass (eigenes) Begehren im Sinne des Unbewussten nur bedingt kognitiv zugänglich ist, wird Homosexualität so zu einem eindimensionalen Gegenstand, der sich potenziell auf andere projizieren und damit ins Außen verlagern lässt.

In der Themen-Station mit dem Titel *Queer Leben* waren Videos zu sehen, in denen Schüler*innen drei Personen interviewen, die sich als schwul oder lesbisch verstehen. Im Einführungstext zu der Station befindet sich ein drittes Beispiel für eine naturalisierende Zuschreibung: „An Fragen gibt es keinen Mangel. Es gibt nicht oft die Gelegenheit, ‚echte Queere' Persönliches zu fragen, über das sonst nicht gesprochen wird". Die Anführungszeichen sind etwas rätselhaft, vielleicht sollen sie auf den Widerspruch hinweisen, den die Formulierung in sich trägt bzw. darauf, dass die Begrifflichkeit nicht komplett wörtlich zu verstehen ist: Denn ab wann *ist* jemand auf ‚echte' Weise queer – und wer entscheidet das? Die ‚echten Queeren' sind in diesem Fall zwei Lesben und ein Schwuler, also Personen, die sich eher in einer eindeutigen sexuellen Identität verorten. Demgegenüber weisen im aktuellen Diskurs verschiedene Autor*innen darauf hin, dass queer eben keine neue Identitätskategorie ist, sondern ein Tun (vgl. S_HE 2003)[6], nicht zuletzt eine identitätskritische Praxis (vgl. Jagose 1996, S. 131)[7]. Der Begriff ‚queer' kann im englischen so verwendet werden, dass er auf abwertende Weise Dinge oder Personen als falsch oder zweifelhaft bezeichnet; Echtheit oder Authentizität umfasst der Begriff aber in seiner politischen Aneignung als positiv gewendete Selbstbezeichnung eben genau nicht. Des Weiteren – und hier kommt ein diskurstheoretisch informierter und intersektionaler Blick zum Einsatz – eröffnet ein historischer Blick auf die Produktionsgeschichte des Konzepts westlicher Homosexualität, dass hier u. a. ein Streben nach Echtheit verfolgt wurde, welches über klassistische und rassistische Abgrenzungen erfolgte. Insbesondere in Magnus Hirschfelds Schriften findet sich eine Zuschreibung homosexueller Betätigungen an ‚andere' Männer im Kontext von Kolonialisierung oder Zugehörigkeit zur Arbeiterklasse „ohne selbst ‚echt' zu sein" (Hirschfeld 1914, S. 571). ‚Wahre' (männliche) Homosexualität träfe vor allem auf deutsche

---

[6]Dies war schon in frühen Texten der Queer-Bewegung sichtbar: „Being queer means leading a different sort of life. […] Yeah, QUEER can be a rough word but it is also a sly and ironic weapon we can steal from the homophobe's hands and use against him." (Anonym 1990).

[7]Jagose schreibt: „Acknowledging the inevitable violence of identity politics and having no stake in its own hegemony, queer is less an identity than a critique of identity" (ebd.).

oder britische Angehörige der Mittelschicht zu und wird als eine Art innere Disposition und Charaktereigenschaft konstruiert (vgl. Çetin und Voß 2016, S. 9 ff.). Dies greift teilweise heute noch, wenn in den jeweiligen Communities darüber gestritten wird, ob mensch ‚echt lesbisch' bzw. ‚echt schwul' ist, etwa wenn sexuelle Akte mit einem anderen Geschlecht vollzogen wurden. Auch gibt es ein Bedürfnis danach zu klären, ob mensch homosexuell qua Geburt ist (‚Sandkastenlesbe'). Erfahrungen mit nicht-homosexuellen Intimkontakten ziehen mitunter eine Bewertung als weniger glaubwürdig nach sich oder auch die Unterstellung einer gewissen Wankelmütigkeit. Während hier in Bezug auf homosexuelle ‚Echtheit' eher Mechanismen der Naturalisierung Anwendung finden, zeigen andere, aktuelle Auseinandersetzungen um die Frage der Echtheit in Trans*Communities, wie Polarisierungsmechanismen greifen. Hierarchisierte Bewertungen werden etwa anhand von (Körper-)Bildern und Sichtbarkeitspolitiken vorgenommen. Beispielsweise sind Personen, die sich als Trans*Weiblichkeiten verorten, einer Mischung aus Feminitätsfeindlichkeit, Trans*feindlichkeit, Klassismus und Ableismus ausgesetzt, die sich oft an der Bewertung ihres Körperbildes festmacht (vgl. FaulenzA 2017). Femininen Lesben wird vorgeworfen, sich als (zu) heterosexuell zu inszenieren und sich als Lesben nicht gemäß eines bestimmten Lesbenbildes sichtbar zu machen (vgl. Fuchs 2016, S. 130 f.).

Zurück zur Pädagogik: Welche Botschaften werden hier vermittelt, wenn Echtheit und Andersheit als legitime Zuschreibungen transportiert werden? Um nicht falsch verstanden zu werden: Es geht mir nicht darum, zu kritisieren, dass Kinder und Jugendliche Schwule oder Lesben treffen oder einen Überblick über verschiedene Geschlechterentwürfe erhalten. Diese Herangehensweisen docken oft daran an, dass die Existenz von Schwulen und Lesben den allermeisten Jugendlichen mittlerweile durch Fernsehen und andere Medien bekannt ist. In den pädagogischen Workshops konnten wir beobachten, dass ihnen eher der Begriff ‚Homosexualität' geläufig ist als der der ‚Heterosexualität'. Auch mit dem Begriff der ‚Transgeschlechtlichkeit'[8] verbinden sich meist eher Vorstellungen über seine Bedeutung als beim Begriff der Cis-Geschlechtlichkeit – also die Identifikation mit dem bei der Geburt zugewiesenen Geschlecht.[9]

---

[8]Transgeschlechtlichkeit ist hier im Sinne des verbreiteteren Begriffs ‚Transsexualität' zu verstehen. Diesen verwende ist hier aber nicht, da er v. a. ein medizinischer Begriff ist und ihm eine lange Pathologisierungsgeschichte anhaftet. Zum zweiten legt der Begriff nahe, dass es fälschlicherweise um eine Form von Sexualität geht.

[9]Dieser Begriff ist auch den meisten Erwachsenen unbekannt, da er kaum in Alltagsmedien verwendet wird. Er ist als Gegenbegriff zu Trans*Geschlechtlichkeit zu verstehen und dient explizit dazu, die ansonsten unmarkierte Norm zu markieren.

Über die Begriffe ‚Heterosexualität' und ‚Cis-Geschlechtlichkeit' kann in der pädagogischen Praxis also eine Markierung der hegemonialen Norm erfolgen, die ansonsten als selbstverständlich vorausgesetzt wird. Was mir wichtig ist hervorzuheben, ist, dass die Logik von Norm und Abweichung über die Konstruktionen von Andersheit und Echtheit weiterhin aufrechterhalten werden, wenn nicht zugleich auch die Diversität, Widersprüchlichkeit und damit auch der konstruierte und ‚unechte' Charakter von Heterosexualität und Cis-Geschlechtlichkeit adressiert werden. Neben der Naturalisierung als ‚echt' erfolgt so ebenfalls eine Produktion homogenisierter Gruppen durch die Reduzierung auf ein bestimmtes geschlechtliches oder sexuelles Merkmal.

Wenn Echtheit und Andersheit als legitime Zuschreibungen in pädagogischen Formaten transportiert werden, lernen Kinder und Jugendliche die Logik von geschlechtlicher und sexueller Norm und Abweichung in der Regel lange bevor sie sich selbst explizit die Frage nach sexuellem oder amourösem Begehren bzw. nach der geschlechtlichen Seinsweise stellen. Sie werden also zuvor bereits von den Kategorien angerufen und wissen, wenn es dann mal soweit ist, dass ihnen jeweils zwei Möglichkeiten (‚anders' oder ‚normal') zur Verfügung stehen (vgl. Reck 2007, S. 166). Sie erhalten die Aufforderung, sich für die Zugehörigkeit zu einer der geschlechtlichen oder sexuellen Gruppen zu entscheiden und damit der Beurteilung entlang der Linien ‚echt' und ‚verfälscht' oder ‚normal' und ‚anders' zu stellen. Dabei kann es für die als ‚anders' Kategorisierten von Bedeutung sein, ihre ‚Echtheit' oder ‚Reinheit' auch selber unter Beweis zu stellen. Wenn sie verstehbar sein wollen – insbesondere, wenn es um politische Artikulation geht – dürfen sie keinesfalls gemischte oder uneindeutige Geschlechter- oder Begehrensentwürfe repräsentieren, die als unmöglich gelten: „Wenn jemand als unecht bezeichnet wird und wenn diese Bezeichnung sozusagen als eine Form ungleicher Behandlung institutionalisiert ist, heißt das, er wird zu dem Anderen, zur Folie, vor der das Menschliche gemacht wird. […] Als Kopie bezeichnet zu werden, unecht genannt zu werden ist eine Art, wie man unterdrückt werden kann. […] Um unterdrückt werden zu können, muss man zunächst intelligibel werden." (Butler 2009, S. 55).

In der *PARTNER 4-Studie,* die das Sexualverhalten ostdeutscher Jugendlicher zwischen 15 und 19 Jahren erfragt, wird deutlich, dass etwa 24 % der Mädchen und zehn Prozent der Jungen gleichgeschlechtliche sexuelle Erfahrungen machen (vgl. Weller 2013). Wenn nicht über die fließenden Übergänge zwischen geschlechtlichen bzw. sexuellen Seinsweisen gesprochen wird, wie groß wird dann der Druck, sich einer der beiden Gruppen zugehörig erklären zu müssen? So gesehen ist die demonstrative, z. T. verächtliche Abgrenzung von Jugendlichen untrennbar mit dem identitätslogischen Konzept von Homosexualität, dem Homo/Hetero-Binarismus verbunden. Dieser strukturelle Zusammenhang lässt sich auch über „die eindringlichsten Appelle an Schüler, Toleranz gegenüber dem ‚Anderen' walten zu lassen" nicht überwinden (vgl. Klauda 2008, S. 26). Georg Klauda beklagt folgerichtig eine „weit verbreitete Ignoranz, die gegenüber nicht-identitären Modellen von ‚Homosexualität' eingenommen wird" (2008, S. 23). Diese Ignoranz findet sich vor allem im Kontext eurozentrischer bzw. westlich-kapitalistischer Identitätsmodelle. Einer innerdynamischen und intersektionalen Perspektive folgend erweist es sich daher als empfehlenswert, die Chiffre 'All included' konzeptuell auch auf eine Vielfalt an unterschiedlichen Identitätskonzepten und Selbstverständnissen zu beziehen und diese in den pädagogischen Zugang zu inkludieren.

3 (Un)Gleiche Rechte für alle

Wer nun gleichgeschlechtliches Begehren fühlt – oder auch im sogenannten Gegengeschlecht leben möchte –, kann sich immerhin mit einer Identität ausstatten, die eine gewisse Eindeutigkeit und einen subkulturellen Ort – die Community als Familie, wie einer der interviewten Schwulen im pädagogischen Material der Werkschau dies formuliert – mit sich bringt. Diese Vorgehensweise bietet Sicherheit, auch wenn dafür die Zuweisung von potenzieller Diskriminierungsoffenheit, ein Minderheitenstatus und eine grundsätzliche Konstruktion des Andersseins in Kauf genommen werden müssen. Die Analyse – die, wie das gesellschaftliche Propagieren und Inkludieren-wollen einer bestimmten sexuellen und geschlechtlichen Vielfalt auch Ausschlüsse produziert – lässt sich am Beispiel der sogenannten Homoehe weiter verdeutlichen:

In der *All included*-Werkschau hing ein aufklappbarer Kasten, der mit der Aufschrift "Just married" versehen war. Darin befand sich eine Anordnung von drei figürlichen Paarkonstellationen: weiblich-weiblich, männlich-weiblich und männlich-männlich, wie sie für die Verzierung von Hochzeitstorten genutzt wird. Im Text darunter wird darauf hingewiesen, dass nur Personen verschiedenen Geschlechts eine Ehe miteinander eingehen dürfen und dass es für gleichgeschlechtliche Partner*innen zwar seit 2001 die Möglichkeit gibt, eine eingetragene Lebenspartnerschaft einzugehen, diese aber nicht die gleichen Rechte wie die Ehe beinhaltet. In der pädagogischen Arbeit mit diesem Objekt haben wir u. a. beobachtet, dass es neben dem Erläutern bestimmter Begriffe (z. B. ‚Standesamt') und der Frage „Was ist normal?" auch um die Rechte ging, die die eingetragene Lebenspartnerschaft und heterosexuelle Ehe voneinander unterscheiden. Hierbei wurden die Kinder und Jugendlichen mehrfach nach

Bewertungen gefragt, wie sie z. B. das unterschiedliche Adoptionsrecht fänden: Allen fiel ausnahmslos die in der Ungleichbehandlung liegende Ungerechtigkeit auf.[10]

Doch auf mindestens zwei Ebenen ist die Homoehe als wünschenswerter Standard auch zu hinterfragen, denn sie produziert eigene Normativitäten und damit Ausschlüsse. Was bei der Thematisierung der Homoehe fehlte, war einerseits die Setzung der heterosexuellen Ehe als Standard, an welchen eine homosexuelle Verpartnerung mit denselben Rechten im Sinne der Gerechtigkeit anzugleichen wäre. Die Ehe als Norm zu setzen, ist nicht neu: Im Zuge der Anti-Aids-Politik in den 1980er Jahren wurde die Möglichkeit der homosexuellen Ehe nicht zuletzt auch mit moralischem Impetus, welchem eine Orientierung an der ‚züchtigen' bürgerlichen Ehe inhärent war, ins Feld geführt (vgl. Çetin und Voß 2016, S. 90). Welche Privilegien der heterosexuellen Ehe anhängig sind (z. B. bestimmte reproduktionsmedizinische Krankenkassenleistungen, gemeinsame Adoption eines Kindes) sowie die Tatsache, dass Partner*innenschaftsmodelle gelebt werden, die über Zweierkonstellationen hinausgehen und ebenfalls offizielle Anerkennung verdienen, wurden im Rahmen der Werkschau nicht thematisiert. Beispielsweise hätte die Beschäftigung mit der Position des *Lesbenrings e. V.* der ausklingenden 1990er Jahre hier einen spannenden Diskussionsimpuls abgeben können: Dieser machte unter dem Begriff der ‚Lebensformenpolitik' „den Schutz der Persönlichkeit und der persönlichen Beziehungen nicht vom Familienstand oder von Blutsverwandschaft abhängig" (Altenhöfer 1999, S. 26 f.) und kritisierte insgesamt den patriarchalen Charakter der Ehe.[11] Wie würden Kinder und Jugendliche es wohl finden, wenn die Ehe zwar vielfältigeren Personenkonstellationen offen stünde, die staatliche Unterstützung von Kindern, Pflegebedürftigen und alten Menschen aber nicht davon abhängig

---

[10]Diese Ungleichbehandlung wird bald Geschichte sein, da der *Bundestag* am 30. Juni 2017 den Gesetzentwurf für die sogenannte ‚Ehe für alle' angenommen hat und auch der *Bundesrat* den Beschluss eine Woche später ohne Einspruch passieren ließ. Die umgangssprachliche Bezeichnung ‚Ehe für alle' entspricht dabei keinesfalls der Realität, etwa gilt sie nicht für Personen, die eine gleichgeschlechtliche Ehe anstreben, deren Heimatstaat diese aber nicht vorsieht.

[11]Dies bezog sich z. B. auf das sogenannte Ehegattensplitting, das eine steuerliche Vergünstigung ermöglicht, wenn ein*e Ehepartner*in – meistens die Frau – weniger verdient. Das Ehegattensplitting existiert nach wie vor und wird kritisiert, weil es eine Abhängigkeitsbeziehung fördert, Teilzeitarbeit nahe legt, welche – insbesondere im Fall einer Scheidung – zu Altersarmut führen kann. Ärmere Familien oder Alleinerziehende können von dieser steuerlichen Regelung nicht profitieren.

wäre (vgl. Lesbenring 2013)? Bei einer historischen Beschäftigung mit dem Thema, z. B. anhand von Plakaten oder Flugschriften würde auch sichtbar, dass im Zuge des AIDS-Aktivismus der 1980er Jahre für eine universelle Gesundheitsversorgung argumentiert wurde, die nicht an den Status der Ehe – ob homo oder hetero – geknüpft sein darf (vgl. Nair 2014, S. 16). Auch hier könnten weitere sexuelle Lebensweisen deutlich werden, z. B. darüber, dass sich gar nicht alle Männer, die homosexuellen Praktiken nachgehen, als Schwule identifizieren; manche nennen sich lieber *Männer, die Sex mit Männern haben*. Interessant wäre auch die Frage, wer von Ehe und Lebenspartnerschaft ausgeschlossen ist bzw. war oder wem sie erschwert wird bzw. wurde. Während Erfahrungen mit der neu beschlossenen ‚Ehe für alle' noch ausstehen, zeigt sich anhand der zuvor gültigen Regelung zur homosexuellen Lebenspartnerschaftsschließung, dass Nicht-EU-Bürger*innen bzw. Bürger*innen nicht privilegierter Drittstaaten[12], auch wenn deren Eltern seit Jahrzehnten in Deutschland arbeiten, mehr bürokratische Hürden zu überwinden hatten als andere und in ihren Partnerschaften mitunter in ökonomische und soziale Abhängigkeiten gebracht wurden (vgl. Çetin 2012). Diskriminierung erfolgt nicht allein über abwertende interpersonale Interaktionen, sondern vor allem auch über die Verweigerung der Teilhabe an gesellschaftlichen Auseinandersetzungen, in denen die Frage verhandelt wird, wie ein gutes Zusammenleben Aller gestaltet werden kann. Wie ließe sich mit Kindern und Jugendlichen der Entwurf einer ‚Ehe für alle' entwickeln, die – entgegen der neuen Regelung von 2017 – den Namen tatsächlich verdient? Und welche interessanten Schwierigkeiten würden dabei auftreten?

Die Ungerechtigkeit zwischen Partnerschaftsgesetz und Ehegesetz zu problematisieren, ohne zugleich die daran geknüpften Privilegien und Ausschlüsse zu benennen, ist noch aus einem zweiten Grund heikel: Die Debatte um die sogenannte Homoehe ist eingebettet in einen Diskurs um sexuelle und geschlechtliche Vielfalt, bei dem die Anerkennung von Schwulen und Lesben und ihre Integration in ein nationalstaatliches Gefüge für die Konstruktion eines westlich-liberalen Selbstverständnisses über das letzte Jahrzehnt eine zentrale Bedeutung bekommen hat. Mit dem Begriff des ‚Homonationalismus' (Puar 2007) wird eine politische Strategie beschrieben, in der etwa die zunehmende rechtliche Gleichstellung mit heteronormativen Paarkonstellationen zu einem Abgrenzungsmoment gewendet wird, das auch dazu dient, bestimmten Staaten Fortschrittlichkeit abzusprechen oder womit sogar militärische Interventionen legitimiert

---

[12]Privilegierte Drittstaaten sind etwa die USA und Kanada.

werden (vgl. Çetin und Voß 2016, S. 88 ff.). Dabei sollte nicht vergessen werden, dass der Staat solche Gleichstellung weder freiwillig noch großherzig zur Verfügung stellt. Zuerst wurden, wie im Eingangszitat dargestellt, homogenisierte und polarisierte Kategorien – wie die Homosexualität – mit dem Ziel der Kontrolle und Begrenzung erzeugt, wobei aber zugleich das zu kontrollierende Phänomen immer wieder hervorgebracht wurde. Damit gingen Möglichkeiten der Artikulation einher, so dass Gleichstellungsmaßnahmen in jahrelangen Kämpfen auf politischen und juristischen Ebenen erstritten werden konnten. Zwar erscheinen Inklusion und Diskriminierungssensibilität als Aushängeschilder des westlichen Nationalstaats, jedoch wird den Subjekten aus dem Feld der vielfältigen geschlechtlichen und sexuellen Lebensweisen darin vor allem dann ein Platz angeboten, wenn eine Anpassung an vorgegebene Normen stattfindet, z. B. durch die Vergemeinschaftung von Homosexuellen in eheähnlichen Paarkonstellationen. Dabei findet eine Zuweisung von Differenz durch die Dominanzgesellschaft an diese Subjekte statt, „mit einer Geste der Toleranz, die sich die Differenz vom Leibe hält" (Engel 2011, S. 175). Ausgeschlossen aus dieser Ordnung – und oft auch aus den Auseinandersetzungen um die Gestaltung dieser Ordnung – sind aber all die sexuellen und geschlechtlichen Lebensweisen, die sich nicht so einfach in die hegemonialen Kategorien einsortieren lassen (wollen).

4   Das Geschlecht der Wurst

Im nachstehenden Beispiel geht es darum, wie geschlechtliche Zuordnungen auch unterlaufen werden können und ein produktiver Umgang mit dem Unentscheidbaren gefunden wird. Die zitierte Sequenz stammt aus einem Feldprotokoll der teilnehmenden Beobachtung. Bei einem Schulworkshop besuchten Grundschulkinder jenen Bauwagen des Jugendmuseums auf ihrem Schulhof. Darin waren verschiedene Exponate zum Thema Geschlecht und Sexualität, u. a. ein Ziehharmonikabild, worauf mensch zum einen Conchita Wurst[13] sieht und zum anderen Tom Neuwirth, die Person, die Conchita Wurst darstellt:

> Es gibt eine Diskussion über typisch Junge – typisch Mädchen, Kinder zeigen dazu auf, es wird gestritten, teilweise kicherig, Kids erzählen verschiedene Stories aus dem Kindergarten. Die gruppenleitende Person fasst zusammen: man wird geboren,

---

[13]Conchita Wurst gewann als Österreichische Teilnehmerin den Eurovision Song Contest im Jahr 2014 mit dem Lied „Rise like a phoenix". Ihr Markenzeichen ist ein Vollbart.

> kriegt Geschlecht zugeordnet, irgendwann wird klar: ‚Ich bin Mädchen/Junge, das wird verknüpft mit was man macht.' […] Es taucht die Frage auf, ob Conchita Wurst er oder sie ist. Die Kids sollen Sätze mit Conchita Wurst machen, in denen sie kein Personalpronomen verwenden. Die gruppenleitende Person schlägt vor, einfach den Namen zu benutzen.

Das Beispiel stellt eine Möglichkeit dar, der pronominalen Zuordnung zum weiblichen oder männlichen Geschlecht zu entkommen, in dem auf einer persönlicheren Ebene angesetzt wird: dem (selbst gewählten) Namen. Es wird darauf verzichtet, den Einzelfall in einer vermeintlich eindeutigen geschlechtlichen Gruppenidentität aufgehen zu lassen, stattdessen wird seiner Spezifität Rechnung getragen.

Wer zum ersten Mal mit einer Person zu tun hat, die für sich eine Vergeschlechtlichung ablehnt oder deren gewünschtes Pronomen unklar ist, weiß wie schwierig es ist, die alltägliche Praxis der Geschlechtszuweisung über Sprache zu unterlassen. Deshalb kann die kleine Übung, Sätze ohne Personalpronomen zu bilden, hilfreich sein, um sich die Macht dieser Gewohnheit zu vergegenwärtigen. Mit einer solchen Intervention in dichotome Ordnungen geht ein identitätskritischer Zugang einher, der von der real existierenden Vielfalt ausgeht und eher auf veränderliche und mitunter widersprüchliche Lebensweisen abhebt als auf starre und kohärente Konzepte geschlechtlicher und sexueller Identität.

5 Alle sollen dabei sein – aber: wie die Qualität des Dabeiseins bestimmen?

Queere Ansätze regen dazu an, den Blick von identitären Integrationsorientierungen hin zu der Auseinandersetzung mit Produktionsmechanismen von Hierarchieanordnungen zu verschieben (vgl. Hartmann 2014). Die Analyse von Mechanismen des Festschreibens oder Ausschließens in diesen Ordnungen dient dazu, ihr reibungsloses Funktionieren zu unterwandern und größere Spielräume für Subjektivierungs- und Bildungsprozesse zu eröffnen. Dies kann für Pädagog*innen wie für Bildungsforscher*innen z. B. mit der Herausforderung einher gehen, persönliche Differenzerfahrungen und die daraus resultierenden Möglichkeiten und Limitierungen für die (didaktische) Vermittlung zu reflektieren, eigene Ausblendungen von Cis-Geschlechtlichkeit oder Heterosexualität als privilegierendes Moment verstehen zu lernen und eigensinnigen Facetten – auch der eigenen Persönlichkeit – einen Raum zu geben, die sich einer klaren Zuordnung widersetzen. So können die Unterschiedlichkeit der Erfahrungen und

Interessen innerhalb von Dachkonzepten wie ‚Queer' oder ‚Trans*' offenbar werden und Repräsentationen von Sexualität, Geschlecht und anderen sozialen Differenzierungen im Spannungsfeld von Normalisierung und Hierarchisierung bearbeitet werden. Deswegen kann als Ziel heteronormativitätskritischer Bildung bezeichnet werden, dominante Zugehörigkeitsordnungen und Verfahren der Differenzierung in Frage zu stellen, zu pluralisieren und sie, um mit einem Fachbegriff der Queer-Studies zu sprechen, zu ‚veruneindeutigen' (vgl. Engel 2001, S. 357 ff.). Hierfür bietet die bislang untersuchte pädagogische Arbeit im Rahmen von *All included* eine ideale Ausgangsbasis. Denn ohne Frage wird eine geschlechtliche und sexuelle Vielfalt adressiert, die Kindern und Jugendlichen Lebensweisen, rechtliche Rahmenbedingungen, politische und historische Prozesse näher bringt, die über die Klischees von homosexuellen und transgeschlechtlichen Menschen weit hinausgeht. Wünschenswert wäre, dass auch widersprüchlicher erscheinende Lebensweisen und solche, die in Europa nicht hegemonial sind, ‚dabei sein' können.

Wenn es insgesamt in einer differenzsensiblen Pädagogik auch um die Qualität von Inklusion gehen soll, so lässt sich diese darüber bestimmen, wie Differenz produziert wird, wie mit dieser Differenzproduktion umgegangen wird (festschreibend oder ausgleichend oder eine Ambivalenz erzeugend) und welche Schritte letztendlich unternommen werden, ausgrenzende und einengende Normierungen zu verflüssigen, zu verschieben und zu durchbrechen. Vor dem Hintergrund der hier aufgezeigten Konstruktionen westlicher Liberalität, die sexuelle und geschlechtliche Vielfalt zu instrumentalisieren weiß, ist nicht nur zu fragen, in welcher Art von Gesellschaft queer lebende Subjekte eigentlich inkludiert sein sollen und/oder wollen, sondern auch: als wer? Welche Möglichkeiten haben Kinder, Jugendliche und alle anderen sich zu entfalten, wenn die Chiffre ‚sexuelle und geschlechtliche Vielfalt' vor allem eins meint: Eindeutigkeit? In der Pädagogik von einer real existierenden geschlechtlichen Vielfalt und einer „Vielschichtigkeit des Verlangens" (Hocquenghem 1974, S. 11) auszugehen, würde hingegen bedeuten, Räume zu schaffen, in denen Überraschung und Irritation – auch die eigene – einen prominenten Platz haben. Eine solche Bildungssituation ließe sich mit Butler so umschreiben:

> Denn wenn ich von Dir verwirrt bin, dann bist Du bereits bei mir, und ich bin nirgendwo ohne dich. Ich kann das ‚Wir' nicht zusammenbringen, es sei denn, ich finde die Art und Weise, wie ich an das ‚Du' gebunden bin, indem ich zu übersetzen versuche, aber feststelle, daß meine eigene Sprache versagen und aufgeben muß, wenn ich dich kennen will. Du bist das, was ich durch diese Orientierungslosigkeit und diesen Verlust gewinne. So entsteht das Menschliche immer wieder durch das, was wir erst noch kennen lernen müssen (Butler 2005, S. 68).

Literatur

Altenhöfer, G. (1999). *Ehe für Lesben und Schwule?* Liebe.arranca.de Archiv. http://liebe.arranca.de/files/lesben-schwulen-ehe.pdf. Zugegriffen: 21. Mai 2017.

Anonym. (1990). *QUEERS READ THIS*. www.qrd.org/qrd/misc/text/queers.read.this. Zugegriffen: 18. Mai 2017.

Bildungsinitiative QUEERFORMAT. (2011). *Konzept zur Umsetzung der Initiative „Berlin tritt ein für Selbstbestimmung und Akzeptanz Sexueller Vielfalt" (ISV) für den Bereich Schule*. www.queerformat.de/fileadmin/user_upload/documents/Queerformat_Schule.pdf. Zugegriffen: 15. Mai 2017.

Butler, J. (1991). *Das Unbehagen der Geschlechter*. Frankfurt a. M.: Suhrkamp.

Butler, J. (1997). *Körper von Gewicht*. Frankfurt a. M.: Suhrkamp.

Butler, J. (2005). Gewalt, Trauer, Politik. In Dies.: *Gefährdetes Leben. Politische Essays* (S. 36–68). Frankfurt a. M.: Suhrkamp.

Butler, J. (2009). Außer sich. Über die Grenzen sexueller Autonomie. In Dies.: *Die Macht der Geschlechternormen und die Grenzen des Menschlichen* (S. 35–69). Frankfurt a. M.: Suhrkamp.

Çetin, Z. (2012). *Homophobie und Islamophobie – Intersektionale Diskriminierungen am Beispiel binationaler schwuler Paare in Berlin*. Bielefeld: transcript Verlag.

Çetin, Z., & Voß, H.-J. (2016). *Schwule Sichtbarkeit – schwule Identität. Kritische Perspektiven*. Gießen: Psychosozial-Verlag.

Engel, A. (2001). Die VerUneindeutigung der Geschlechter – eine queere Strategie zur Veränderung gesellschaftlicher Machtverhältnisse? In U. Heidel, S. Micheler & E. Tuider (Hrsg.), *Jenseits der Geschlechtergrenzen. Sexualitäten, Identitäten und Körper in Perspektiven der Queer Studies* (S. 346–364). Hamburg: Männerschwarmverlag.

Engel, A. (2011). Des-/Integration politisieren. Dissidente Sexualitäten und eine Politik des agonalen Pluralismus. In: M. do Mar Castro Varela & N. Dhawan (Hrsg.), *Soziale (Un)Gerechtigkeit. Kritische Perspektiven auf Diversity, Intersektionalität und Antidiskriminierung* (S. 175–192). Berlin: LIT Verlag.

FaulenzA. (2017). *Support your sisters not your cisters. Über Diskriminierung von trans*Weiblichkeiten*. Münster: edition assemblage.

Fuchs, S. (2016). Queerness zwischen Sichtbarkeit und Unsichtbarkeit. Ambivalenzen des passing aus fem(me)inistischer Perspektive. In: B. Paul, & L. Tietz (Hrsg.), *Queer as... – Kritische Heteronormativitätsforschung aus interdisziplinärer Perspektive* (S. 127–145). Bielefeld: transcript Verlag.

Gallmann, P. (2016). *Zum Genus bei Personenbezeichnungen*. www.personal.uni-jena.de/~x1gape/Wort/Wort_Nomen_Genus_Personen.pdf. Zugegriffen: 17. Mai 2017.

Hagemann-White, C. (1984). *Sozialisation: Weiblich – männlich?* Opladen: Leske und Budrich Verlag.

Hartmann, J. (2016). doing heteronormativity? Funktionsweisen von Heteronormativität im Feld der Pädagogik. In: K. Fereidooni & P. Zeoli (Hrsg.), *Diversity Management: Beiträge zur diversitätsbewussten Ausrichtung des Bildungssystems, des Kulturwesens, der Wirtschaft und der Verwaltung* (S. 105–134). Wiesbaden: Springer VS.

Hartmann, J. (2014). Queere Professionalität als Haltung des Infragestellens und Dynamisierens. Zur Dekonstruktion geschlechtlicher und sexueller Identität in der Sozialen Arbeit. In: *Sozialmagazin. Die Zeitschrift für Soziale Arbeit: Queerfeldein durch die Soziale Arbeit*, 3/4, (S. 22–29).

Hirschfeld, M. (1914). *Die Homosexualität des Mannes und des Weibes*. Berlin: Louis Marcus Verlagsbuchhandlung.

Hocquenghem, G. (1974). *Das homosexuelle Verlangen*. München: Carl-Hanser-Verlag.

Jagose, A. (1996). *Queer Theory. An Introduction*. Melbourne: Melbourne University Press.

Kempe-Schälicke, C. H. (2015). Erste-Hilfe-Maßnahmen am Unfallort Schule. In F. Schmidt, A. Ch. Schondelmayer & U.B. Schröder (Hrsg.), *Selbstbestimmung und Anerkennung sexueller und geschlechtlicher Vielfalt* (S. 241–246). Wiesbaden: Springer.

Klauda, G. (2008). *Die Vertreibung aus dem Serail. Europa und die Heteronormalisierung der islamischen Welt*. 1. Aufl. Hamburg: Männerschwarm Verlag.

Lesbenring. (2013). *Ein Schritt vor und zwei zurück! Pressemitteilung des Lesbenring e.V. vom 11. März 2013*. www.lesbenring.de/ein-schritt-vor-und-zwei-zurueck/. Zugegriffen: 07. Mai 2017.

Matsuda, M. (1991). *Beside My Sister, Facing the Enemy: Legal Theory Out of Coalition*. In: Stanford Law Review 6, (S. 1183–1192).

Nair, Y. (2014). Against Equality, against marriage. In: R. Conrad (Hrsg.), *Against equality. Queer revolution not mere inclusion* (S. 15–21). Edinburgh: AK Press.

Schmidt, F., & Schondelmayer, A. (2015). Sexuelle und geschlechtliche Vielfalt – (k)ein pädagogisches Thema? Pädagogische Perspektiven und Erfahrungen mit LSBTI. In F. Schmidt, A. Ch. Schondelmayer & U. B. Schröder (Hrsg.), *Selbstbestimmung und Anerkennung sexueller und geschlechtlicher Vielfalt* (S. 223–240). Wiesbaden: Springer.

Puar, J. K. (2007). *Terrorist Assemblages. Homonationalism in Queer Times*. Durham/London: Duke University Press.

Riegel, C. (2016). *Bildung, Intersektionalität, Othering. Pädagogisches Handeln in widersprüchlichen Verhältnissen*. Bielefeld: transcript Verlag.

Reck, N. (2007). *Befreiung von der Homosexualität. In memoriam Guy Hocquenghem (1946–1988)*. In Werkstatt Schwule Theologie, 2, (S. 165–185). Außerdem online abrufbar unter: www.archiv.westh.de/Werkstatt-Hefte/2007-2_165-185_Reck_.pdf. Zugegriffen: 10. Juni 2017.

Rommelspacher, B. (2009). Was ist eigentlich Rassismus? In C. Melter, & P. Mecheril (Hrsg.), *Rassismuskritik*. Bd. 1 (S. 25–38). Schwalbach/Taunus: Wochenschau Verlag.

S_HE. (2003). *Performing the Gap. Queere Gestalten und geschlechtliche Aneignung*. Arranca! http://arranca.org/ausgabe/28/performing-the-gap. Zugegriffen: 23. Mai 2017.

Weller, W. (2013). *PARTNER 4. Sexualität & Partnerschaft ostdeutscher Jugendlicher im historischen Vergleich. Handout zum Symposium an der HS Merseburg am 23. Mai 2013*. www.ifas-home.de/downloads/PARTNER4_Handout_06%2006.pdf. Zugegriffen: 07. Mai 2017.

Wigger, A., Weber, M., & Sommer, A. (2012). Eine Weiterbildung der besonderen Art: Ein Pilotprojekt zur Ausbildung Reflexiver Professionalität. In R. Becker-Lenz, S. Busse, G. Ehlert & S. Müller-Hermann (Hrsg.). *Professionalität Sozialer Arbeit und Hochschule: Wissen, Kompetenz, Habitus und Identität im Studium Sozialer Arbeit* (S. 251–270). Wiesbaden: VS-Verlag.

„Empowerment bedeutet, aus einem Schatz schöpfen zu können"*: Zu den Bedingungen des Gelingens von Empowerment-Workshops

Maryam Mohseni

Empowerment-Workshops sind spezielle Bildungsangebote, die sich explizit an Menschen richten, die in Deutschland alltägliche Rassismuserfahrungen machen. In geschützten Räumen geht es darum, sich über eigene Rassismuserfahrungen auszutauschen, Widerstandspotenzial (wieder-)zuentdecken und Empowerment- und Widerstandsstrategien über das Erinnern und Erzählen sowie über Theater- und Körperarbeit zu entwickeln (vgl. Can 2013). Dabei ist es Anliegen der Workshops, den Alltag von People of Color (PoC)[1] zur Grundlage der Bildungsarbeit zu machen und mit den selten hinterfragten *weißen*[2] Normalitätsvorstellungen

---

[1] People of Color (PoC) ist eine politische widerständige Kategorie und meint alle Menschen, die in Deutschland aufgrund von Hautfarbe, Religionszugehörigkeit, Sprache, eigener oder familiärer Migrations- oder Fluchtgeschichte Rassismus erfahren. Beim Begriff PoC handelt es sich um eine Selbstbezeichnung, die entwickelt wurde, um rassistischen und (post)kolonialen Wortschöpfungen eine Alternative entgegenzusetzen. Das Konzept will die Gleichzeitigkeit von Identität und Differenz betonen (vgl. Ha 2010) und ist als ein strategischer Bündnisbegriff gedacht, der die koloniale ‚Teile und Herrsche'-Strategie überwinden soll (vgl. Dean 2011).

[2] *weiß* bezeichnet eine politische dominante Kategorie, die an Machterfahrungen und Privilegien geknüpft ist (vgl. Wachendorfer 2004).

---

*Empowerment-Trainerin Carla (Interview, 06. Juli. 2015.)

M. Mohseni (✉)
Berlin, Deutschland
E-Mail: maryam.mohseni@web.de

im Bildungswesen zu brechen, die oftmals auf einseitigen, meist defizitorientierten, kulturalisierenden oder viktimisierenden Blicken auf PoC basieren. Selbst kommend aus der rassismuskritischen Bildungsarbeit, motivierte mich theoretisch wie praktisch die Frage nach den (Un-)Möglichkeiten des Sprechens über Rassismus in Bildungskontexten. In meiner Dissertation frage ich nach den Gelingensbedingungen und Herausforderungen von Empowerment-Workshops als Räumen *von* People of Color *für* People of Color, in denen solch ein Sprechen über Rassismus möglich werden soll. In diesem Beitrag werden Ergebnisse aus meiner Forschungsarbeit, die auf neun problemzentrierten Expert*innen-Interviews mit Empowerment-Trainer*innen aufbauen, vorgestellt. Der Beitrag gliedert sich in eine kurze Darstellung meines Rassismusverständnisses (Abschn. 1) sowie einem kritischen Blick auf die Repräsentationsverhältnisse in der Interkulturellen Pädagogik (Abschn. 2). Da der Begriff Empowerment in verschiedenen Kontexten für sehr unterschiedliche Anliegen genutzt wird, werde ich den Empowermentbegriff aus PoC-Perspektive zunächst kontextualisieren (Abschn. 3), um im nächsten Schritt die Gelingensbedingungen und Herausforderungen von Empowerment-Workshops herauszuarbeiten (Abschn. 4 und 5). Im letzten Schritt werden in einem Ausblick weitere Fragen aufgeworfen (Abschn. 6).

1   Rassismus subjektiviert

Rassismus wirkt als diskursive Praxis und System machtvoller gesellschaftlicher Unterscheidung auf Subjektivierungsprozesse von Menschen (vgl. Hall 1994; Kilomba 2007). Als ein strukturierendes Ordnungssystem teilt er Menschen einen Platz innerhalb der Gesellschaft zu und reguliert Zugänge zu knappen gesellschaftlichen Ressourcen. Als diskursive Praxis wirkt er als ‚normales' und anerkanntes Wissen über Zugehörigkeiten und darüber, wer die *Anderen*[3] sind und welche Eigenschaften sie besitzen (vgl. Mecheril 2016, S. 15–16). Jedes Subjekt entwickelt sich innerhalb dieser rassistischen Zugehörigkeitslogik, (re-)produziert und/ oder verschiebt diese Differenzierungsordnung durch die eigenen Handlungen. Dabei sind Handlungsspielräume und Erfahrungshorizonte der einzelnen Subjekte je nach zugewiesener Zugehörigkeit sehr unterschiedlich. Denn innerhalb dieser rassistischen Unterscheidungspraxis findet eine unterschiedliche Subjektwerdung statt: Die einen machen die Erfahrung der selbstverständlichen Zugehörigkeit,

---

[3]Eine *kursive* Schreibweise verweist darauf, dass es sich wie z. B. bei den *Anderen* oder den *Fremden* um eine Konstruktion handelt.

während die anderen ihre Existenz als prekär und ständig hinterfragbar erfahren (vgl. Eggers et al. 2009). *Weiße* Menschen genießen aufgrund ihrer Zugehörigkeit zur *weißen* Normalität (unbemerkt) Privilegien, People of Color erfahren vielmehr strukturelle Ausschlüsse und Infragestellungen ihrer Selbst (vgl. Wachendorfer 2004). Die Allgegenwärtigkeit von Rassismus und die ihm innewohnende Gewalt haben also nicht nur direkte Auswirkungen auf die gesellschaftliche Positionierung, sondern auch auf das Selbstwertgefühl und die Persönlichkeitsentwicklung von People of Color. Die wenigen Studien in Deutschland zum Zusammenhang von Rassismuserfahrungen und psychischer Belastung zeigen immerhin, dass Diskriminierungserfahrungen die Gesundheit belasten und die Vulnerabilität in Beziehungen erhöhen (vgl. Velho 2011, S. 14–17). Dabei sind die Umgangsstrategien von PoC mit und ihre Reaktionen auf gewaltvolle Rassismuserfahrungen sehr vielfältig (vgl. Sequeira 2015). Sie reichen von Ignoranz gegenüber Ungleichheitsverhältnissen, über Anpassungsbemühungen bzw. Distanzierungsversuchen, hin zu (Selbst-)Aggressionen und Schockerfahrungen sowie Traumata. Gleichzeitig zwingt ein Leben unter Bedingungen rassistischer Normalität zu einer spezifischen Auseinandersetzung mit der sozialen Wirklichkeit. PoC müssen Lösungswege für den Umgang mit durch Rassismus verursachten Handlungsbarrieren suchen, um in einer von Ungleichheit geprägten Gesellschaft handlungsfähig zu bleiben (vgl. Eggers 2013, S. 4). So bedeutet Rassismus aus PoC-Perspektive nicht nur eine Unterdrückungserfahrung, sondern ebenso alltäglichen Widerstand und die Entwicklung von vielfältigen Strategien im Umgang mit Ausschlusserfahrungen.

2 Repräsentationen in den Diskursen um Bildung und Migration: Wer spricht mit welchen Effekten über wen?

Obwohl Rassismus bedeutende Auswirkungen auf die Subjekte hat, wird in der Bildungsarbeit, im wissenschaftlichen sowie im gesamtgesellschaftlichen Diskurs immer noch zu wenig über Rassismus als Alltagsphänomen gesprochen (vgl. Broden 2009). Insgesamt kann es zwar als eine Errungenschaft gewürdigt werden, dass auch in Deutschland der Migrationsforschung eine immer bedeutendere Rolle zukommt. Problematisch am gesamtgesellschaftlichen Diskurs um Bildung und Migration ist jedoch, dass er oftmals entlang einer kapitalistischen Verwertungslogik von „sozialer Differenz als Schlüsselkompetenz" (Jain 2012, S. 265) und der Unterscheidung zwischen ‚guten' und ‚schlechten' Migrant*innen verläuft (vgl. Castro Varela und Mecheril 2011, S. 155). Dabei werden ‚kulturelle Differenz' und ‚Vielfalt' zu marktförmigen Begriffen, in denen Menschen, die *anders* sind, als nützliches Humankapital verobjektiviert werden. So scheint es eine neue imaginäre Hierarchie zu geben, in der bestimmte Formen der Differenz, die lange Zeit defizitär besetzt waren, zum erstrebenswerten Ziel der postmodernen Selbstverwirklichung im flexiblen Kapitalismus instrumentalisiert werden. *Diversity* ist im Trend (vgl. Scherr 2008). Gleichzeitig sind immer noch die gleichen Mechanismen des Ausschlusses entlang bedeutungsvoller Unterscheidungslinien wirksam. Laut *Statistischem Bundesamt* sind Menschen mit Migrationshintergrund in Bezug auf unterschiedliche sozioökonomische Faktoren gegenüber der Bevölkerung ohne Migrationshintergrund depriviligiert: Sie verfügen im Durchschnitt über niedrigere Bildungsabschlüsse, sind häufiger von Arbeitslosigkeit und von Armut betroffen (vgl. 2016, S. 8).

Tendenzen einer Verobjektivierung von People of Color spiegeln sich auch im Mainstream der Interkulturellen Pädagogik wider. Trotz einer nunmehr schon längeren Tradition des Begriffs bleiben die zentralen Fragen Interkultureller Pädagogik noch immer: ‚Was genau ist interkulturell?' und ‚Wie' wird man ‚interkulturell kompetent?' Zu hinterfragen bleibt dabei, inwiefern der Blick auf vermeintlich differente Kulturen die wichtige Perspektive auf Rassismus als machtvolles gesellschaftliches Unterscheidungsprinzip verschleiert (vgl. Kalpaka 2005). Dass Rassismus eine diskursive Praxis darstellt, die negativ oder positiv auf Subjektivierungsprozesse wirkt, ist in der Interkulturellen Pädagogik ebenso wenig selbstverständlich wie eine Auseinandersetzung mit der Frage, wie Rassismus als Unterscheidungsmerkmal in die eigene Bildungsarbeit hineinragt (vgl. Elverich et al. 2006).

In der Interkulturellen Pädagogik werden zwar People of Color aufgrund der heftigen Kritik an der Ausländerpädagogik nicht mehr offensichtlich als defizitäre Subjekte dargestellt (vgl. Yildiz 2009). Trotzdem verbirgt sich hier oftmals ein Verständnis von PoC, das sie entweder als hilfsbedürftige Objekte einer *weißen* paternalistischen Fürsorge stilisiert oder sie als Repräsentant*innen und Anschauungsobjekte der *anderen* Kultur festschreibt, zu der sie sich womöglich selbst gar nicht zugehörig fühlen (vgl. Kalpaka 2005). Die durch diese Pädagogik angerufenen Subjekte sind – auch wenn sich die Angebote an alle richten – implizit *weiß-deutsche* Lernende. Sie sollen zur Toleranz erzogen werden, sich mit den eigenen Vorurteilen auseinandersetzen, die *andere* Kultur verstehen, ‚interkulturell kompetent' werden sowie mit ‚interkulturellen Konflikten' umgehen lernen. People of Color werden als lernende Subjekte selten mitgedacht, auf sie wird stattdessen insofern geblickt, als sie besprochen, analysiert und unter die Lupe genommen werden. Innerhalb Interkultureller Bildungsprozesse wird somit beständig der Objektstatus der *Anderen* hergestellt und dadurch eines der wichtigsten Elemente von Rassismus – das *Othering,* die gewaltvolle Einteilung in *Wir* und *die Anderen* – (re-)produziert. Es bleibt bei einem ‚Sprechen über *Andere*', und Weißsein gilt weiter als unhinterfragte Normalität.

Dass es sich im Feld der Interkulturellen Pädagogik oftmals um ein ‚Sprechen über *Andere*' handelt, zeigt sich nicht nur in dem, *wie* über die vermeintlich *Anderen* gesprochen wird, sondern es zeigt sich dadurch auch, *wer* spricht. Insgesamt sind in Deutschland Wissenschaftler*innen of Color in der universitären Landschaft unterrepräsentiert.[4] Auch in der Bildungsarbeit sind prozentual – sowohl im schulischen als auch im außerschulischen Bereich – überdurchschnittlich viele *weiße* Menschen beschäftigt.[5] Folglich sind beruflichen Positionen, die sich mit dem Thema Rassismus explizit beschäftigen und hierüber sprechen ‚dürfen', sowohl in der Theoriearbeit als auch in der Praxis, hauptsächlich von Weißen besetzt (vgl. Piesche 2009; Broden und Mecheril 2007).

Gleichzeitig entstehen in jüngster Zeit zahlreiche Empowerment-Initiativen für und von People of Color in Deutschland. Auf lokaler, bundesweiter wie auch virtueller Ebene sind zahlreiche Projekte, Initiativen, Bündnisse und Netzwerke entstanden, die mit dem Empowerment-Ansatz in geschützten Räumen arbeiten (vgl. dazu Yiğit und Can 2006; Rosenstreich 2006). Der *normale* Alltag von People of Color zwischen Rassismuserfahrung und (Über-)Lebensstrategien bildet den Ausgangspunkt der Empowerment-Workshops. Empowerment-Workshops brechen dabei in einem doppelten Sinne mit den vorherrschenden Repräsentationsverhältnissen in der interkulturellen Pädagogik, denn sowohl die lernenden Subjekte, die angesprochen werden, als auch die Pädagog*innen, die diese Workshops anbieten, sind of Color.

3 Zur Kontextualisierung von Empowerment

Während der Begriff vor 20 Jahren kaum bekannt war, scheint sich ‚Empowerment' im Moment zu einem Modewort zu entwickeln, das in unterschiedlichen Bereichen wie der Sozialen Arbeit, der Gesundheitsförderung, dem betriebswirtschaftlichen Management oder der Psychologie mit teilweise diffusen Bedeutungen genutzt wird. Anhand der Übersetzung des Begriffskerns ‚power' können schematisch zwei Strömungen innerhalb der Diskurse um Empowerment aufgezeigt werden. Wird der

---

[4]Nach einer Sonderauswertung des Mikrozensus 2011 haben ca. 11 % der Professor*innen in Deutschland einen Migrationshintergrund (vgl. Neusel et al. 2014, S. 13).
[5]Nur 7 % der pädagogisch tätigen Personen des formalen Bildungswesens haben einen ‚Migrationshintergrund' (vgl. Bundesamt für Migration und Flüchtlinge 2009, S. 8).

englische Begriff ‚power' als ‚politische Macht' übersetzt – womit weniger Dominanz, sondern eher eine produktive Macht als gesellschaftliche Macht gemeint ist – ist ‚Bemächtigung' eine angemessene Übersetzung von Empowerment. Wird ‚power' hingegen als ‚Kraft' oder ‚Fähigkeit' übersetzt, würde Empowerment eher ‚Befähigung' bedeuten (vgl. Tank 2013: 12). Vereinfacht zusammengefasst, geht es bei dem ersten Verständnis um die Veränderung von gesellschaftlichen Machtverhältnissen, während das letztere Verständnis sich mehr auf eine auf das Individuum fokussierte Zielsetzung konzentriert, das dazu befähigt werden soll, den Alltag aus eigener Kraft heraus besser zu gestalten.

In der Pädagogik wird sich vor allem auf Norbert Herriger aus der Sozialen Arbeit bezogen, der Empowerment als das „Anstiften zur (Wieder-)Aneignung von Selbstbestimmung über die Umstände des eigenen Lebens" (2006, S. 8) definiert.[6] Zwar stellt Herrigers Haltung eine begrüßenswerte Abgrenzung zu immer noch verbreiteten defizitorientierten Ansätzen in der Sozialen Arbeit dar. Sein Augenmerk richtet sich jedoch vor allem auf das Individuum und dessen Selbstkonzeption, Macht- und Herrschaftsanalysen werden dabei wenig einbezogen.[7] Die Konsequenz daraus ist eine Praxis, die an einer Veränderung des Individuums ansetzt – gesellschaftliche Ungleichheitsverhältnisse und die direkte Folge von Ohnmachtspositionen von einzelnen Individuen bleiben dabei unangetastet. Wenn Empowerment als eine Methode institutionalisiert wird, gleichzeitig aber die Ungleichheitsstrukturen, die Empowerment überhaupt notwendig machen, unbeachtet bleiben, wird Empowerment zur bloßen „ästhetischen Korrektur" (Al-Radwany/Shah 2015). Empowerment wird somit eher zu einem psychologischen als zu einem gesellschaftspolitischen Projekt und führt mit einem derart verkürzten Machtbegriff dazu, den Status quo aufrechtzuerhalten und Machtungleichheiten zu stabilisieren. Seiner ursprünglichen Bedeutung entleert, kann Empowerment im kapitalistischen Kontext dazu genutzt werden, Menschen selbst dafür verantwortlich zu machen, ihr eigenes ‚Humankapital' effektiv zu maximieren.

Bei Empowerment aus PoC-Perspektive geht es langfristig nicht um harmonisch ablaufende Prozesse der Befähigung, sondern um einen konflikthaften Umverteilungsprozess von politischer Macht, in dessen Verlauf die Menschen aus der Machtunterlegenheit heraustreten und sich ein Mehr an Macht, Verfügungskraft

---

[6]Herriger bezieht sich auf die Theorie der erlernten Hilflosigkeit von Seligman (2000) sowie auf die Individualisierungstheorie von Beck (1986).
[7]Im Gegensatz zu Herriger knüpft Barbara Solomon (1976), die den Begriff des Empowerments zum ersten Mal in Bezug auf die Soziale Arbeit genutzt hat, an die Macht- und Herrschaftskritiken von antirassistischen sozialen Bewegungen an.

und Entscheidungsvermögen aneignen. Mit Empowerment ist auch die Möglichkeit gemeint, an Entscheidungsprozessen teilzuhaben sowie über den Zugang zu materiellen und sozialen Ressourcen (z. B. Wohnraum, Einkommen, Bildung, öffentliche Anerkennung) verfügen zu können (vgl. Pinderhughes 1998). Der hier verwendete Empowerment-Begriff steht vor allem in der Tradition von Schwarzen Widerstandskämpfen. Als politisch-praktisches sowie theoretisches Konzept etablierte er sich vor allem durch die Schwarze Bürgerrechts- und die feministische Frauenbewegung der 1960er und im Anschluss durch die Selbsthilfebewegung der 1970er Jahre (vgl. Tank 2013, S. 12). Das hierin enthaltene Konzept von Befreiung beruht auf der Organisierung von Kämpfen gegen rassistische Gesellschaftsstrukturen. Empowerment in der Bildungsarbeit knüpft an diese Ideen des Widerstands gegen Rassismus an.[8] Hier geht es darum, gemeinsam eine Sprache für das zu finden, was People of Color oftmals sprachlos macht:

> Selbstbestimmung kehrt herrschende Verhältnisse radikal um. Die als Marginalität bezeichnete gesellschaftliche Randständigkeit wird durch Wieder(er)finden unserer eigenen kritischen Stimmen zu einem Ort der Selbstermächtigung. Dieser ermöglicht es uns, über machtvolle Zurichtungen und Ausschlüsse nachzudenken, die Vielzahl geschichtlicher Leerstellen und gegenwärtiger Neuverortungen einzukreisen sowie individuelle und kollektive Strategien des Widerstands sichtbar zu machen (Ha et al. 2007, S. 12).

D. h., Empowerment beschreibt Prozesse der Selbstermächtigung, in denen Menschen, die gesellschaftliche Ausgrenzung erfahren, sich ihrer Fähigkeiten bewusst werden und aus ihren ohnmächtigen Positionen heraustreten (vgl. auch Can 2011). Dabei geht es darum, die „seelische Widerstandskraft" (Madubuko 2015) zu mobilisieren, sich der individuellen und kollektiven Ressourcen bewusst zu werden sowie diese (politisch) zu nutzen. Empowerment-Ansätze können in rassistisch strukturierten gesellschaftlichen Zusammenhängen als Instrumente vielschichtiger Befreiungsprozesse dienen. Sie sind Teil eines politischen Konzepts, das die Vision einer gerechten Gesellschaft verfolgt (vgl. Fleary 2011, S. 11).

---

[8]In Deutschland ist die Vorreiterin von Empowerment-Workshops die *Schwarze feministische Bewegung*. Schwarze Emanzipationsbewegungen in Deutschland sind eng verknüpft mit der Entstehungsgeschichte von Antirassismus- und Empowerment-Trainings im Bildungsbereich (vgl. Aden 2004).

4 An-erkennen als Gelingensbedingung von Empowerment-Workshops

Unter Empowerment verstehen die von mir für meine Dissertation befragten[9] Empowermenttrainer*innen einen (politischen) Bewusstwerdungsprozess. Mit Empowerment sind also weniger zufällig entstandene situative Handlungen gemeint, die die rassistische Normalität irritieren können. Zwar gibt es empowernde Situationen, die nicht absichtlich initiiert werden, jedoch meint Empowerment mehr als das. Empowerment im Sinne von Selbstermächtigung bezeichnet vielmehr eine Suchbewegung, die eine bewusste, langfristige Auseinandersetzung mit Rassismus und die Entwicklung von Strategien des Widerstands beinhaltet. Einen solchen Raum der Bewusstwerdungsprozesse im Hinblick auf die Wirkungsweisen von und Strategien gegen Rassismus versuchen Empowerment-Trainer*innen mit ihren Workshops zu kreieren. Die Stärke und zugleich das Besondere von Empowerment-Workshops ist, dass es sich nicht um Konzepte handelt, die aus *(weißer)* paternalistischer Fürsorge entstehen, sondern von Menschen mit einem ähnlichen Erfahrungshintergrund in Bezug auf Rassismus angeboten werden. So geht es weniger darum, Anerkennung *zu geben,* sondern eine Atmosphäre der gegenseitigen An-Erkennung zu schaffen.

Die Bedingungen des Gelingens von Empowerment-Workshops können unter einer ‚Praxis der An-Erkennung' subsumiert werden. Je mehr es zu einer Praxis der An-Erkennung innerhalb der Workshops kommt, desto gelungener werden die Workshops von den Pädagog*innen angesehen. An-Erkennung findet dabei auf unterschiedlichen Ebenen statt und ist in einem doppelten Sinne gemeint: ‚an-erkennen' im Sinne von achten und respektieren sowie ‚erkennen' im Sinne von (emotional und rational) begreifen und verstehen.

4.1 Rassismuserfahrung an-erkennen

Ein Ausgangspunkt für die Empowerment-Arbeit ist die Grundannahme, dass das Sprechen über Rassismus aufgrund sekundärer Rassismuserfahrungen in Deutschland schwierig ist (vgl. Çiçek et al. 2014, S. 310). Deshalb ist die Basis

---

[9]In meiner Dissertation befragte ich neun Empowerment-Trainer*innen aus Deutschland zu ihrer Bildungsarbeit. Die Ergebnisse der Analyse dieser problemzentrierten Expert*inneninterviews fasste ich unter der Schlüsselkategorie „Anerkennung als Gelingens-Bedingung" zusammen.

der Workshops die ‚geschützte' Begegnung von Menschen mit ähnlichen Erfahrungen unter Ausschluss von Weißen. So genannte *Safer Spaces* können einen Rahmen bieten, in dem die Rassismuserfahrungen der Teilnehmenden aufgrund der Anknüpfungsmöglichkeit an eigene Erlebnisse nicht in Frage gestellt werden. So kann ein Ort geschaffen werden, in dem sich PoC tief gehend mit Ursachen, Wirkweisen und Folgen von Rassismus beschäftigen können, anstatt in Rechtfertigungen und Legitimationen von eigenen Rassismuserfahrungen stehenzubleiben. Hier gilt es der gesellschaftlich gemachten Erfahrung von Beleidigung und Entwürdigung von PoC eine solidarische An-Erkennungspraxis entgegenzusetzen und „Rassismuserfahrungen einen radikal anderen Platz zu geben"[10] – wie es eine der Befragten ausdrückte.

Zur An-Erkennung von Rassismuserfahrungen gehört die An-Erkennung der damit zusammenhängenden Gefühle. Da Rassismus in diesen Workshops nicht als ein abstraktes Phänomen, sondern sehr persönlich behandelt wird, ist das Aufkommen von Emotionen im Workshop selbstverständlich und wichtig. Gefühle der Wut, Trauer, Ohnmacht, Verzweiflung, Stolz und Freude sollen hier ihren Raum erhalten. Das Nebeneinanderstehen von sehr unterschiedlichen Emotionen wie Wut oder Ohnmacht bis hin zu Freude zu ermöglichen, ist eine besondere Herausforderung für die Trainer*innen.

4.2 Rassismus als System mit den damit einhergehenden kollektiven Erfahrungen of Color an-erkennen

Während in der *weißen* Dominanzgesellschaft Rassismuserfahrungen häufig bagatellisiert oder sogar zu einem individuellen Versagen gemacht werden (vgl. ebd.), bieten Empowerment-Workshops im gemeinsamen Austausch die Möglichkeit des An-Erkennens von Rassismus als ein System mit damit einhergehenden kollektiven Erfahrungen. Rassismus trennt und teilt Menschen durch komplexe Zugehörigkeitsordnungen nach dem kolonialen ‚Teile und Herrsche'-Prinzip in verschiedene unterdrückte Gruppen (vgl. Dean 2011, S. 599). Die Workshops sind deshalb dann gelungen, wenn Verbindungen unter den verschiedenen Menschen mit ihren unterschiedlichen Erfahrungshintergründen und Diskriminierungsgeschichten geschaffen werden. Dadurch können die eigenen scheinbar

---

[10]Empowermenttrainerin Auma, 10.02.2015.

individuellen Erfahrungen als strukturell bedingt und damit nicht als vereinzelte, sondern als kollektive Erfahrungen verortet werden. Dabei ist es eine Herausforderung, nach Gemeinsamkeiten zu suchen, ohne dabei die Unterschiedlichkeit der Rassismuserfahrungen und Positionierungen auszublenden.

4.3　Wellness als ein An-Erkennen des Selbst

Das Konzept Wellness nimmt einen wichtigen Stellenwert im Empowerment-Kontext ein. Vor allem aus der feministischen Schwarzen Bewegung wurden in den 1980er und 1990er Jahren Forderungen an Schwarze Bewegungen dahin gehend artikuliert, in ihrem Kampf nicht nur dem rassistischen bösen ‚Außen' sondern auch dem ‚inneren Selbst' Aufmerksamkeit zu schenken. Als Kritik an ein verkürztes maskulines Politikverständnis fordern Schwarze Feministinnen eine Auseinandersetzung mit den eigenen Verinnerlichungen und den eigenen Verletzungen durch Herrschaftsverhältnisse. Wellness versteht die feministische Schwarze Aktivistin bell hooks als ein Gegenkonzept zur Herrschaftslogik:

> Living as we do in a white-supremacist capitalist patriarchal context that can best exploit us when we lack a firm grounding in self and identity (knowledge of who we are and where we have come from), choosing 'wellness' is an act of political resistance (hooks 1993, S. 14).

Otheringprozesse, eine zentrale Wirkungsweise von Rassismus, sorgen für eine Objektivierung von PoC sowie die Verinnerlichung des Selbst als Objekt (vgl. hooks 1994, S. 33). So kann Rassismus zu einem geringen Selbstwert sowie Selbstzweifeln führen und sogar in Selbsthass münden. Daher ist eine zentrale Bedingung des Gelingens von Empowerment-Workshops *Wellness* als ein Konzept zu vermitteln, wodurch ein An-Erkennen des Selbst im weitesten Sinne ermöglicht wird. Durch eine liebevolle Hinwendung zu sich selbst *(the work of love)* in Sinne von *Self-recovery* und *Selfcare* nach den Ideen von bell hooks können Heilungsprozesse von traumatischen Erfahrungen begonnen werden und eigene internalisierte rassistische Denk- und Handlungsmuster reflektiert werden. Wellness meint damit die Hingabe zu sich selbst statt zu Anderen.

Wellness wird jedoch nicht verstanden als ein individualisiertes Konzept, das ein Wohlergehen des Einzelnen meint und in anderen Kontexten einen kapitalistischen Absatzmarkt für sogenannte Wellness-Angebote und -Produkte bietet. Selbstvertrauen, Selbstachtung und Selbstschätzung von Menschen of Color hängen mit dem rassistischen Herrschaftssystem zusammen. Deshalb setzt das Wohlergehen des einzelnen Subjekts of Color auch eine Veränderung rassistischer Verhältnisse voraus. Konsequentes und dauerhaftes Wohlergehen ist innerhalb vielschichtiger Herrschaftsverhältnisse nicht möglich. Eine Befreiung, die über ein situatives Wohlergehen hinausgeht, benötigt politische Kämpfe gegen rassistische Herrschaftsverhältnisse.

4.4 An-Erkennung von Netzwerken und Communities als Ressource

Als besonders gelungen werden Workshops dann empfunden, wenn sich über die Workshops hinaus Verbindungen entwickeln und die Teilnehmer*innen miteinander in Kontakt bleiben. Denn Rassismus sorgt für Vereinzelung und macht People of Color unsichtbar. Die Schaffung von Communities und Netzwerken kann zur Konsequenz haben, dass Alternativen im Hier und Jetzt, die ein anderes und visionäres Miteinander ermöglichen, ausprobiert werden und politische Gruppen entstehen, die in der Öffentlichkeit aktiv werden. Die Stärke von Empowerment-Workshops ist es, dass sie als Teil einer kritischen politischen Bildung in der Tradition von sozialen Bewegungen stehen und damit eine Perspektive von politischem Widerstand als Handlungsoption mitdenken. So wird An-Erkennung nicht nur als interpersonelle Praxis verstanden, die zwischen den Teamer*innen und Teilnehmer*innerhalb der Workshops stattfindet. Stattdessen können die Workshops politische Akteur*innen zusammenbringen, die sich politische und strukturelle Rechte erkämpfen wollen. Besonders erfolgreich werden Workshops von Trainer*innen beschrieben, wenn die Notwendigkeit von Communities und Netzwerken erkannt und dadurch ‚Spuren' nach den Workshops entstehen, die im besten Fall in einer Organisierung der Teilnehmer*innen münden. Hier kann es um einen fortlaufenden Austausch und gegenseitige Unterstützung untereinander gehen sowie um das Teilen von Ressourcen und Wissen in Bezug auf Arbeit, Wohnung oder ähnliches.

4.5 An-Erkennen von Kraftressourcen und Handlungsspielräumen

Rassismus schränkt die Bewegungs- und Handlungsspielräume von Menschen of Color ein und kann lähmend wirken. Um nicht in Ohnmachtsgefühlen zu verharren, ist ein wichtiger Bestandteil der Workshops, die Handlungsmöglichkeiten den Rassismus betreffend in den Blick zu nehmen. Aus diesem Grund gehört es zu den Gelingensbedingungen, den schon vorhandenen Ressourcen der Teilnehmenden nachzugehen und ihre möglichen Handlungsspielräume kollektiv zu erforschen. Dabei werden bisherige Handlungsmöglichkeiten in Bezug auf rassistische Erfahrungen an-erkannt und reflektiert. Durch den gemeinsamen Austausch werden die eigenen Spielräume ausgelotet und erweitert. Die Erweiterung von Handlungsspielräumen ist Teil von Anerkennungstheorien, die über eine bloße Achtung des Gegenübers hinausgehen und Anerkennung auch im Sinne gesellschaftlicher Teilhabe anvisieren.

5 An-Erkennung im Spannungsverhältnis von widerständiger Pädagogik und Reproduktion rassistischer Logik

In der differenzsensiblen Pädagogik ist Anerkennung eines der wichtigsten Grundprinzipien. Zwar ist ein vergleichsweise später Widerhall von Anerkennung in den Erziehungswissenschaften zu konstatieren, doch seit zwei Jahrzehnten ist eine Konjunktur in verschiedenen wissenschaftlichen Disziplinen zu erkennen (vgl. Balzer und Ricken 2010, S. 36). Im Feld der Pädagogik wird nach Konzepten gesucht, die eine Veränderung des Bildungssystems auf den Weg bringen und die der Pluralität der Lebensformen gerecht werden:

> Allgemein zielt Anerkennung auf Verhältnisse, in denen der Status der noch nicht Anerkannten – als handlungsfähiges Subjekt – ernst genommen wird. Dies macht Strukturen erforderlich, in denen Einzelne ihren basalen Handlungsdispositionen entsprechende Bedingungen der Bildungs- und Handlungsmöglichkeiten vorfinden. Menschen kommt dann idealer Weise der volle Status als Subjekt zu, wenn sie im Rahmen ihrer je relevanten sozialen Verortung als politisch, sozial und individuell handlungsmächtiges Subjekt anerkannt werden (Castro Varela und Mecheril 2010, S. 94).

Anerkennung ist dabei nicht allein darauf bezogen, individuellen Selbstbeschreibungen zu folgen bzw. interpersonelle Anerkennung zu fördern. Sie zielt vor allem darauf, Strukturen zu ermöglichen, in denen sich Handlungsfähigkeit als Darstellung und Beteiligung in sozialen und intersubjektiven Räumen entwickeln kann (vgl. ebd.).

Gleichzeitig liegen in der Anerkennungspädagogik aus postkolonialer Perspektive nicht zu vernachlässigende Ambivalenzen. In dem Moment nämlich, in dem der Anerkennungsansatz praktisch wird, bedeutet Anerkennung auch immer die Anerkennung scheinbar gegebener Differenzen und Identitäten. Postkoloniale Theorie hinterfragt aber eben diese vermeintliche Gegebenheit der Differenz und stellt das Geworden-sein der Unterschiede und Identitätspositionen sowie ihre machtpolitische Funktion in den Vordergrund (vgl. Castro Varela und Dhawan 2015, S. 12). Das Paradoxe in der Idee der Anerkennung besteht darin, dass die Handlungsmacht des Subjekts an Anerkennungsverhältnisse geknüpft ist, Anerkennung aber den inferioren Status des *Anderen* bestätigt:

> Eine pädagogische Anerkennungspraxis, die sich affirmativ auf den Subjektstatus der Individuen einer postkolonialen Migrationsgesellschaft bezieht, bezieht sich indirekt auch immer affirmativ auf die in dieser Gesellschaft geltenden formellen und informellen Machtverhältnisse, die diese Identitäten hervorbringen (Mecheril 2005, S. 324).

Der Anerkennungsansatz ist also gefährdet, in seinem Bestreben für gerechtere Verhältnisse Strukturen zu bekräftigen, die als Strukturen der Dominanz verstanden werden müssen. Das Problem der Anerkennung der *Anderen* in ihrer Andersheit besteht mithin darin, dass sie „im Akt der Anerkennung die Logik, die das Anderssein und Nicht-Anderssein produziert, wiederholt und bestätigt" (Castro Varela und Mecheril 2010, S. 102). Empowerment-Workshops schaffen spezifische Räume für People of Color mit dem Ziel, einen Beitrag zu weniger rassistischen Verhältnissen zu leisten. In der Errichtung solcher Räume beziehen sie sich affirmativ auf die Differenzkategorie PoC bzw. rassismuserfahren. Ein positiver Rückgriff auf diese Selbstbezeichnung beinhaltet nicht nur eine Anerkennung der auf Rassismus beruhenden Differenzen. Zugleich werden die den Differenzkategorien eingeschriebenen Machtverhältnisse entlang der Linie *Race* bestätigt und reproduziert. Empowerment-Workshops können dieser Paradoxie nicht entkommen. Diese unausweichliche Reproduktion ist im Falle von Empowerment-Workshops allerdings aus zwei Gründen zu relativieren: Zum einen ist die Kategorie People of Color keine feste Identitätskategorie, sondern als ein unvollendetes kontextgebundenes Konzept konzipiert, um dem scharfen Dualismus von *Wir* und die *Anderen* etwas entgegenzusetzen. Das Konzept bietet eine Klammer für alle rassismuserfahrenen Menschen in Deutschland und besitzt dabei uneindeutige und fließende Grenzen und Übergänge. Dies erschwert ein binäres Differenzdenken und versucht Platz zu schaffen für Mehrfachzugehörigkeiten und hybride Identitäten. Zudem ist die Reproduktion von Otheringprozessen nicht ganz so eindeutig, weil es sich im Idealfall um ein freiwilliges Zusammenkommen von Menschen handelt, die sich selbstgewählt als rassismuserfahren definieren. Durch eine ‚freiwillige' Identifizierung handelt es sich um eine Selbstpositionierung und nicht um ein Positioniert-werden – wie im Fall von Otheringprozessen. Trotzdem lässt sich das Problem der Reproduktion der binären rassistischen Logik nicht vermeiden. Der Umgang mit einer offenen und unabgeschlossenen Kategorie ‚People of Color' ist komplex und hat zur Folge, dass sich Empowerment-Trainer*innen im Spannungsverhältnis bewegen: Auf der einen Seite wollen sie die Selbstpositionierung der Teilnehmer*innen anerkennen, auf der anderen Seite stehen sie in der Verantwortung, einen Saferen Space zu schaffen. Um dieser Verantwortung nachzukommen, einen geschützten Raum für Rassismuserfahrene zu kreieren, werden zum Teil Handlungen erforderlich, die die rassistische Logik reproduzieren und ein Dazwischen verunmöglichen, wenn zum Beispiel eine (eindeutige) Positionierung von Teilnehmer*innen verlangt wird.

Aus poststrukturalistischer Sicht wird Anerkennung als ein performativer Akt verstanden, bei dem das Subjekt gezwungen ist, sich Kategorien und Normen zu unterwerfen, um anerkannt zu werden. Ein Subjekt, so Butler, ist „genötigt, nach Anerkennung seiner eigenen Existenz in Kategorien, Begriffen und Namen zu trachten, die es selbst nicht hervorgebracht hat" (Butler 2001, S. 25). Es wird nicht anerkannt, ohne sich den „gesellschaftlichen Kategorien" einer „anerkennungsfähige[n] […] sozialen Existenz" (ebd., S. 24) zu beugen bzw. zu unterwerfen. Subjekte existieren nicht immer schon als solche, sondern werden zu Subjekten gemacht. Bei diesem Vorgang müssen sich diese Bedingungen unterwerfen, die sie nicht gemacht haben. Anerkennung gibt es demnach nur mit bzw. durch Unterwerfung, wobei selbige eine Existenz verspricht (vgl. Schäfer und Thompson 2010, S. 22). So kommen Menschen auch in Empowerment-Workshops nicht umhin, sich selbst eindeutig zuzuordnen, um teilnehmen zu können bzw. anerkannt zu werden. Andere, die sich nicht eindeutig der hier vorgegebenen Kategorie zuordnen können bzw. Unsicherheiten in Bezug auf eine klare Positionierung haben, finden schwer Zugang zu den Workshops. Kollektive Identitäten sind jedoch nie einfach bloß „gegeben" und „niemals nur kollektiv", sondern „immer das bewegliche, poröse Produkt aktiver Individuen", die sich nicht „zu einer homogenen Einheit stilisieren" lassen (Balzer und Ricken 2010, S. 59).

6 Ausblick

Empowerment-Workshops können einen Beitrag dazu leisten, mit rassistischen Verhältnissen umzugehen und ihnen selbstbewusst entgegenzutreten. Gerade in Zeiten von vermehrten Wahlerfolgen rechter Parteien in Deutschland und Europa, die dazu führen, dass rassistische Aussagen in der Öffentlichkeit wieder sagbar werden, erscheint es besonders notwendig, Orte innerhalb der Bildungsarbeit zu schaffen, an denen ein Austausch über die schmerzhaften, Wut auslösenden, bestürzenden oder gar traumatisierenden Erfahrungen möglich ist.

Empowerment-Workshops können Räume der Begegnung, des Erfahrungs- und Wissensaustauschs bieten, Orte des gegenseitigen Verständnisses und der Verständigung, Orte der Solidarität und Inspiration. Wenn wir nun das Zitat aus dem Titel dieses Beitrags erneut betrachten, dann könnte klarer geworden sein, was Empowerment ausdrücken kann: „Empowerment bedeutet, aus einem Schatz schöpfen zu können" – ob es nun die eigenen Widerstandspotenziale, das Wissen of Color oder die wohltuenden Beziehungen sind. Das Entdecken solch eines Schatzes gilt es in Empowerment-Workshops anzuregen. So können die Workshops Orte sein, die dazu beitragen, die durch Rassismus entstandenen Schranken aufzubrechen und neue Lebensmöglichkeiten zu entdecken.

Wie jede Bildungsarbeit ist auch Empowermentarbeit mit ambivalenten Spannungsverhältnissen verbunden. Die Praxis der An-Erkennung ist im Kontext von Empowerment-Workshops von grundlegender Bedeutung. Die mit der Anerkennung verbundenen Herausforderungen und Spannungsverhältnisse erfordern einen reflexiven Umgang der Trainer*innen in Bezug auf die Reproduktion von Verhältnissen, gegen die sie eigentlich ankämpfen. Eine Praxis der An-Erkennung beinhaltet ein *zugleich* ermöglichendes und bestätigendes, *zugleich* jedoch auch regulierendes Handeln. Ziel von Empowerment-Arbeit sollte es sein, Strukturen zu schaffen, in welchen eine an-erkennende Praxis für People of Color ermöglicht werden. Gleichzeitig braucht es aber auch einen kritischen Umgang mit dekonstruktivem Bezug auf identitätsbestätigende Praxen der Anerkennung, die wiederum zu neuen Ausschlüssen führen können.

Literatur

AntiDiskriminierungsbüro Köln (ADB), cyberNomads (cbN) (Hrsg.). (2004). *TheBlackBook. Deutschlands Häutungen*. Frankfurt a. M., London: IKO.

Aden, M.-T. (2004). Antirassismus-Training als Möglichkeit gesellschaftlicher Veränderung. In AntiDiskriminierungsbüro Köln (ADB), cyberNomads (cbN) (Hrsg.), *TheBlackBook. Deutschlands Häutungen* (S. 257–266). Frankfurt a. M., London: IKO.

Al-Radwany, M., Shah, A. (2015). Mehr als nur ästhetische Korrekturen. In Rosa-Luxemburg-Stiftung (Hrsg.), *Dossier Empowerment*. http://antifra.blog.rosalux.de/thema/empowerment/. Zugegriffen: 18. Februar 2018.

Arndt, S. & Ofuatey-Alazard, N. (Hrsg.). (2011). *Wie Rassismus aus Wörtern spricht. (K)Erben des Kolonialismus im Wissensarchiv deutsche Sprache. Ein kritisches Nachschlagewerk*. Münster: Unrast.

Balzer, N. & Ricken, N. (2010). Anerkennung als pädagogisches Problem. In A. Schäfer & C. Thompson (Hrsg.), *Anerkennung* (S. 35-87). Paderborn: Ferdinand Schöningh.

Beck, U. (1986). *Risikogesellschaft. Auf dem Weg in eine andere Moderne*. Frankfurt a. M.: Suhrkamp.

Broden, A. (2009). Verstehen der Anderen? Rassismuskritische Anmerkungen zu einem zentralen Topos interkultureller Bildung. In W. Scharathow & R. Leiprecht (Hrsg.), *Rassismuskritik. Bd. 2. Rassismuskritische Bildungsarbeit* (S. 103-118). Schwalbach/Ts.: Wochenschau.

Broden, A. & Mecheril P. (2007). Migrationsgesellschaftliche Re-Präsentationen. Eine Einführung. In A. Broden & P. Mecheril (Hrsg.), *Re-Präsentationen. Dynamiken der Migrationsgesellschaft* (S. 7–28). Düsseldorf: IDA-NRW.

Bundesamt für Migration und Flüchtlinge. (Hrsg.). (2009). Berufliche und akademische Ausbildung von Migranten in Deutschland. Working Paper 22 der Forschungsgruppe des Bundesamtes. 5 Bde. https://www.bamf.de/SharedDocs/Anlagen/DE/Publikationen/WorkingPapers/wp22-berufliche-ausbildung.pdf?__blob=publicationFile. Zugegriffen: 18. Februar 2018.

Butler, J. (2001). *Die Psyche der Macht. Das Subjekt der Unterwerfung*. Frankfurt a. M.: Suhrkamp.

Can, H. (2011). Demokratiearbeit und Empowerment gegen Diskriminierung und Rassismus in selbstbestimmten People of Color-Räumen. In M. Castro Varela & N. Dhawan (Hrsg.), *Soziale (Un)Gerechtigkeit. Kritische Perspektiven auf Diversity. Intersektionalität und Antidiskriminierung* (S. 245–259). Münster: LIT.

Can, H. (2013). Empowerment aus der People of Color-Perspektive. Reflexionen und Empfehlungen zur Durchführung von Empowerment-Workshops gegen Rassismus. http://www.eccar.info/sites/default/files/empowerment_webbroschuere_barrierefrei.pdf. Zugegriffen: 14. November 2017.

Castro Varela, M., Schulze, S., Vogelmann, S. & Weiß, A. (Hrsg.). (1998). *Suchbewegungen. Interkulturelle Therapie und Beratung*. Tübingen: dgvt.

Castro Varela, M. & Dhawan, N. (2015). *Postkoloniale Theorie. Eine kritische Einführung*. 2. Überarbeitet Aufl., Bielefeld: transcript Verlag.

Castro Varela, M. & Mecheril, P. (2010). Anerkennung als erziehungswissenschaftliche Referenz? Herrschaftskritische und identitätsskeptische Anmerkungen. In A. Schäfer & C. Thompson. (Hrsg.), *Anerkennung* (S. 89–118). Paderborn: Ferdinand Schöningh.

Castro Varela, M. & Dhawan, N. (Hrsg.). (2011). *Soziale (Un)Gerechtigkeit. Kritische Perspektiven auf Diversity. Intersektionalität und Antidiskriminierung*. Münster: LIT.

Castro Varela, M. & Mecheril, P. (2011). Migration. In S. Arndt & N. Ofuatey-Alazard (Hrsg.), *Wie Rassismus aus Wörtern spricht. (K)Erben des Kolonialismus im Wissensarchiv deutsche Sprache. Ein kritisches Nachschlagewerk* (S. 154–177). Münster: Unrast.

Çiçek, A., Heinemann, A. & Mecheril, P. (2014). Warum Rede, die direkt oder indirekt rassistische Unterscheidungen aufruft, verletzten kann. In G. Hentges, K. Nottbohm, M. M. Jansen & J. Adamou (Hrsg.), *Sprache – Macht – Rassismus* (S. 309–336). Berlin: Metropol.

Dean, J. (2011). People of Colo(u)r. In S. Arndt & N. Ofuatey-Alazard (Hrsg.), *Wie Rassismus aus Wörtern spricht. (K)Erben des Kolonialismus im Wissensarchiv deutsche Sprache. Ein kritisches Nachschlagewerk* (S. 597–608). Münster: Unrast.

Eggers, M. (2013). Diskriminierung an Berliner Schulen benennen – Von Rassismus zu Inklusion. In: Migrationsrat Berlin-Brandenburg (Hrsg.), Leben nach Migration. Newsletter Nr. 8/2013. (S. 9-13). http://www.mrbb.de/dokumente/pressemitteilungen/MRBB-NL-2013-08-Leben%20nach%20Migration.pdf, Zugegriffen: 12. Februar 2018.

Eggers, M., Kilomba G. & Arndt S. (Hrsg.). (2009). *Mythen, Masken und Subjekte. Kritische Weißseinsforschung in Deutschland*. 2. Aufl. Münster: Unrast.

Elverich, G., Kalpaka A. & Reindlmeier, K. (Hrsg.). (2006). *Spurensichrung – Reflexionen von Bildungsarbeit in der Einwanderungsgesellschaft*. Frankfurt a. M.: Unrast.

Fleary, S. (2011). Empowerment-Arbeit. In Lübecker Jugendring e.V. (Hrsg.), *Handbuch Ehrenamt und Inklusive Pädagogik* (S. 11–24). Lübeck.

Ha, K. N. (2010). People of Colour. In A. Nduka-Agwu & A. L. Hornscheidt (Hrsg.), *Rassismus auf gut Deutsch. Ein kritisches Nachschlagewerk zu rassistischen Sprachhandlungen* (S. 80–84). Frankfurt a. M.: Brandes & Apsel.

Ha, K. N., al-Samarai, N. & Mysorekar, S. (2007). Einleitung. In: K. Ha (Hrsg.): *re/visionen. Postkoloniale Perspektiven von People of Color auf Rassismus, Kulturpolitik und Widerstand in Deutschland* (S. 9–21). Münster: Unrast.

Hall, S. (1994). *Rassismus und kulturelle Identität. Ausgewählte Schriften 2*. Hamburg: Argument.

Hentges, G., Nottbohm, K., Jansen, M. M. & Adamou, J. (Hrsg.). (2014). *Sprache – Macht – Rassismus*. Berlin: Metropol.

Herriger, N. (2006). *Empowerment in der sozialen Arbeit. Eine Einführung*. Stuttgart: Kohlhammer.

hooks, b. (1993). *Sisters of the yam. Black women and self-recovery*, Boston: South End Press.

hooks, b. (1994). *Black looks. Popkultur – Medien – Rassismus*. Berlin: Orlanda Frauenverlag GmbH.

Jain, A. K. (2012). Differenzen der Differenz: Umbrüche in der Landschaft der Alterität. In: H. Steyerl & E. Gutiérrez Rodríguez, (Hrsg.), *Spricht die Subalterne deutsch? Migration und postkoloniale Kritik* (S. 259–69). 2.Aufl., Münster: Unrast.

Kalpaka, A. (2005). Pädagogische Professionalität in der Kulturalisierungsfalle – Über den Umgang mit „Kultur" in Verhältnissen von Differenz und Dominanz. In: R. Leiprecht & A. Kerber (Hrsg.), *Schule in der Einwanderungsgesellschaft. Ein Handbuch* (S. 387–406). Schwalbach/Ts.: Wochenschau.

Kilomba, G. (2007). Plantation Memories. In A. Broden & P. Mecheril (Hrsg.), *Re-Präsentationen. Dynamiken der Migrationsgesellschaft* (S. 95–108). Düsseldorf: IDA-NRW.

Leiprecht, R. & Kerber, A. (Hrsg.). (2005). *Schule in der Einwanderungsgesellschaft. Ein Handbuch* (S. 387–406). Schwalbach/Ts.: Wochenschau.

Madubuko, N. (2015). *Empowerment als Erziehungsaufgabe*. https://heimatkunde.boell.de/2015/10/19/empowerment-als-erziehungsaufgabe, Zugegriffen: 29.11.2015.

Mecheril, P. (2005). Pädagogik der Anerkennung. Eine programmatische Kritik. In: F. Hamburger, T. Badawia & M. Hummrich (Hrsg.), *Migration und Bildung. Über das Verhältnis von Anerkennung und Zumutung in der Einwanderungsgesellschaft* (S. 311–328). Wiesbaden: VS.

Mecheril, P. (Hrsg.). (2016). *Handbuch Migrationspädagogik*. Weinheim: Beltz.

Nduka-Agwu, A. & Hornscheidt A. L. (Hrsg.) (2010). *Rassismus auf gut Deutsch. Ein kritisches Nachschlagewerk zu rassistischen Sprachhandlungen* (S. 80–84). Frankfurt a. M.: Brandes & Apsel.

Neusel, A., Wolter, A., Engel, O., Kriszio, M. & Weichert, D. (2014). Internationale Mobilität und Professur. Karriereverläufe und Karrierebedingungen von Internationalen Professorinnen und Professoren an Hochschulen in Berlin und Hessen. Abschlussbericht an das Bundesministerium für Bildung und Forschung. https://www.erziehungswissenschaften.hu-berlin.de/de/mobilitaet/projektergebnisse/abschlussbericht-1/abschlussbericht-internationale-mobilitaet-und-professur.pdf. Zugegriffen am 01. Dezember 2017.

Piesche, P. (2009). Das Ding mit dem Subjekt, oder: Wem gehört die Kritische Weißseinsforschung? In: M. Eggers, G. Kilomba & S. Arndt (Hrsg.), *Mythen, Masken und Subjekte. Kritische Weißseinsforschung in Deutschland* (S. 14–17). 2. Aufl. Münster: Unrast.

Pinderhughes, E. (1998). Die Bedeutung von "Rasse", Ethnizität und Macht für die klinische Arbeit. In: M. Castro Varela, S. Schulze, Vogelmann, A. Weiß, (Hrsg.), *Suchbewegungen. Interkulturelle Therapie und Beratung* (S. 129–148). Tübingen: dgvt.

Rosenstreich, G. (2006). Von Zugehörigkeit, Zwischenräumen und Macht. In: G. Elverich, A. Kalpaka & K. Reindlmeier, (Hrsg.), *Spurensichrung – Reflexionen von Bildungsarbeit in der Einwanderungsgesellschaft* (S. 195–231). Frankfurt a. M.: Unrast.

Schäfer, A. & Thompson, C. (Hrsg.). (2010). *Anerkennung*. Paderborn: Ferdinand Schöningh.

Scherr, A. (2008). *Diversity im Kontext von Machtbeziehungen und sozialen Ungleichheiten*, Schwalbach/Ts.: Wochenschau.

Seligman, M. E. P (2000). *Erlernte Hilflosigkeit*. 2.Aufl., Weinheim: Beltz.

Sequeira, D. F. (2015). *Gefangen in der Gesellschaft – Alltagsrassismus in Deutschland. Rassismuskritisches Denken und Handeln in der Psychologie*, Marburg: Tectum.

Solomon, B. B. (1976). *Black empowerment. Social work in oppressed communities*, New York: Columbia University Press.

Steyerl, H. & Gutiérrez Rodríguez, E. (Hrsg.). (2012). *Spricht die Subalterne deutsch? Migration und postkoloniale Kritik*. 2. Aufl., Münster: Unrast.

Statistisches Bundesamt (2016): *Datenreport 2016. Ein Sozialbericht für die Bundesrepublik Deutschland,* Bonn. https://www.destatis.de/DE/Publikationen/Datenreport/Downloads/Datenreport2016.pdf?__blob=publicationFile. Zugegriffen: 12. Februar 2018.

Tank, G. G. (2013): Ein etwas anderes Vorwort. In: Heinrich-Böll-Stiftung (Hrsg.). *Empowerment*. www.mirgration-boell.de. Zugegriffen 12. Februar 2018.

Velho, A. (2011). Un/Tiefen der Macht: Auswirkungen von Rassismuserfahrungen auf die Gesundheit, das Befinden und die Subjektivität. Ansätze für eine reflexive Berufspraxis. In: Antidiskriminierungsstelle für Menschen mit Migrationshintergrund (Hrsg.): *Alltagsrassismus und rassistische Diskriminierung Auswirkungen auf die psychische und körperliche Gesundheit*. München. http://www.elina-marmer.com/wp-content/uploads/2014/02/fachtagung_alltagsrassismus.pdf. Zugegriffen: 12. Februar 2018.

Wachendorfer, U. (2004). Weiß-Sein in Deutschland. In AntiDiskriminierungsbüro Köln (ADB), cyberNomads (cbN) (Hrsg.), *TheBlackBook. Deutschlands Häutungen* (S. 116–129). Frankfurt a. M./London: IKO.

Yiğit, N. & Can, H. (2006). Die Überwindung der Ohn-Macht. In: G. Elverich, A. Kalpaka. & K. Reindlmeier, (Hrsg.), *Spurensichrung – Reflexionen von Bildungsarbeit in der Einwanderungsgesellschaft* (S. 167–193). Frankfurt a. M.: Unrast.

Yildiz, S. (2009). *Interkulturelle Erziehung und Pädagogik. Subjektivierung und Macht in den Ordnungen des nationalen Diskurses*. Wiesbaden/Berlin: VS.

Positionierungen miteinander vergleichen – Zur Herstellung von Differenz und sozialer Ungleichheit durch Adressierungen von Professionellen

Florian Weitkämper und Tom Weidenfelder

1 Einleitung

Mit diesem Artikel soll ein Beitrag zur Diskussion über die Möglichkeit des Vergleichens von ethnografischen Forschungsprojekten geleistet werden. Dazu werden zwei ethnografische Dissertationsprojekte miteinander in Beziehung gesetzt und Herstellungsprozesse von Differenz und sozialer Ungleichheit durch Professionelle in unterschiedlichen pädagogischen Handlungsfeldern in den Blick genommen und diskutiert.[1]

---

[1]Meta-Ethnografie als Methode des Vergleichs bietet eine Möglichkeit, um unterschiedliche ethnografische Forschungsanlagen aufeinander zu beziehen (vgl. bspw. Beach et al. 2013; Fritzsche und Huf 2015; Kakos und Fritzsche 2017). Im vorliegenden Beitrag konzentrieren wir uns auf das konkrete In-Beziehung-Setzen von zwei Protokollausschnitten laufender Forschungsprojekte (vgl. Abschn. 4) und verstehen Vergleichen deswegen vorläufig als situiertes, selektives und exemplarisches Vorgehen (vgl. Abschn. 2). Vergleichen und Vergleich wird dabei weitestgehend synonym verwendet und meint das Ins-Verhältnissetzen der Projekte.

F. Weitkämper (✉) · T. Weidenfelder
Freiburg im Breisgau, Deutschland
E-Mail: weitkaemper@ph-freiburg.de

T. Weidenfelder
E-Mail: weitkaemper@ph-freiburg.de

Beiden Projekten sind Überlegungen zu Differenz(en), Normalität und Andersheit gemeinsam, die in schulischen bzw. außerschulischen Settings danach fragen, wie sich mögliche Macht- und Ungleichheitsrelevanzen in pädagogischen Feldern durch bestimmte Ansprachen und Positionierungen zeigen können. Wir verorten unsere Projekte im Kontext ethnografischer Ungleichheitsforschung, wobei Adressierungsprozesse von zentralem Interesse sind. Dabei folgen wir einem Verständnis, welches ethnografisches Forschen im Modus der „Befremdung der eigenen Kultur" (Amann und Hirschauer 1997) versteht und scheinbar Selbstverständliches, Alltägliches und vermeintlich ‚Normales' in den Blick nimmt und hinterfragt (vgl. auch Breidenstein et al. 2013; Dellwing und Prus 2011). Wir möchten in diesem Beitrag Praktiken der Adressierung von Professionellen[2] miteinander vergleichen und dabei den Fragen nachgehen, wie im Feld der Schule Schüler*innen von Lehrkräften und wie im Feld der Sozialpädagogischen Familienhilfe Adressat*innen von Familienhelfer*innen adressiert werden.

Wir gehen davon aus, dass ein Vergleich nicht an sich besteht, sondern hergestellt werden muss. Dafür präzisieren wir unser theoretisches und methodologisches *tertium comparationis* (siehe Abschn. 2): Wir ziehen theoretische Überlegungen zu Verhältnissen sozialer Ungleichheit und Differenz hinzu (Abschn. 2.1), um vor diesem Hintergrund Adressierungen näher zu beleuchten (Abschn. 2.2). Dafür wird der Prozess des Vergleichens anhand von zwei Feldprotokollen aus den Dissertationsprojekten illustriert (Abschn. 3) und anschließend Adressierungsformen rekonstruiert (Abschn. 4). Der Beitrag reflektiert und diskutiert abschließend die Ergebnisse des explorativen Vergleichs (Abschn. 5).

2 Ethnografische Studien in Beziehung setzen – Vorschlag für ein *tertium comparationis*

Als Voraussetzung für eine ethnografische Vergleichsperspektive wird zumeist ein gemeinsames Drittes, ein *tertium comparationis,* als theoretisch-analytischer Bezugspunkt genutzt. Durch sich wiederholende Vergleichsprozesse im Sinne eines „thick comparison" nach Niewöhner und Schäffer (2008), können Vergleiche sukzessive empirisch und analytisch gesättigt werden. So gesehen kann unter Vergleichen ein fortwährender Prozess verstanden werden, denn „Vergleichbarkeit und

---

[2]Unter ‚Professionellen' werden dabei im vorliegenden Beitrag unterrichtende Lehrkräfte und Sozialpädagogische Familienhelfer*innen verstanden. Diese Bezeichnung ist die nötige Abstraktionsebene, um diese hauptberuflichen Akteur*innen in den beiden Feldern in einen Vergleich zu bringen.

Unvergleichbarkeit sind beide produktive Ergebnisse einer ‚dichten' vergleichenden Ethnographie" (Bollig und Kelle 2012, S. 206; Herv. wie i. Orig.). Somit kommt ‚Vergleichen' in diesem Kontext eine vorwiegend analytische Aufgabe zu, die weniger eine strukturbildende, als eine prozessgestaltende Funktion im Sinne einer Moderation des Forschungsprozesses einnimmt (vgl. Bollig und Kelle 2012; Graf et al. 2016). Unserem Verständnis nach ist eine vergleichende Ethnografie angehalten, Vergleichen als offenen und waghalsigen Prozess zu fassen.

Das hier vorliegende *tertium comparationis* versteht sich nicht als feste Größe, sondern als „Denkraum" (Matthes 1992, S. 101), in dem wir einen Vergleich zwischen Adressierungen von Professionellen in den Feldern der Grundschulklasse und der Sozialpädagogischen Familienhilfe vollziehen möchten. Demnach verstehen wir unser Beispiel als Beginn eines fortzuführenden Vergleichsprozesses, der auch weitere Adressierungen durch Professionelle in anderen Situationen in den Blick nimmt.

Offen gehaltene Begriffe und Kategorien ermöglichen uns die theoretische Tiefe aus einer Verdichtung des Vergleichs zu schöpfen. Mit Budde folgen wir zudem der Strategie, dass „Kategorien an das Material herangetragen werden, nicht als vorgefertigte Begründungen, sondern als heuristische Annahmen, deren Relevanz erst mit dem Material zu prüfen" (2014, S. 146) sind.[3] Eine Auseinandersetzung mit unseren jeweiligen theoretischen Bezügen scheint u. E. erforderlich, um die Anschlussfähigkeit für den Vergleich prüfen und nachvollziehbar darlegen zu können.

2.1 Theoretischer Rahmen des vorliegenden Vergleichs

Mit ethnografischer Ungleichheitsforschung drückt sich ein Interesse an sozialen Verhältnissen und deren Ungleichheit (re)produzierende Strukturiertheit aus. Hierbei kann auf eine Reihe von Forschungstraditionen zurückgegriffen werden,

---

[3]Budde nennt drei Spielarten des Umgangs mit Kategorien in der Analyse: 1. Ein *deduktives Vorgehen* mit der Gefahr der Reifizierung und gesellschaftlich-prozessierten Vorstellungen der Kategorien. 2. Die *direkte Thematisierung:* Die Kategorien werden erst verwendet, wenn sie thematisiert werden und 3. ein *induktives Vorgehen,* das ‚nur' aktualisierte Differenzen in den Blick bekommt, die auch indirekt hergestellt werden können und nicht zwangsläufig als Markierungen sofort erkennbar und sichtbar sind (vgl. Budde 2014, 136 f.). Die im Text vorgestellte Variante soll nicht dazu dienen zu reifizieren, sondern gesellschaftliche Kategorien im Blick zu halten (vgl. auch ebd., S. 146).

die mit unterschiedlichen Theoriebezügen operieren (vgl. etwa einschlägig Schütz 2011 [1957]; Kreckel 1997; Neckel und Sutterlüty 2008; Gomolla und Radtke 2009; Hormel und Scherr 2004). Zunächst wird folgendes Begriffsverständnis sozialer Ungleichheit zugrunde gelegt:

> Wir sprechen immer dann von sozialer Ungleichheit, wenn Menschen (immer verstanden als Zugehörige sozialer Kategorien) einen ungleichen Zugang zu sozialen Positionen haben und diese sozialen Positionen systematisch mit vorteilhaften oder nachteiligen Handlungs- und Lebensbedingungen verbunden sind (Solga et al. 2009, S. 15).

Zur Erforschung dieser Strukturiertheit nehmen wir im Sinne Erving Goffmans die „Perspektive der Handelnden [ein], um dann die Strukturen zu beschreiben, die in der Interaktion zwischen ihnen entstehen" (Knoblauch 1994, S. 33). Goffman erforscht ‚Interfaces' bzw. Schnittstellen zwischen Interaktionsordnungen und Sozialstrukturen, die Interaktionen von Menschen und Gruppen vorstrukturieren (vgl. 1971, 1994; auch Knoblauch 1994, S. 38 ff; Gottuck und Mecheril 2014, S. 95 f.).

Durch diesen theoretischen Vergleichsrahmen rücken für uns Fragen nach der Herstellung von *Differenz* und *sozialer Ungleichheit* in den Vordergrund. Wir betrachten Differenz als eine Unterscheidung, die Akte des Positioniert-werdens prozessiert. Damit gehen bipolare Setzungen in „Wir" und „die Anderen" einher, die ein- und ausgrenzenden Folgen haben können (vgl. auch Hirschauer 2014, S. 174). Differenz stellt für uns im Sinne eines *doing difference* (Fenstermaker und West 2001) eine ungleichheitsrelevante Unterscheidung dar, mit der Prozesse der Zuschreibung, Kategorisierung und sozialen Positionierung verknüpft sind.[4] Diese können auf Differenzverhältnisse stabilisierend wirken und zu deren Reproduktion beitragen. *Doings* sind keineswegs ausschließlich als Prozesse der Hervorbringung von Differenzen zu verstehen, sondern vielmehr auch mit Prozessen des *undoing* verbunden. Im Gegensatz zum *doing,* bezeichnet *undoing* mit Bezug auf Stefan Hirschauer (vgl. 2001) eine Stillstellung von Differenzen. Hirschauer führt an, dass „[f]orschungspraktisch [...] Demonstrationen von *undoing* X dann begrenzte Gelegenheiten [sind], in denen eine Unterscheidung z. B. interaktiv zurückgewiesen, prozedural unterbunden oder institutionell inhibiert wird" (2014, S. 183).

---

[4]Aufgrund der forschungspraktischen Ausrichtung unserer Projekte sowie des Forschungsinteresses an ‚Differenz', entsteht eine Parallelität von *doing ethnography* und *doing difference,* die im Forschungsprozess immer wieder austariert und reflektiert werden muss (vgl. Fritzsche und Tervooren 2012).

2.2 Fokus und methodologischer Zugang

Mit Blick auf die jeweiligen Forschungsprojekte muss für den Vergleich geklärt werden, welche methodologischen Prämissen Einzug erhalten haben und feldübergreifend geltend gemacht werden. Inspiriert von methodologischen Überlegungen zu Adressierungen von Sabine Reh und Norbert Ricken (vgl. 2012) konkretisieren wir im Folgenden weiter den zu vergleichenden Gegenstand und unseren Fokus.

Reh und Ricken interessieren sich dafür, „wie man von wem vor wem als wer angesprochen und explizit oder implizit adressiert wird" (2012, S. 42). In diesem Sinne rücken Adressierungen in den Forschungsfokus, aus denen unterschiedliche Positionierungen, verstanden als ‚soziale Platzanweiser' von Akteur*innen, rekonstruiert werden. Die Ausdrucksform lässt sich in a) ausdrückliche Adressierungen oder in Praktiken eingeschlossene Adressiertheit, b) als Sprechakte und/oder körperliche Akte sowie c) explizit wie implizit unterscheiden (vgl. ebd.).

Für die Konstitution des Vergleichsgegenstands bedeutet dies, „die Adressiertheit aller Akte […] in Rechnung zu stellen und Adressierung insofern als kooperative, d. h. auch, aber nicht nur kommunikative Akte zu verstehen, in denen sich jemand in ein Verhältnis zu einem anderen setzt bzw. diesen in ein Verhältnis zu sich selbst setzt" (Ricken 2014, S. 126). Reh und Ricken argumentieren weiter, dass Adressierungen in ihrer sequenziellen Entfaltung zu erschließen seien, um durch die „Verkettung von Adressierung und Re-Adressierung Aufschlüsse über das darin sich vollziehende Subjektivierungsgeschehen" (2012, S. 44) zu erlangen. Sie schlagen eine Forschungsheuristik vor, nach welcher *erstens* verschiedene Ordnungen zu rekonstruieren sind, in denen Adressierungsakte stattfinden. Diese sind interpretativ als „Rahmungen für Rahmungen" (ebd.) zu bestimmen. *Zweitens* gehe es darum, Akte der Positionierungen als Ins-Verhältnis-Setzen zu sich, zu Anderen und der Welt zu rekonstruieren und *drittens* in ihren Re-Aktionen zu erschließen (vgl. ebd., S. 44 f.).

In unserer Perspektive richtet sich der Vergleichsfokus auf Interaktionen zwischen Akteur*innen, um die „Adressiertheit aller Akte" (ebd., S. 44) als kontextbedingtes, hierarchisches Geflecht aus Adressierungen und Readressierungen zu rekonstruieren. Durch ‚dichte Vergleiche' können Adressierungen so feldübergreifend zueinander in Verhältnisse gesetzt und ferner nach gemeinsamen sowie unterschiedlichen Wirkungen und Funktionen von Differenzpraktiken gefragt werden. Hierbei rücken Widersprüche, Ambivalenzen und Potenziale der Veränderung und des Widerstands von Adressierungen in den Vordergrund, wodurch Subjekte hervorgerufen und womit ihnen bestimmte Merkmale und Eigenschaften zugeschrieben werden.

3 Materialauszüge vergleichen – Zum Kontext der ethnografischen Forschungsprojekte

Beide Forschungsprojekte beschäftigen sich mit ethnographischer Ungleichheitsforschung in je unterschiedlichen pädagogischen Feldern. Im vorliegenden Zusammenhang wird mit unserer Vergleichsabsicht die Aufmerksamkeit v. a. auf Adressierungen von Professionellen gelegt.[5] Untersucht wird dabei, wie Differenz durch Professionelle hergestellt und Differenzverhältnisse aufrechterhalten werden.

Im Anschluss an Cloos und Schulz liegt die Herausforderung einer vergleichenden Ethnografie darin, methodische und theoretische Kriterien aufzuzeigen, die die Grenzen eines pädagogischen Feldes markieren, um feldspezifische Differenzen und Differenzierungen auch als solche bestimmen zu können (vgl. 2012). Das bedeutet für einen Vergleich unseres Erachtens die Bedingungen der Herstellung von Differenzen durch Professionelle im Feld der Schule und der Sozialpädagogischen Familienhilfe gegenüberzustellen. Daraus können Spezifika, aber auch feldübergreifende Rahmungen herausgearbeitet und verglichen werden.[6] Mit anderen Worten: Für uns stehen die Fragen im Vordergrund, „*Welche Differenz ist wann (ir)relevant?*" (Hirschauer 2014, S. 173; Hervorh. wie i. Orig.) und wie zeigen sich Besonderheiten und Gemeinsamkeiten?

Im Folgenden werden die Forschungsprojekte knapp skizziert und jeweils eine Sequenz aus Beobachtungsprotokollen vorgestellt. Daran schließen mit Reh und Ricken Interpretationen an, die Differenzpraktiken in ihren Kontexten und feldspezifischen Rahmungen rekonstruieren, um anschließend einen feldübergreifenden Vergleich anzustellen (vgl. 2012).

3.1 Differenzverhältnisse in schulischen Interaktionen

Im Schulgesetz wird festgelegt (vgl. etwa SchG BW § 1.1 oder § 38.2): ‚Soziale Herkunft' darf in Schulen keine Rolle spielen. Kalthoff argumentiert – vor dem Hintergrund des universalen Anspruchs von Schule –, dass es im Unterricht um

---

[5]Auf die Grenzziehungen der Ethnografen wird unter 5. näher eingegangen.
[6]Nach Rabenstein et al. ist methodologisch zudem bedeutsam, dass zwischen ‚beobachteten' Differenzen und ‚im Feld praktizierten Differenzen' präzise zu unterscheiden ist (vgl. 2013, S. 674). Gerade durch den Vergleich kann die eigene Involviertheit bei der Herstellung von Differenz in kontrastierender Weise reflektiert werden.

„das aktive Vergessenmachen dieser Unterscheidung [der ‚sozialen Herkunft'; FW]" (2006, S. 114) ginge. Ricken spricht – ähnlich wie Kalthoff – von einem „undoing class" (2014, S. 129), wodurch Forschung sich der Problematik ausgesetzt sieht, „soziale Herkunft einerseits als Moment unterrichtlicher Praktiken beobachten können zu müssen und andererseits doch nicht so einfach beobachten zu können" (Ricken 2014, S. 121).[7]

Vor dem Hintergrund dieses ‚Vergessenmachens' und damit einhergehenden Tabuisierungen (soziale Herkunft darf keine Rolle spielen), fokussiert das Dissertationsvorhaben die Rolle von Lehrkräften in Praktiken der Differenzierung und Aufmerksamkeitssetzung in unterschiedlichen Settings (etwa Morgenkreis oder Hausaufgabenbesprechung). Wie oben dargestellt, werden unter Differenzpraktiken soziale Unterscheidungen verstanden, die auf machtvolle Differenzverhältnisse verweisen. Unter Praktiken der Aufmerksamkeitssetzung werden auch non-verbale Aspekte berücksichtigt, wie Blicke oder Gesten. Der Fokus liegt dabei auf ungleichheitsrelevanten Relationierungen, die im Sinne eines losen, subtilen Zusammenhangs zwischen ‚sozialer Herkunft' und ‚schulischer Leistung' zwischen Schüler*innen, Dingen und Wissensbeständen vorgenommen werden. Es geht nicht darum, Lehrkräfte als ‚eindimensionale Diskriminierungskraftwerke' zu diffamieren, sondern das schulische Interaktionsgeflecht und ihre Rolle darin weiter zu verstehen. Im Folgenden soll dies anhand eines Protokollauszugs veranschaulicht werden.[8] In der Szene richtet sich die Aufmerksamkeit des Beobachters im Klassenzimmer auf Frau Wagner (Lehrerin) sowie Jan und Paul (Schüler):

Die Hausaufgaben werden besprochen. Frau Wagner ruft dafür nacheinander Schüler*innen auf. Gerade war Enrico an der Reihe. Sie schaut durch den Raum ‚Machst du dir eigentlich auch Häkchen oder guckst du nur Löcher in die Luft? (.) Paul, hat der sich Häkchen gemacht?'

Paul schaut im Heft von Jan und schüttelt den Kopf.

Frau Wagner darauf: ‚Ich glaub nicht, gell!? (.) Jan, ich hab's dir letztes Mal schon gesagt. So vergeht für mich nur Zeit. Aber so läuft keine HausaufgabenKONTROLLE. DIE läuft nur dann, wenn du mitguckst und Häkchen machst und wenn's falsch ist, mach ich mir kein Häkchen, sondern verbesser's. Und wenn's deine Mutter fünfmal angeschaut hat. Die kann ja auch mal was nicht wissen oder weiß gar nicht wies geht.'

---

[7]Rabenstein und andere arbeiten daher ‚Leistung' als ‚zentralste Währung' im schulischen Kontext heraus, in die – als Teil des schulischen Spiels – alle anderen Unterscheidungen überführt werden müssten (vgl. 2013, S. 675; vgl. zur konstitutiven Leistungsbeurteilung Zaborowski et al. 2011).

[8]Transkriptionszeichen: WORT(teil) – Betont; ‚…' – wörtliches Zitat; (.) – Pause 1 Sek.

Es handelt sich um eine Hausaufgabenkontrolle, in der die Lehrkraft moderierend Rederecht erteilt. Die Lehrerin kontrolliert mit Blicken die Folgsamkeit der Schüler*innen. Sie adressiert ‚ihn' (Jan) nur durch Blicke und sagt ‚Mach dir Häkchen! Sonst machst du nichts Relevantes.' Sie antizipiert ‚ihn' als unaufmerksam und bewertet sein Handeln als potenziell sinnloses. Gleichzeitig wäre die Frage inhaltlich kontrollierend, so ‚er' inhaltlich darauf antworten würde. Im vorliegenden Fall hat sie lediglich disziplinierende Wirkung, die eine aufmerksame Haltung der Schüler*innen einfordert.

Die Lehrkraft redet auch über den Anderen, „*der sich*" in der Nähe von Paul befinden muss, da Paul den Akt des Häkchenmachens sonst nicht einschätzen könnte. Paul wiederum wird in ein Dilemma ‚gestoßen': Wem soll er seine Loyalität zuteilwerden lassen?

Die Lehrerin zieht Paul somit als folgsamen ‚Hilfssheriff' hinzu. Paul unterwirft sich dieser Interpretation der Lehrkraft, da er im Heft von Jan nachschaut. „Jan" findet hier erstmals durch den Protokollanten Erwähnung. Hierin findet sich auch ein Beleg, dass der Protokollant die Machtinszenierung der Lehrkraft mitgeht und niederschreibt: Auch der protokollierende Ethnograf gibt ‚ihm' zunächst keinen Namen und scheint ebenfalls im Bann der Kontrolle. Doch zurück zu Paul: Er findet durch das Kopfschütteln einen ‚Zwischenton' und hält damit die Loyalität zur Lehrkraft als auch zu Jan.

Die Lehrerin aktualisiert ihre Erwartung, dass Jan (gedanklich) nicht präsent ist: Sie drückt dies in einer rhetorischen Frage aus („*Ich glaub nicht, gell!?*") und fordert ihn zu einer Stellungnahme auf. Erst jetzt spricht die Lehrerin den illegitim Handelnden, „*Jan*", direkt an. Durch „*letztes Mal schon*" wird eine vorgängige Interaktionsgeschichte aktualisiert.

Die Lehrerin implementiert sich folgend als Zeitkontrollinstanz und sagt, dass durch Jans Verhalten Zeit verschwendet wird. Sie expliziert nun ihre Vorstellung vom Ablauf der Hausaufgabenkontrolle. Allerdings ist der Sprung der Personalpronomen auffällig; von „*du*" zu „*ich*" und „*mir*". Damit ist – so die *erste Lesart* – eine unmittelbarere Ansprache an Jan gemeint, von dem die Lehrkraft nun ebenfalls die Folgschaft einfordert. Eine *weitere Lesart* wäre, dass es sich hierbei um ein ‚Schüler*innen-Du'[9] handelt, bei dem alle Schüler*innen durch

---

[9] Referendar*innen lernen im Studienseminar diese Ansprache. Sie werden aufgefordert, diese im Unterricht einzusetzen und beispielsweise in ihren Artikulationsschemata zu berücksichtigen. Diese Ansprache begegnete mir, Florian Weitkämper, sowohl in diversen Schulpraktika als auch während meiner Beobachtungen regelmäßig.

dieses „*du*" direkter angesprochen werden sollen. Die Gemeinsamkeit liegt in der wiederholten Einforderung von Folgsamkeit. Für die erste Lesart spricht, dass die Lehrkraft nun wieder unmittelbar Jan oder besser, sein Elternhaus *(„Mutter")* adressiert. Durch *„fünfmal"* wird erneut auf eine vorherige konfliktreiche Interaktionsgeschichte verwiesen. Zudem stellt die Lehrkraft sich als alleinige Autoritätsinstanz hinsichtlich der fachlichen Bewertung der Hausaufgaben dar und fordert von Jan die Unterwerfung unter dieses Diktum ein (wohl auch in einer ‚Stellvertreter-Funktion' für die ganze Klasse (vgl. hierzu Breidenstein und Bernhard 2011, S. 331 ff.). Kommt er dieser Aufforderung nach, kann dies als ein Angebot für eine konfliktfreie Zukunft gelesen werden, die mit einer Autoritätseinbuße der Mutter einherginge.

Aus dieser Szene lässt sich schließen, dass die Lehrkraft eine Differenz zwischen Jan und Paul (wieder-)herstellt: Jan, dem Kontrollbedarf zugeschrieben wird und Paul, der als loyaler Hilfssheriff adressiert wird. Eine Adressierung, die einen wichtigen Anteil des „idealen Schülers"[10] ausmacht. Die ‚Interaktionsgeschichte' verweist darauf, dass ein Konflikt zwischen Elternhaus und Lehrerin in der Klasse ausgetragen und Autorität hergestellt wird.

3.2 Adressierungen in der Sozialpädagogischen Familienhilfe

Die Sozialpädagogische Familienhilfe (SPFH) stellt eine „Regel-Hilfeform" (Fröhlich-Gildhoff 2014, S. 110) im Bereich der Hilfen zur Erziehung (§ 31 KJHG/SGB VIII) und damit auch ein bedeutendes Handlungsfeld Sozialer Arbeit dar. Die SPFH richtet sich als ambulantes Angebot erzieherischer Hilfen an junge Menschen und Familien, die u. a. in ihren Entwicklungsmöglichkeiten gefördert und in Erziehungsaufgaben unterstützt werden sollen. Ein Merkmal dieser Hilfeform besteht darin, dass sich die SPFH als Arbeit *in* und *mit* Familien versteht und einzelfallorientiert ein „erzieherischer Bedarf" (§ 27 Abs. 2 SGB VIII) zwischen Akteur*innen im Feld ermittelt, verhandelt und bearbeitet wird (vgl. Freigang 2016, S. 832; Krause und Peters 2014; Albus 2012). Im Zusammenhang mit diesem Projekt richtet sich das Erkenntnisinteresse auf Adressierungsprozesse zwischen jungen Menschen bzw. Familien, professionellen Familienhelfer*innen

---

[10]Dieser Status ist ein In-Vivo-Code aus diversen Interviews mit den Lehrkräften, die insbesondere Pauls Sozialverhalten loben.

und Institutionen sowie anderen Fachkräften im Feld der SPFH, die hinsichtlich ihrer Wirkmächtigkeit und Ungleichheitsrelevanz hinterfragt werden sollen.

Nachfolgend wird ein Protokollauszug eines Treffens zwischen der sozialpädagogischen Familienhelferin (Nele Rebel) und zwei adressierten Personen (Frau Durvic und Herr Bojan) vorgestellt. Das Treffen findet in der Wohnung von Frau Durvic statt, in der sie mit ihrem Sohn und ihrem Lebensgefährten, Herrn Bojan, lebt. Die Familienhelferin wird im Laufe des Gesprächs von Frau Durvic gefragt, wie viel Geld ihr Lebensgefährte bekäme, wenn er einer Erwerbstätigkeit nachgehen würde.

> Nele Rebel erklärt, welche Leistungen erhalten werden und welche Bezüge gestrichen bzw. eingefordert werden würden, wenn Herr Bojan einen Minijob annehmen würde. Nele Rebel sagt weiter: ‚So, wie ich Sie kenne, denke ich, dass Sie beide daran interessiert sind, bald nichts mehr mit dem Jobcenter zu tun zu haben.' Nach einer kurzen Pause sieht Frau Durvic Nele an, nickt, wendet sich zu Herrn Bojan und spricht mit ihm kurz auf einer mir nicht bekannten Sprache. Herr Bojan nickt nach kurzer Zeit und sagt ‚Ja'.

In der Anrufung von Frau Durvic und Herrn Bojan durch die Familienhelferin, drückt sich ein Beziehungsverhältnis aus, das mit dem Einschub „So, wie ich Sie kenne" die beiden Adressierten als Bekannte, Vertraute oder Verbündete der Familienhelferin darstellt und somit von einem engeren Verhältnis zwischen den Dreien ausgegangen werden kann. An den Verweis der Sozialpädagogin auf einen bisher vertrauensvollen Austausch miteinander, schließt eine Einschätzung über mögliche Absichten, Wünsche oder Bemühungen von Frau Durvic und Herrn Bojan an. Dieser empathisch empfundene, offene Ausspruch bedient sich einer Rhetorik der Perspektivenübernahme, die nicht nur zur Verfestigung des Beziehungsverhältnisses beiträgt, sondern auch ein situatives ‚Bündnis' gegen das Jobcenter schafft.

Der normative Gehalt der Adressierung zeugt von einer ambivalenten Art der Aktivierung, die den Wunsch nach Erwerbstätigkeit unterstellt und gleichzeitig Erwerbslosigkeit als zu vermeidend suggeriert. Vordergründig wird eine Solidarisierung gegen einen gemeinsamen ‚Gegenspieler' betrieben, wodurch sich auch eine mögliche Aktivierungsstrategie im Sinne einer „Kontrolle der Überflüssigen" (Dahme und Wohlfahrt 2009, S. 45; vgl. auch Dies. 2002) deuten lässt. Die Re-Adressierungsmöglichkeiten von Frau Durvic und Herrn Bojan werden damit maßgeblich eingeschränkt und beschnitten, da außer einer zustimmenden Reaktion auf die Aussage der Sozialpädagogin, andere Re-Adressierungen ggf. Sanktionen mit sich ziehen könnten (bspw. eine Meldung beim Jobcenter oder ein Aktenvermerk).

Die Szene schließt nach einem kurzen Moment mit einem bejahenden Ausruf von Herrn Bojan, der einerseits als einsichtiges, überzeugtes, kooperatives Reagieren auf die Einschätzung der Sozialpädagogin verstanden werden kann. Andererseits kann das „Ja" von Herrn Bojan auch als strategisches Ausweichen oder Rückzug ausgelegt werden, um die Aufmerksamkeit von sich als Person und seiner Erwerbslosigkeit abzulenken.

In der Szene wird deutlich, wie die Familienhelferin Differenz zwischen sich, Frau Durvic und Herrn Bojan sowie dem Jobcenter v. a. im Zusammenhang von Wissen und Nicht-Wissen und einer gewissen Sprachordnung (i. S. einer Unterscheidung zwischen ‚Amtssprache' und ‚lebensweltlicher Sprache' und Kommunikationskultur) herstellt. Mit der Vermittlung von fachspezifischen Kenntnissen wird ‚Wissen' als Differenz wirksam, die zum einen Nele Rebel als professionelle Familienhelferin positioniert und zum anderen Frau Durvic und Herrn Bojan als unwissend adressiert. Der Sprachwechsel von Frau Durvic und Herrn Bojan kann als mögliche Art des Sich-Entziehens oder als Selbstermächtigung gegenüber der Adressierung der Sozialpädagogin begriffen werden. Frau Durvic und Herrn Bojan werden implizit als Erwerbslose angesprochen, die in diesem Kontext aufgrund eines bestimmten erzieherischen Bedarfs professionelle Unterstützung, Beratung und Begleitung beim Erwerb eines Arbeitsverhältnisses durch die Familienhelferin erhalten. Die Adressierung der Familienhelferin wirkt normalisierend und zielt auf die (Wieder-)Herstellung der *Employability* von Herrn Bojan ab: Gerade durch die implizite Aufforderung zur Abgrenzung, dem „[N]ichts mit dem Jobcenter zu tun haben wollen" wird eine aktivierungspolitische Strategie situativ wirksam. Durch diese Strategie macht sich die Familienhelferin zur Agentin des Jobcenters: Erwerbstätigkeit erscheint als erstrebenswert, verbindlich und alternativlos, da bspw. ein „Nein" von Frau Durvic und Herrn Bojan auf die indirekte Frage der Familienhelferin möglicherweise Adressierungen als „nicht-kooperativ" mit sich bringen könnte und weitere ggf. einschränkende, benachteiligende oder ausgrenzende Konsequenzen befürchtet werden müssten und eine Intensivierung der Hilfemaßnahme für Frau Durvic und Herrn Bojan zur Folge haben könnten.

4 Ein feldübergreifendes ‚un/doing difference'? – Eine exemplarische Vergleichsoperation

In diesem Abschnitt werden die vorgestellten Szenen in ein Verhältnis zueinander gesetzt und miteinander verglichen. Wir können dabei nicht alle relevanten ‚doing differences' in den Blick nehmen und berücksichtigen.[11] Im Folgenden legen wir den Schwerpunkt in unseren Ausführungen auf Formen von *doing difference* von Professionellen in unterschiedlichen pädagogischen Feldern, um Zusammenhänge und Unterschiede exemplarisch zu illustrieren – und gehen nicht auf die Reflexion der eigenen Involviertheit ein.

Durch den Vergleich beider Beobachtungssequenzen werden Differenzpraktiken zueinander in Beziehung gesetzt, die sich in unterschiedlichen institutionellen Rahmungen realisieren (Schulpflicht und freiwilliges Angebot der Kinder- und Jugendhilfe). Trotz der unterschiedlichen Rahmungen sehen wir in beiden Sequenzen eine asymmetrische Redeordnung implementiert, die in beiden Settings als ‚normal' und ‚natürlich' erscheint. Für beide Kontexte zeigt sich, dass der Umgang mit ‚Wissen' bedeutend ist und Adressierungen jeweils unterschiedliche Funktionen haben können. Im Zusammenhang mit der Grundschule scheint eher der Aspekt der Kontrolle im Vordergrund zu stehen, die als Zurechtweisung und Autorisierung von ‚richtigem' Wissen gelesen werden kann: Das Wissen der Mutter von Jan wird als nicht-valides Wissen durch die Lehrerin abgewertet. In der SPFH hingegen, scheint eher die Weitergabe von Wissen und Informationen im Vordergrund zu stehen, um die Eigenverantwortung und Selbstständigkeit der Adressat*innen zu fördern: Herr Bojan soll zur Erwerbstätigkeit ‚erzogen' und eine autonome Lebensführung ermöglicht werden.

In diesen Adressierungen zeigt sich, dass unterschiedliche Wissensbestände antizipiert werden, mit denen die jeweilige professionelle Position markiert und mit einem ‚Mehr an Wissen' gegenüber Schüler*innen bzw. Adressat*innen begründet wird. So verstanden betrachten wir in den beiden Beobachtungssequenzen an dieser Stelle unterschiedlich gerahmte Adressierungsprozesse

---

[11] Im Rahmen des Artikels bleibt in der Analyse bspw. die Kategorie ‚Geschlecht' außen vor. Gleichwohl spielt sie eine wichtige Rolle: Im Sinne eines selbstkritischen Hinweises ist uns aufgefallen, dass wir Szenen mit ‚weiblich' sozialisierten Professionellen gewählt haben, die wir beide als ‚männlich' sozialisierte Forscher interpretieren. In diesem ‚männlichen Sprechen' über pädagogische Fachkräfte, die von uns als weiblich wahrgenommen und repräsentiert werden, spiegelt sich ein patriarchales und hegemoniales Geschlechterverhältnis wider, das durch unsere Forschung reproduziert wird. Wir sehen uns deswegen dazu aufgefordert die Bedeutung von ‚Geschlecht' im weiteren Verlauf des Vergleichsprozesses stärker in den Blick zu nehmen.

im Sinne eines *doing authority*. In der Beobachtungssequenz mit der Lehrkraft wird Autorität in konfliktreicher Abgrenzung zum Elternhaus hergestellt.[12] Im Beispiel mit der Familienhelferin drückt sich ein *doing authority* zunächst in der Frageformulierung „So wie ich Sie kenne" aus, da so von der Familienhelferin eine Einschätzung abgegeben wird, der schwer zu widersprechen ist. Die Formulierung verleiht der Aussage einen suggestiven und durchaus manipulativen Charakter, dem die Adressat*innen ausgeliefert sind und deren Zustimmung er implizit einfordert – bspw. um keine Sanktionen und Leistungskürzungen befürchten zu müssen.

Wie oben bereits eingeführt, sehen wir in diesen Prozessen gleichzeitig auch ein „un/doing difference" stattfinden, womit wir im Anschluss an Hirschauer (2014) v. a. auf die Kontingenz von Differenzkategorien und ihrer situativen Herstellungskontexte aufmerksam machen wollen. Wir gehen davon aus, dass mit *doings* auch *undoings* verbunden sein können und dies teilweise diffuse und ambivalente Effekte mit sich ziehen können. In den oben genannten Beispielen zu *doing authority* sehen wir auch ein zeitgleiches *undoing class,* das wir als aktives Vergessenmachen der Differenzkategorie *class* verstehen (vgl. Kalthoff 2006, S. 114):

Die ‚Autoritäten' (Lehrerin bzw. Familienhelferin) stellen neue Wissensordnungen her, die andere sozial-gesellschaftliche Ordnungen in den Hintergrund rücken lassen und sich in beiden Feldern jeweils unterschiedlich und durchaus auch widersprüchlich ausdrücken: Während die soziale Herkunft von Schüler*innen bei Bewertungen/Hausaufgabenkontrolle keine Rolle spielen darf, werden durch die Adressierungen der Lehrerin Positionierungen hinsichtlich der sozialen Herkunft und des familiären Gefüges des Schülers transportiert: „Die [Mutter von Jan; d. Verf.] kann ja auch mal was nicht wissen oder weiß gar nicht wie's geht". Die Lehrerin grenzt sich vor zu viel Einmischung der Mutter von Jan in schulische Wissensbestände entschieden ab und degradiert dadurch Wissensbestände und Fähigkeiten der Mutter. Soziale Herkunft wird hier zwar nicht explizit von der Lehrkraft thematisiert, allerdings wird das Wissen der Mutter durch diese abwertende Adressierung als bildungsunangemessen markiert und eine soziale Positionierung als potenziell ‚bildungsfern' vorgenommen.

---

[12]Damit alle Schüler*innen der Ordnung des frontalen Unterrichts folgen, ist es nachvollziehbar, dass diese Disziplinierung ausgeführt wird. Es stellt sich allerdings die Frage, ob das hiermit verbundene Lernen in ‚vorgespielte Aufmerksamkeit und Unterwerfung unter die Bewertungsinstanz' eine bildungsrelevante Unterdrückung darstellt. Es ließe sich ebenfalls dafür plädieren, die Ausrichtung primär auf Inhalte zu richten und die Schüler*innen dazu zu befähigen, dies nach und nach selbst einschätzen zu können.

In der SPFH-Szene richtet sich die Ansprache der Familienhelferin an Frau Durvic und Herrn Bojan vor dem Hintergrund der Herstellung von Subjekten als Andere, von denen sie sich zunächst selbst abgrenzt („So, wie ich Sie [als „Familienhilfefamilie"; d. Verf.] kenne". Sie positioniert sich durch die Unterscheidung (ich/die Anderen) gegenüber Frau Durvic und Herrn Bojan als wissend, gleichzeitig positioniert sie aber auch Frau Durvic und Herrn Bojan als Adressat*innen gegenüber anderen, nicht arbeitswilligen Adressat*innen, die weiterhin mit dem Jobcenter kooperieren müssen oder auch wollen: Die Adressierung der Familienhelferin erscheint so gesehen als *undoing class* und verdecktes Angebot, um sich dieser marginalisierten sozialen Positionierung als ‚Erwerbslose' zu entziehen bzw. sie zu verändern.

Kurzum: An den vorgestellten Szenen wird ersichtlich, dass in beiden Sequenzen *doings* und *undoings* in einem engen Zusammenhang gesehen werden können, die sich je nach institutionellen Rahmungen und situativen Kontexten verwirklichen.[13] Hier finden Klassifikationen statt, die vor dem Hintergrund von Klasse relevant sind: Die Lehrerin bewertet familiäre – und potenziell bildungsferne – Wissensbestände als nicht-valide, damit es nicht wieder vorkommt, dass ihre Autorität als Kontrollinstanz zur Disposition steht. Durch die aktivierende Adressierung der Familienhelferin sollen gegenwärtige (ökonomische) Lebensverhältnisse von Herrn Bojan und Frau Durvic verändert bzw. überwunden und sich in der Folge von ihnen abgegrenzt werden. Dementsprechend finden in beiden Szenen Akte des *doing class* statt, in denen diese Differenz allerdings gleichzeitig auch stillgestellt wird und so potenziell auch zukünftig ‚vergessen gemacht' *(undoing class)* wird. Allgemeiner kann gesagt werden, dass im Vergleich zur Schule, die Wert darauf legt, kein Bild von den sozialen Herkünften der Schüler*innen zuzulassen, in der SPFH gerade mit denjenigen gearbeitet wird, die als Andere adressiert werden, um Zugang bzw. Leistungen des Hilfesystems in Anspruch nehmen zu können (vgl. Kessl und Plößer 2010). Durch den Vergleich der Materialauszüge sollte gezeigt werden, wie sich *un/doing difference* durch Adressierungen von im pädagogischen Bereich Arbeitenden zeigen und in unterschiedlichen pädagogischen Feldern rekonstruiert werden können. Die sich für uns daraus ergebenden Erkenntnisse werden im nächsten Kapitel zusammengetragen.

---

[13]Prozesse des *doing* und *undoing* sind aus unserer Sicht eng miteinander verstrickt und schwer voneinander zu trennen, wodurch auch andere Lesarten möglich werden. Bspw. kann in unserem Beispiel *undoing class* durchaus auch als *doing class* gelesen werden. Dies stellt für uns keinen Widerspruch dar, sondern verdeutlicht vielmehr die Ambivalenz und Kontingenz von Differenzkategorien und -konstruktionen (vgl. auch Hirschauer 2014).

5 Resümee und weiterführende Gedanken

An dieser Stelle möchten wir darlegen, was wir aus dem exemplarischen Vergleich von Adressierungsprozessen in unterschiedlichen pädagogischen Handlungsfeldern schöpfen können. Zudem behandeln wir die Frage, welche Bedeutung Differenzgeschehen vor dem Hintergrund sozialer Ungleichheitsverhältnisse haben können.

Ein Vergleich kann zunächst dazu beitragen den eigenen, feldinternen Blick im Kontrast zu anderen Projekten zu schärfen: Differenzpraktiken können unseres Erachtens insbesondere durch einen Vergleich hinsichtlich ihrer feldspezifischen Besonderheiten, Routinen und irritierenden Momente durchleuchtet werden. Ein Vergleich kann dabei helfen, sich den eigenen Beobachtungsstandpunkt als forschende Person zu vergegenwärtigen, um ein *un/doing difference* von Lehrkräften bzw. Familienhelfer*innen im Kontrast zum anderen Forschungsprojekt zu hinterfragen. Durch diese relationale Betrachtungsweise kann einer möglichen Engführung und Verkürzung des eigenen Blicks entgegengewirkt werden. Ein Beispiel aus dem Material ist die Offenlegung von Irritationsmomenten bei der Beobachtung bzw. Reflexion des Beobachteten: Einerseits fällt bei der Analyse der Beobachtungssequenz aus der Grundschule auf, dass der Beobachter seine Aufmerksamkeit auf die Lehrerin fixiert und den Namen des Schülers in seinem Beobachtungsprotokoll eher beiläufig erwähnt. Andererseits stellt in der Szene aus der Familienhilfe der Sprachwechsel der Adressat*innen eine Fremdheitserfahrung für den Beobachter dar, die im Beobachtungsprotokoll festgehalten wird. Das eigene Verhalten als Forscher im Feld wurde durch den Vergleich doppelt befremdet: Nicht nur der eigene Forschungsblick wurde befremdet, sondern auch die Sichtweise der anderen Forschungsperson, wodurch die Reflexion des Forschungsprozesses angeregt werden konnte.

Im Vergleich sehen wir außerdem ein wertvolles Angebot zur Theoriereflexion. Die in den beiden Projekten genutzten theoretischen Zugänge wurden hinsichtlich ihrer Überschneidungen, Unterschiede oder Lücken diskutiert, um schließlich gemeinsame theoretische Bezüge und methodologische Perspektiven auszuarbeiten. Dazu illustrierten wir, wie Adressierungsprozesse hinsichtlich ihrer Ungleichheitsrelevanz und möglichen Systematik rekonstruiert werden können. Unsere Überlegungen bauen darauf auf, dass Adressierungen machtförmige Positionierungen beinhalten können. Das heißt, in Positionierungen wird Bezug auf Differenz genommen, aber nicht jede Adressierung ist auch eine Positionierung. Weiterhin ist nicht jede Positionierung ungleichheitsrelevant, sondern lediglich, wenn sie auch in anderen Kontexten wirksam wird.[14] Hierbei wäre in weiterer Forschung auch ausführlicher auf Möglichkeiten des Widerstands, Potenziale der Veränderung und Umdeutungen machtförmiger Positionierungen einzugehen.

Zusammenfassend sehen wir ein reproduzierendes und stabilisierendes Moment von Macht- und Ungleichheitsverhältnissen immer dann, wenn bestimmte Positionierungen von Subjekten durch wiederkehrende Differenzpraktiken im Sinne eines *doing difference* regelmäßig hergestellt und damit verfestigt werden. Wir verstehen Differenzen folglich nicht nur als in Interaktionen hervorgebracht, vielmehr scheinen bestimmte Ein- und Ausgrenzungen von Schüler*innen bzw. Adressat*innen auch in anderen Situationen und Zusammenhängen (vorstrukturierend) wirksam zu sein. Dies wird für uns mit der Idealisierung von Adressat*innen und Schüler*innen durch die Familienhelferin und Lehrkraft deutlich, die vor dem Hintergrund eigener Vorstellung über vorbildliches Mitmachen und Kooperieren in pädagogischen Kontexten Frau Durvic und Herrn Bojan bzw. Paul (und Jan als Negativbeispiel) adressieren. Der Vergleich von pädagogischen Feldern liefert Hinweise dafür, wie sich Adressierungen als feldspezifisch oder feldunspezifisch bzw. ‚typisch oder untypisch pädagogisch' zeigen. Weiterhin wären hierbei vermehrt Prozesse des *undoing difference* in den Blick zu nehmen und hinsichtlich des Spannungsverhältnisses zwischen der Verflüssigung von Differenzverhältnissen und ihrer verschleiernden Funktion zu durchleuchten (siehe Beispiele unter 4.). Um die bisher gewonnen Erkenntnisse verdichten zu können, muss weiteres Datenmaterial aus den Projekten nach Aktivitäten und Konstellationen von bspw. *doing authority* und *undoing class* befragt werden.

Literatur

Albus, S. (2012). Die Erzieherischen Hilfen. In W. Thole (Hrsg.), *Grundriss Soziale Arbeit* (S. 477–482). Wiesbaden: Springer VS.
Amann, K., & Hirschauer, S. (1997). *Die Befremdung der eigenen Kultur* (S. 7–52). Frankfurt a. M.: Suhrkamp.
Beach, D., Dovemark, M., Schwartz, A., & Öhrn, E. (2013). Complexities and Contradictions of Educational Inclusion. A Meta-Ethnographic Analysis. *Nordic Studies in Education 33 (4)*, p. 254–268.

---

[14]Diese Gedanken können auch mit dem Konzept von Machold (2017) verknüpft werden. Dieses bezieht sich auf *doing biography* nach Dausien und Kelle (2005), welches auf die Bildungsbiografie und den Bildungsverlauf Einfluss nehmen könne (vgl. Machold 2017, S. 170 f.).

Bollig, S., & Kelle, H. (2012). Vergleichen und Kontrastieren. Zur analytischen Konstruktion von Feldern und Vergleichsobjekten in der ethnographischen Forschung. B. Friebertshäuser, H. Kelle, H. Boller, S. Bollig, C. Huf, A. Langer, M. Ott, & S. Richter (Hrsg.). *Feld und Theorie* (S. 201–215). Opladen, Berlin, Toronto: Barbara Budrich.

Budde, J. (2014). Differenz beobachten? In A. Tervooren, N. Engel, M. Göhlich, I. Miethe, & S. Reh (Hrsg.), *Ethnographie und Differenz in pädagogischen Feldern* (S. 133–148). Bielefeld: Transkript.

Breidenstein, G., & Bernhard, T. (2011). Unterrichtsinteraktion und implizite Leistungsbewertung. In K. Zaborowski, M. Meier, & G. Breidenstein (Hrsg.), *Leistungsbewertung und Unterricht. Ethnographische Studien zur Bewertungspraxis in Gymnasium und Sekundarschule* (S. 321–343). Wiesbaden: Springer VS.

Breidenstein, G., Hirschauer, S., Kalthoff, S., & Nieswand, B. (2013). *Ethnografie. Die Praxis der Feldforschung.* Konstanz: UTB.

Cloos, P./ Schulz, M. (2012): Differenzen und Gemeinsamkeiten pädagogischer Handlungsfelder -. Entwurf einer ethnographisch vergleichenden Forschungsperspektive. In B. Friebertshäuser, H. Kelle, H. Boller, S. Bollig, C. Huf, A. Langer, M. Ott, & S. Richter (Hrsg.), *Feld und Theorie* (217–229). Opladen, Berlin, Toronto: Barbara Budrich.

Dahme, H.-J., & Wohlfahrt, N. (2009). Die Kontrolle der Überflüssigen: Anmerkungen zum Formwandel Sozialer Arbeit im aktivierenden Sozialstaat. *Widersprüche, 31 (113)*, S. 45–62.

Dahme, H.-J., & Wohlfahrt, N. (2002). Aktivierender Staat. *neue praxis, 32 (1)*, S. 10–32.

Dausien, B., & Kelle, H. (2005). Biographie und kulturelle Praxis. Methodologische Überlegungen zur Verknüpfung von Ethnographie und Biographieforschung. In B. Völter, B. Dausien, H. Lutz & G. Rosenthal (Hrsg.): *Biographieforschung im Diskurs* (S. 189–212). Wiesbaden: VS.

Dellwing, M., & Prus, R. (2011). *Einführung in die interaktionistische Ethnographie. Soziologie im Außendienst.* Wiesbaden: Springer VS.

Fenstermaker, S., & West, C. (2001). ‚Doing Difference' revisited. In B. Heintz (Hrsg.), *Geschlechtersoziologie. Sonderheft 41 der Kölner Hefte*, S. 236–249.

Freigang, W. (2016). Ambulante und teilstationäre Erziehungshilfen. In W. Schröer, N. Struck, & M. Wolff (Hrsg.), *Handbuch Kinder- und Jugendhilfe* (S. 832–851). Weinheim und Basel: Beltz Juventa.

Fröhlich-Gildhoff, K. (2014). § 31 SGB VIII: Sozialpädagogische Familienhilfe. In M. Macsenaere, K. Esser, E. Knab, & S. Hiller (Hrsg.), *Handbuch der Hilfen zur Erziehung* (S. 110–115). Freiburg i. Br. Lambertus.

Fritzsche, B., & Huf, C. (Hrsg.). (2015). *The benefits, problems and issues of comparative research: An ethnographic perspective.* New Cottage: E&E publishing.

Fritzsche, B., & Tervooren, A. (2012). Doing difference while doing ethnography? In B. Friebertshäuser, H. Kelle, H. Boller, S. Bollig, C. Huf, A. Langer, M. Ott, & S. Richter (Hrsg.), *Feld und Theorie* (S. 25–39). Berlin, Toronto: Barbara Budrich.

Goffman, E. (1994). Die Interaktionsordnung. In H. Knoblauch (Hrsg.), *Erving Goffman: Interaktion und Geschlecht* (S. 50–104). Frankfurt am Main: Campus Verlag.

Goffman, E. (1971). *Verhalten in sozialen Situationen. Strukturen und Regeln der Interaktion im öffentlichen Raum.* Gütersloh: Bertelsmann Fachverlag.

Gomolla, M., & Radtke, F.-O. (2009). *Institutionelle Diskriminierung. Die Herstellung ethnischer Differenz in der Schule.* Wiesbaden: Springer VS.

Gottuck, S., & Mecheril, P. (2014). Einer Praxis einen Sinn zu verleihen, heißt sie zu kontextualiseren. Methodologie kulturwissenschaftlicher Bildungsforschung. In A. Geimer, A., & F. von Rosenberg (Hrsg.), *Bildung unter den Bedingungen kultureller Pluralität* (S. 87–108). Wiesbaden: Springer VS.

Graf, U., Kolodzig, K., & Johann, N. (2016). Bildungsqualitäten genderpädagogischer Angebote der Jugendarbeit. Methodologische Überlegungen zu einer vergleichenden Ethnographie. In Dies. (Hrsg.), *Ethnographie – Pädagogik – Geschlecht* (S. 17–39). Wiesbaden: Springer VS.

Hirschauer, S. (2014). Un/doing Differences. Zur Kontingenz sozialer Zugehörigkeit. *Zeitschrift für Soziologie, 43, (3)*, S. 170–191.

Hormel, U., & Scherr, A. (2004). *Bildung für die Einwanderungsgesellschaft. Perspektiven der Auseinandersetzung mit struktureller, institutioneller und interaktioneller Diskriminierung.* Wiesbaden: Springer VS.

Kalthoff, H. (2006). Doing/undoing class in exklusiven Internatsschulen. Ein Beitrag zur empirischenBildungssoziologie. In W. Georg (Hrsg.), *Soziale Ungleichheit im Bildungssystem. Eine empirisch-theoretische Bestandsaufnahme* (S. 93–122). Konstanz: UVK.

Kakos, M., & Fritzsche, B. (2017). A meta-ethnography of two studies on interactions in schools: reflections on the process of translation. *Ethnography and Education, 12, (2)*, S. 228–242.

Kessl, F. & Plößer, M. (Hrsg.). (2010). *Differenzierung, Normalisierung, Andersheit. Soziale Arbeit als Arbeit mit den Anderen.* Wiesbaden: Springer VS.

Knoblauch, H. (Hrsg.). (1994). *Erving Goffman: Interaktion und Geschlecht.* Frankfurt a. M.: Campus Verlag.

Krause, K.-U., & Peters, F. (Hrsg.) (2014). *Grundwissen Erzieherische Hilfen. Ausgangsfragen, Schlüsselthemen, Herausforderungen.* Weinheim und Basel: Beltz Juventa.

Kreckel, R. (1997). *Politische Soziologie der sozialen Ungleichheit.* Frankfurt a. M.: Campus Verlag.

Machold, C. (2017). Datenbasierte Porträts und ethnografische Ungleichheitsforschung. In I. Diehm, M. Kuhn, M., & C. Machold (Hrsg.), *Differenz – Ungleichheit – Erziehungswissenschaft* (S. 157–178). Wiesbaden: Springer VS. Verlag. Wiesbaden.

Matthes, J. (1992). „The Operation Called ‚Vergleichen'". In Ders. (Hrsg.), *Zwischen den Kulturen? Die Sozialwissenschaften vor dem Problem des Kulturvergleichs* (S. 75–99). Göttingen: Otto Schwartz.

Neckel, S., & Sutterlüty, F. (2008). Negative Klassifikationen und die symbolische Ordnung sozialer Ungleichheit. In S. Neckel, H.-G. Soeffner (Hrsg.), *Mittendrin im Abseits* (S. 15–26). Wiesbaden: Springer VS.

Niewöhner J., & Scheffer, T. (2008). Introduction: Special Issue on Thick Comparison. *Comparative Sociology, 7*, p. 273–285.

Rabenstein, K., Reh, S., Ricken, N., & Idel, T.-S. (2013). Ethnographie pädagogischer Differenzordnungen. Methodologische Probleme einer ethnographischen Erforschung der sozial selektiven Herstellung von Schulerfolg im Unterricht. *Zeitschrift für Pädagogik 59 (5)*, S. 668–690.

Reh, S., & Ricken, N. (2012). Das Konzept der Adressierung. In I. Miethe, H.-R. Müller (Hrsg.), *Qualitative Bildungsforschung und Bildungstheorie* (S. 35–56). Opladen: Barbara Budrich.

Ricken, N. (2014). Adressierung und (Re-)Signifizierung. In B. Kleiner, & N. Rose (Hrsg.), *(Re-)Produktion von Ungleichheiten im Schulalltag* (S. 119–133). Opladen: Barbara Budrich.

Schütz, A. (2011 [1957]). Gleichheit und die Sinnstruktur der sozialen Welt. In A. Göttlich, A., G. Sebald, & J: Weyand (Hrsg.), *Relevanz und Handeln 2* (S. 171–238). Konstanz: UVK.

Solga, H., Powell, J., & Berger, P. (2009). *Soziale Ungleichheit. Klassische Texte zur Sozialstrukturanalyse.* Frankfurt, New York: Campus Verlag.

Zaborowski, K., Meier, M., & Breidenstein, G. (2011). *Leistungsbewertung und Unterricht. Ethnographische Studien zur Bewertungspraxis in Gymnasium und Sekundarschule.* Wiesbaden: Springer VS.

Zur irritierenden Präsenz und positionierten Professionalität von Pädagog*innen of Color

Hanna Mai

Die Tatsache, dass die deutsche Gesellschaft eine Migrationsgesellschaft ist, hat – u. a. durch die Reform des Staatsangehörigkeitsrechts im Jahr 2000 – weitgehend Anerkennung gefunden. Auch die Frage, was dies für Bildung und Pädagogik bedeutet und wie eine der Migrationsgesellschaft angemessene Pädagogik aussehen kann, wird in den Erziehungswissenschaften aktuell unter dem Begriff der Migrationspädagogik (Mecheril et al. 2010; Mecheril 2016) diskutiert. Fragen von Migration und Bildung gelten inzwischen als fester Bestandteil erziehungswissenschaftlicher Studiengänge (vgl. Doğmus et al. 2016, S. 1 f.).

Die Realität der Migrationsgesellschaft bedeutet dabei nicht nur eine größere Heterogenität der Adressat*innen pädagogischer Arbeit – wenngleich der Fokus der migrationspädagogischen Auseinandersetzung meist auf diesem Aspekt lag und liegt (vgl. Kalpaka und Mecheril 2010) – sondern auch, dass zunehmend mehr Pädagog*innen mit Migrationsgeschichte und/oder Rassismuserfahrungen sowohl pädagogisch tätig als auch maßgeblich an erziehungswissenschaftlichen Diskussionen beteiligt sind. Der berufliche und gesellschaftliche Status als professionelle*r Pädagog*in geht sowohl mit einer Machtasymmetrie gegenüber den Adressat*innen einher, als auch mit Möglichkeiten, Einfluss auf pädagogische Diskussionen und Deutungen nehmen zu können. Wenn diejenigen, die

H. Mai (✉)
Berlin, Deutschland
E-Mail: hanna.h.mai@gmx.de

als ethno-natio-kulturelle *Andere*[1] (vgl. Mecheril 2010a, S. 14) als nicht selbstverständlich Zugehörige gelten, nun in diese Positionen gelangen, deuten sich damit Verschiebungen gesellschaftlicher Machtverhältnisse an. In der bildungspolitischen Diskussion werden diese Verschiebungen unter Gerechtigkeitsaspekten gutgeheißen: So besagt eine Veröffentlichung des *Bundesamts für Migration und Flüchtlinge*, dass eine stärkere Teilhabe von Personen ‚mit Migrationshintergrund'[2] an pädagogischen Berufen, hier der Schule, „mit Blick auf den gleichberechtigten Zugang zu hoch qualifizierten Berufen" (2010, S. 167) bedeutsam sei. Gleichzeitig wird ihnen eine wichtige Rolle für eine gelingende interkulturelle Öffnung pädagogischer Einrichtungen zugeschrieben (vgl. ebd., S. 102). Ein genauerer Blick auf die Erwartungen, die an diese Gruppe gestellt werden, zeigt jedoch die Ambivalenz der Forderung nach mehr Pädagog*innen ‚mit Migrationshintergrund'. Diese wird häufig mit einer gestiegenen Zahl von Bildungsteilnehmenden ‚mit Migrationshintergrund' begründet, wobei hier oftmals kulturalistische Erwartungen und Zuschreibungen gemacht werden, z. B. wenn Pädagog*innen of Color[3] als ‚Brückenbauer', ‚Vermittler' oder ‚Dolmetscher'

---

[1] Mit *Andere* sind hier und im Folgenden Menschen gemeint, die durch rassistische oder kulturalisierende Konstruktionen zu *Anderen* gemacht und als *Andere* zu Subjekten werden. Um jenen Konstruktcharakter zum Ausdruck zu bringen, schreibe ich *Andere* kursiv.

[2] Ich verwende an dieser Stelle den Begriff ‚mit Migrationshintergrund', um den bildungspolitischen Diskurs wiederzugeben. Die seit 2005 im Mikrozensus erhobene Kategorie ‚Migrationshintergrund' ermöglicht zum einen wichtige Erkenntnisse über Zugangsbarrieren und Diskriminierungen dieser Gruppe. Andererseits ist die Kategorie für eine rassismuskritische Analyse nur bedingt sinnvoll, da sie Menschen mit deutscher Staatsangehörigkeit, die Rassismuserfahrungen machen, etwa Roma und Schwarze Deutsche, nicht erfasst und nicht alle Personen mit Migrationshintergrund in Deutschland Rassismuserfahrungen machen. Aus diesem Grund setze ich den Begriff in einfache Anführungszeichen.

[3] Für die untersuchte Gruppe verwende ich in meiner, diesem Beitrag zugrunde liegenden Dissertation den Terminus Person/People of Color (PoC) bzw. Pädagog*innen of Color. PoC bezieht sich auf Menschen, die in Deutschland aufgrund rassistischer Differenzierungen als *Andere* definiert und abgewertet werden und somit Rassismuserfahrungen machen. Der Begriff People of Color geht auf die antirassistischen Befreiungsbewegungen in den 1960er Jahren zurück und ist eine Selbstbezeichnung, die auf einer Solidarität stiftenden Perspektive zwischen rassifizierten Menschen basiert, um die koloniale Strategie des ‚Teile und Herrsche' zu unterlaufen (vgl. Ha 2013). Die Verwendung eines in sozialen Bewegungen als Selbstbezeichnung entstandenen Begriffs als wissenschaftliche Analysekategorie ist nicht unproblematisch, da er dabei teils seiner bewegungsgeschichtlichen, politischen Verwendung enthoben wird. Ich setze jedoch nicht voraus, dass die von mir befragten Personen die Selbstbezeichnung Person of Color für sich verwenden. Ich habe den Begriff u. a. gewählt, um die Bedeutung der Selbstpositionierung der Interviewten als konzeptionellen Teil der Studie sichtbar zu machen. So wurde gezielt nach Interviewpartner*innen gesucht, die sich von der obigen Definition von PoC angesprochen fühlen.

gelten und ihre Zuständigkeit auf die Arbeit mit als ‚migrantisch' geltenden Adressat*innen reduziert wird (vgl. Akbaba et al. 2013). Derartige Zuschreibungen positionieren sie trotz ihres Status als professionelle Pädagog*innen als *Andere* und Nicht-Zugehörige (vgl. ebd.), worauf auch Ergebnisse von Untersuchungen über Rassismuserfahrungen von Pädagog*innen ‚mit Migrationshintergrund' in Ausbildungs- und Arbeitskontexten hinweisen (vgl. Fereidooni 2016, Karakaşoğlu et al. 2013, Kukovetz et al. 2014).

Daher stellt sich die Frage, ob und wenn ja, unter welchen Bedingungen mit der Präsenz von Pädagog*innen of Color in pädagogischen Arbeitskontexten tatsächlich eine berechtigte Hoffnung auf eine der Migrationsgesellschaft angemessenere Pädagogik oder eine Transformation (rassistischer) Machtverhältnisse besteht. Die hier skizzierte ambivalente Rolle von Pädagog*innen of Color zwischen Hoffnungsträger*innen und Betroffenen von Diskriminierung zum Anlass nehmend, geht dieser Beitrag den Fragen nach, welche Rolle rassistische Differenzordnungen in pädagogischen Arbeitskontexten spielen, wie sie sich auf das professionelle Wissen, auf das Handeln und auf die Selbstbilder von Pädagog*innen of Color auswirken und über welche (widerständigen) Umgangsweisen mit rassistischen Differenzordnungen Pädagog*innen of Color verfügen. Mit Paul Mecheril und Anne Broden gehe ich von einer „Normalität rassistischer Ordnung" (2010, S. 12) aus. Rassismus wird dann nicht als Ausnahme oder Extrem am Rand der Gesellschaft verstanden, sondern als ein in der Gesellschaft geteiltes und als ‚normal' anerkanntes „rassistische[s] Wissen" (Terkessidis 1998, S. 83) darüber, wer die *Anderen* sind, wie sie aussehen und was sie für Eigenschaften haben. Dieses Wissen ist auch in pädagogischen Arbeitskontexten wirksam und institutionell und strukturell verankert (vgl. Melter 2016).

Grundlage des Beitrags sind Ergebnisse meiner Dissertation, in der ich in episodischen Interviews (vgl. Flick 2011) mit Pädagog*innen of Color erhobene Erzählungen als situiertes Wissen (vgl. Harding 1994) von „outsidern within" (Collins 1986) verstehe und mit Bezug auf Rassismus- und Professionstheorien[4] auswerte. Anhand der Analyse zweier Ausschnitte aus einem Interview mit einem Pädagogen of Color zeichne ich im Folgenden nach, wie auf rassistischem

---

[4]Vgl. zum Verständnis von Rassismus und Rassismuskritik, das der Arbeit zugrunde liegt, Hall 1989; Miles 1991, Terkessidis 1998 sowie Melter und Mecheril 2011. Zur professionstheoretischen Fundierung rekurriert die Arbeit zum einen auf Ansätze, die sich mit der Machtförmigkeit von Professionalität befassen (vgl. bspw. Helsper 2002; Dewe und Otto 2001), zum anderen auf Arbeiten und Beiträge zum Zusammenhang von Biografie und Professionalität (vgl. bspw. Nagel 1997; Kraul et al. 2002).

Wissen basierende Differenzierungen in seinem Arbeitskontext wirken und über welches Wissen, welche Strategien und Kompetenzen im Umgang mit Fremdwahrnehmungen er verfügt. Ausgehend von der konkreten Analyse konzipiere ich in der Folge die Anwesenheit von Pädagog*innen of Color als *irritierende Präsenzen*, die auf den Platz der *Anderen* zurückverwiesen werden und plädiere dafür, Professionalität in der Migrationsgesellschaft grundsätzlich als *positionierte Professionalität* zu verstehen. Abschließend skizziere ich beispielhaft Ideen, wie ein solches Verständnis von Professionalität auf den Ebenen von erziehungswissenschaftlicher Forschung sowie pädagogischer Aus- und Weiterbildung umgesetzt werden könnte.

1 Rassifizierte[5] Professionalität und Wissen über Rassismus als professionelle Kompetenz – Analyse eines Interviews mit dem Pädagogen Cem Atalan[6]

1.1 Rassismus als für Cem biografisch relevante Erfahrung und sein Wissen über Rassismus

Anhand einer Passage aus dem Interview mit dem Pädagogen Cem wird zunächst aufgezeigt, dass er Rassismuserfahrungen als biografisch relevante Erfahrungen präsentiert. Ferner wird Cems Wissen über Rassismus, wie es sich in der Art und Weise seiner Thematisierung zeigt, nachgezeichnet.

> Also Markierungen erfahre ich seitdem ich n Kind bin, (.) ähm, ich hab n türkischen Hintergrund, n alevitischen Hintergrund, //mhm// wobei das (.) für Mehrheitsgesellschaft erst mal egal war, ich war halt äh (.) Moslem, (.) und ähm (.) ja, und dann auch so, in Verbindung mit (.) ja Race und Ethnie, sag ich jetzt mal, auch ähm mein Geschlecht, (.) dann männlich ne, männlich, muslimisch, türkisch, dann bist du halt (.) die Bilder sind dann halt, äh, du bist = n Macho, (.) du bist aggressiv, du hast

---

[5]Mit Rassifizierung wird in der Rassismusforschung der Prozess der Konstruktion vermeintlicher ‚Rassen' bezeichnet, in dem (körperliche) Merkmale zu Markern rassistischer Differenz und den derart konstruierten ‚Rassen' unterschiedlich bewertete essenzialistische Eigenschaften zugeschrieben werden (vgl. Terkessidis Terkessidis 1998, S. 77).

[6]Um die Identität des Interviewten zu schützen, wurde der Name von der Autorin geändert. Städte und Einrichtungen werden mit einem fiktiven Anfangsbuchstaben abgekürzt.

nichts im Kopf, du brauchst kein deutsches Abitur, ähm, (.) ja; du bist gewalttätig. (.) Oder du hast gro:ßes Potential dafür; (.) das sind so die Markierungen, mit denen ich eigentlich aufgewachsen bin.[7]

Cem schildert hier die Erfahrung, seit seiner Kindheit, unabhängig von der eigenen Selbstbeschreibung („ich hab n türkischen Hintergrund, n alevitischen Hintergrund"), als „Moslem" gesehen zu werden und aufgrund dessen Abwertungen und Ausschlüsse zu erleben. Diskriminierende Zuschreibungen beschreibt er als biografisch prägende Erfahrungen („mit denen ich eigentlich aufgewachsen bin"). Bereits im ersten Satz unterscheidet Cem zwischen sich und einer „Mehrheitsgesellschaft", womit er signalisiert, dass er die Zuweisung als nichtzugehörig annimmt, deren verletzende, abwertende und ausschließende Effekte er anschließend reflektiert und kritisiert. Der Satz „du brauchst kein deutsches Abitur" kann als Wiedergabe eines Ausspruchs eines*r einzelnen Lehrers*in gelesen werden oder auch allgemeiner als die Art und Weise, auf die Cem von der „Mehrheitsgesellschaft" im Bildungssystem adressiert wurde. In der klaren Unterscheidung zwischen dem angesprochenen Cem („du") und dem als „deutsch[]" definierten „Abitur" zeigt sich sein Empfinden, dass ihm sowohl Zugehörigkeit als auch mit dem Abitur verbundene Bildungs-, Berufs- und gesellschaftliche Partizipationsmöglichkeiten verweigert werden.

Cems Wortwahl („*Markierungen*", „*Bilder*", „*Race*", „*Ethnie*", „*Geschlecht*") sowie Kenntnisse über die Interdependenz verschiedener Differenzkategorien, die sich in seiner Aussage spiegeln (*"und dann auch so, in Verbindung mit (.) ja Race und Ethnie sag ich jetzt mal auch ähm mein Geschlecht"*), weisen darauf hin, dass er Erfahrungswissen mit theoretischem Wissen über Rassismus verbindet. Philomena Essed hat auf die Bedeutung von analytischem Wissen über Rassismus für Schwarze Menschen aufmerksam gemacht, um eigene Rassismuserfahrungen überhaupt als Rassismus zu verstehen (vgl. Essed 1991, S. 72). Sie unterscheidet zwischen erklärendem Wissen und beschreibendem Wissen, wobei ersteres „,theories' about the causes, history, and function of racism" (ebd., S. 109) umfasst und relevant ist für Strategien im Umgang mit Rassismus (vgl. ebd.). Durch theoretisches Wissen über Rassismus wird es Cem möglich, biografisch relevante Diskriminierungserfahrungen als Rassismuserfahrungen zu verstehen, sie in Worte zu fassen

---

[7]Cem Atalan (unveröffentlichtes Interview). Verwendete Transkriptionsregeln: Die Intonation wird mit Satzzeichen widergegeben: ,(schwach steigend); (schwach sinkend) und. (stark sinkend). Hörersignale der Interviewerin sind mit //..//, ein kurzes Absetzen, mit (.) gekennzeichnet. Längere Pausen werden mit der Anzahl der Sekunden in Klammern kenntlich gemacht: (1).

und sie in einen größeren gesellschaftlichen Kontext zu stellen. Sie erscheinen dann nicht als individuelles Schicksal und willkürliche Angriffe auf seine Person, sondern können als Ausdruck von Rassismus als gesellschaftliches Problem verstanden werden. Die Verwendung analytischer Begriffe wie „*Markierungen*" machen es ihm möglich, im Interview mit analytischer Distanz über eigene Rassismuserfahrungen sprechen zu können, ohne dabei von konkreten Situationen berichten zu müssen.

1.2 Rassifizierung von Professionalität im pädagogischen Arbeitskontext

In einem weiteren Schritt wird nun die Analyse einer Passage aus dem Interview mit Cem vorgestellt, in welcher dieser über Erfahrungen mit Fremdbildern und Zuschreibungen berichtet, die er im Kontext seiner professionellen pädagogischen Tätigkeit gemacht hat. Zunächst wird analysiert, wie in der folgenden Passage Differenz hergestellt und Professionalität rassifiziert werden, um in einem weiteren Analyseschritt die Bedeutung von Wissen über Rassismus für Cems Umgang mit Rassismuserfahrungen im eigenen Arbeitskontext beleuchten zu können.

> […] ich hab auch (.) ähm Schulsozialarbeit gemacht, //mhm// an einer Grundschule in *Stadtteil von R.* (.) und ein Beispiel war […] als wir dann die Schulstation, wir hatten halt Räumlichkeiten, die haben wir dann verändert, //mhm// die wollten wir schöner machen, dann haben wir so=n Wandteppich gekauft, n orientalischen und ähm, ähm n interkulturellen Kalender aufgehangen, (1) und halt so pf- wärmere Farben benutzt, und dann kam die Schulleitung zu mir, und meinte, das Kollegium würde, ja, ähm behaupten, es, also sie hat sich erst mal umgeguckt, dann habe ich gefragt, ob ich ihr helfen kann, //mhm// da hat sie so geguckt und meinte ja:, also die Kollegen meinten, hier würde n Gebetsteppich hängen, ähm und ähm, n islamischer Kalender, //mhm// und haben, haben wir uns so die Sachen angeguckt, also sie konnte noch n Gebetsteppich von nem Wandteppich unterscheiden, //mhm// also die Kompetenz hatte sie noch, (.) und da hab ich gesagt, ist ja, st- faszinierend was da für Projektionen abkommen, //mhm// äh abgehen im Kollegium //mhm// also solche Sachen auch zum Beispiel, das dann auch Sprüche kamen, sieht ja wie bei den Türken zu Hause aus.[8]

---

[8]Cem Atalan (unveröffentlichtes Interview).

Cem beginnt die Erzählung mit der Schilderung einer Handlung im Rahmen seiner Arbeit in der Schulsozialarbeit. Es geht um die Umgestaltung der Räumlichkeiten der Schulstation[9], welche „*schöner*" gemacht werden sollen. Er erzählt, dass sie „*wärmere Farben*" verwendet haben, was darauf hinweist, dass die Räume ansprechender und gemütlicher werden sollen, so dass diejenigen, die sie nutzen, sich darin wohlfühlen. Dabei bleibt unklar, wer mit dem „*wir*" gemeint ist. Evtl. handelt es sich um weitere Mitarbeiter*innen der Schulstation oder Schüler*innen, die an der Gestaltung der Räumlichkeiten beteiligt waren. Cem hebt zwei Gegenstände hervor, einen „*interkulturellen Kalender*"[10] und einen „*Wandteppich*", den er mit dem Zusatz „*n orientalischen*" kennzeichnet. Edward Said hat darauf hingewiesen, dass der ‚Orient' bzw. die Vorstellung eines ‚Orients' als kultureller und geografischer Ort in erster Linie ein westliches Konstrukt ist, geschaffen u. a. durch Literatur und Erzählungen (vgl. 1981). ‚Orientalisch' ist somit ein Begriff, der auf Konstruktion und Fremdzuschreibung verweist, an dessen Verwendung im Interview aber auch deutlich wird, dass Fremdzuschreibungen wirkmächtig sind, dass sie zu einer Wirklichkeit werden, zu der diejenigen, die beschrieben werden, sich verhalten müssen. Wenn Cem den Teppich als ‚orientalisch' kennzeichnet, übernimmt er eine exotisierende Markierung, um mir als Interviewerin die Erzählung in ihrem sozialen Sinn verständlich machen zu können.

Jene beiden Gegenstände werden vom „*Kollegium*" als religiöse, als islamische Gegenstände wahrgenommen (*„Gebetsteppich"*, „*islamischer Kalender*"). Da diese Information von der Schulleiterin geäußert wird, ist zu vermuten, dass mit dem „*Kollegium*" das Lehrer*innenkollegium der Schule gemeint ist. Die Markierung bzw. Umdeutung von nichtreligiösen Gegenständen als ‚islamisch' impliziert eine Markierung als different und als nicht selbstverständlich zugehörig (vgl. Attia 2009). Zudem wird die hergestellte Differenz problematisiert, wobei die Problematisierung nicht explizit geäußert wird; sie lässt sich jedoch aus dem Umgang der Akteur*innen mit der Situation herauslesen. Ein Hinweis dafür, dass scheinbar islamische Gegenstände in der Schulstation als problematisch bewertet werden,

---

[9]Schulstationen sind ein an Schulen angesiedeltes sozialpädagogisches lebensweltorientiertes Angebot für Schüler*innen. Sie stellen ein Modell der Kooperation zwischen Schule und Jugendhilfe dar, wobei sie von der Schule unabhängig sind und über das Jugendamt finanziert werden (vgl. von Werthern 2007, S. 20).

[10]Sogenannte ‚interkulturelle Kalender' werden vom *Bundesamt für Migration und Flüchtlinge* aber auch von Integrationsbeauftragten auf Landesebene herausgegeben und weisen auf Fest- und Feiertage verschiedener Kulturen und Religionen hin.

ist der Umstand, dass „*die Kollegen*" untereinander über den Vorfall gesprochen haben, sich jedoch nicht direkt an Cem gewandt haben. Ein weiteres Indiz stellt die Tatsache dar, dass sie entweder die Schulleiterin informiert haben, d. h. dass das vermeintliche Problem an eine höhere Stelle in der Hierarchie der Schule delegiert wurde, oder die Schulleitung auf anderen Wegen davon erfahren hat und es selbst für notwendig erachtete, sich mit der Angelegenheit zu befassen. Auch wenn der genaue Ablauf aus der Erzählung nicht hervorgeht, kommt es letztendlich zu dem Besuch der Schulleiterin in der Schulstation. Der Verdacht, dass ein Pädagoge ‚islamische Gegenstände' im Rahmen von Schulsozialarbeit verwendet, führt somit zu der Notwendigkeit, dass die Schulleiterin als höchste Instanz der Schule aktiv wird, Präsenz zeigt und sich informiert. Ein weiteres Indiz dafür, dass die genannten Gegenstände als problematisch wahrgenommen werden, ist, dass die Erzählung über den Besuch der Schulleiterin an der Stelle endet, als offensichtlich wird, dass ein Missverständnis vorlag und es sich nicht um ‚islamische' Symbole handelt, womit die Situation geklärt und das ‚Problem' behoben worden ist.

Auch wenn das ‚Problem', der implizite und schließlich ausgeräumte Vorwurf, der Cem gemacht wurde, in der Erzählung nicht explizit wird, lässt sich die Problematisierung vor dem Hintergrund eines aktuellen gesellschaftlichen Diskurses über den Islam deuten. Darin wird dieser zum einen als Bedrohung als ‚eigen' vorgestellter Werte, etwa der Gleichberechtigung der Geschlechter, verhandelt; zum anderen wird die Frage aufgeworfen, ob ‚der Islam' und ‚die Muslime' zu Deutschland gehören (vgl. Shooman 2012). Auch in Auseinandersetzungen, die sich auf Schule und Unterricht beziehen, spiegelt sich diese Ausrichtung des Diskurses wieder: Etwa in der Diskussion über islamischen Religionsunterricht, über die Freistellung muslimischer Mädchen vom Schwimmunterricht oder über das Kopftuchverbot für muslimische Lehrerinnen (vgl. Human Rights Watch 2009). Vor dem Hintergrund dieser Diskurse kann die von Cem thematisierte Problematisierung interpretiert werden als Verdacht, dass er gegen das Neutralitätsgebot von Schule verstößt – bis hin zu dem Vorwurf, einer Religion in einem der Schule zugehörigen Ort Raum zu geben, die mit Zuschreibungen wie ‚gewaltbereit', ‚rückständig' und ‚frauenverachtend' belegt ist (vgl. Shooman 2012, S. 56).

Die Szene kann als Erfahrung von antimuslimischem Rassismus im Arbeitskontext gedeutet werden. Mit dem Konzept des antimuslimischen Rassismus hat Iman Attia darauf hingewiesen, dass eine Diskriminierung als ‚Muslime' und eine Abwertung des ‚Islam' nicht unbedingt etwas mit Religion zu tun haben müssen. Damit können auch „Menschen als Muslime angesprochen oder behandelt [werden], die sich selbst nicht oder nicht in erster Linie als solche beschreiben, Verhaltensweisen werden als religiös-kulturelle interpretiert, die in anderen

Kontexten als gesellschaftliche gedeutet werden" (Attia 2014). Von Interesse für eine rassismuskritische Analyse ist hier nicht, ob die Problematisierung der vermeintlich islamischen Symbole in einer Schule gerechtfertigt ist oder nicht, sondern vielmehr der Vorgang der Ethnisierung oder auch Rassifizierung von Religion und die damit verbundene Problematisierung und Diskriminierung.

Neben der Differenzkategorie ‚Islam' wird in der Erzählung auch über die Kategorie ‚nationale Herkunft' Differenz hergestellt. Im letzten Satz des Interviewausschnitts gibt Cem Reaktionen aus dem Kollegium auf die neu eingerichtete Schulstation wider *(„also solche Sachen auch zum Beispiel, das dann auch Sprüche kamen, sieht ja wie bei den Türken zu Hause aus")*. Die Kommentare der Kolleg*innen kennzeichnet er als *„Sprüche"*. Sprüche sind oft pauschalisierend und die Kennzeichnung als solche deutet darauf hin, dass er sie als herablassende Kommentare wahrnimmt. Sprüche beinhalten des Weiteren häufig auch verklausulierte Botschaften, die nicht eindeutig sind und interpretiert werden müssen.

Mit der Formulierung *„sieht ja wie bei den Türken zu Hause aus"*, wird seitens der Kolleg*innen eine homogene Gruppe, die *„Türken"*, konstruiert, die ihre Wohnungen alle im gleichen Stil einrichten, der als typisch für das ‚Herkunftsland' betrachtet wird. Menschen, die als *„Türken"* adressiert werden, werden somit nicht als Individuen wahrgenommen und als nicht-zugehörige Gruppe und kulturell *Andere* konstruiert. Die Tatsache, dass denjenigen, die die *„Sprüche"* machen, bekannt zu sein scheint, wie es bei *„den Türken zu Hause"* aussieht, verweist darauf, dass es sich bei den derart Adressierten eben nicht um Menschen in der Türkei handelt, sondern um Menschen aus dem Schul- und Wohnumfeld, die unabhängig von ihrer Nationalität und Selbstdefinition als ‚Türken' gelten.

Der Teilsatz impliziert, dass es sich um eine Art der Einrichtung handelt, die an privaten Orten *(„zu Hause")* von *Anderen (,,Türken")* verortet ist und ferner, dass diese Präsenz von Differenz an der Schule deplatziert ist. Dies erscheint vor dem Hintergrund widersprüchlich, dass für den Freizeitbereich einer Schule und Räume der Schulsozialarbeit, die einen niedrigschwelligen und lebensweltorientierten Ansatz verfolgt (vgl. von Werthern 2007, S. 20), einladend und ‚wie zu Hause' gestaltete Räume gerade als angemessen gelten können. Hier jedoch wird das ‚wie zu Hause' nicht gutgeheißen, denn es ist das ‚andere', das ‚falsche' oder auch das ‚deklassierte'[11] Zuhause. Die mit der Formulierung *„zu Hause"* angesprochene

---

[11] Vor dem Hintergrund, dass Menschen mit türkischer Migrationsgeschichte weniger verdienen und häufiger von Arbeitslosigkeit betroffen sind als der Bundesdurchschnitt (vgl. Bundesamt für Migration und Flüchtlinge 2011, S. 23, 60) kann die abwertende Bezeichnung *„Türken"* auch als Ausdruck intersektionaler Diskriminierung in Form von interagierender rassistischer und klassistischer Abwertungen gelesen werden.

Einrichtung symbolisiert das Privat- und Familienleben außerhalb der Schule bzw. des Berufs. Gegenstände, die dieses Privat- und Familienleben von als „*Türken*" konstruierten Menschen repräsentieren, werden somit als unangemessen für einen Ort, an dem professionelle pädagogische Arbeit stattfindet, bewertet.

Der Spruch der Kolleg*innen muss vor dem Hintergrund interpretiert werden, dass Cem als „*türkisch*" wahrgenommen wird und sich auch selbst so positioniert *(„ich hab n türkischen Hintergrund")*, folglich vermutlich auch von den Kolleg*innen im Kontext dieser ethno-natio-kulturellen (Selbst-)Positionierung gesehen wird. Der Ausspruch „*sieht ja wie bei den Türken zu Hause aus*" lässt die Interpretation zu, dass Cem mit dem Begriff „*Türken*" mitgemeint ist, wodurch auch die Angemessenheit und Legitimität seiner Präsenz als Pädagoge an der Schule in Frage gestellt ist.

Eine weitere mögliche Lesart des Teilsatzes ist, dass Cem seitens der Kolleg*innen eine besondere Nähe zu einer als „*Türken*" konstruierten Gruppe der Schüler*innenschaft zugeschrieben und diese Nähe problematisiert wird. Eine solche Haltung der Kolleg*innen wird in der Passage von Cem nicht offen artikuliert, sie lässt sich durch die Verbindung, die durch den Ausspruch zwischen ihm als Schulsozialarbeiter und ‚türkischen' Schüler*innen und/oder einer ‚türkischen' Bevölkerung im Schulumfeld hergestellt wird, aber vermuten.

Abschließend soll ein Blick auf die Ebene der pädagogischen Handlung geworfen werden, wie sie in dieser Interviewpassage beschriebenen wird. Sie besteht darin, dass Cem die Schulstation gestaltet und dabei mit dem interkulturellen Kalender und dem als ‚orientalisch' beschriebenen Wandteppich Gegenstände verwendet, die als Symbole für die Anerkennung einer Migrationsgesellschaft gelesen werden können. Die Anerkennung von Differenz ist mit einem unlösbaren Dilemma verbunden, denn es besteht immer eine Gleichzeitigkeit von Anerkennung und Sichtbarmachung von Pluralität, d. h. pluraler Lebenswelten, Biografien, Familiengeschichte etc., als „symbolische Repräsentation" (Karakaşoğlu et al. 2013, S. 76) und der Gefahr, dadurch Zuschreibungen zu reproduzieren und die *Anderen* als *Andere* immer wieder herzustellen und festzuschreiben. Der Stadtteil, in dem die Schule liegt und den Cem zu Beginn der Erzählung erwähnt, ist ein Stadtteil, in dem der Anteil jener Bewohner*innen hoch ist, die familiäre Beziehungen außerhalb Deutschlands haben und die ebenfalls als ‚türkisch', ‚muslimisch', ‚migrantisch' gelesen werden. Auch wenn Cem selbst diese Intention im Interviewausschnitt nicht formuliert, kann vor diesem Hintergrund die Handlung, in der Schulstation einen interkulturellen Kalender und einen ‚orientalischen' Wandteppich aufzuhängen, im Sinne symbolischer Repräsentation als Akt der Anerkennung unterschiedlicher Lebenswelten von Schüler*innen verstanden werden, der darauf zielt, in der Schule existente Pluralität sichtbar zu machen und als selbstverständlichen Bestandteil der Schule zu präsentieren. Mit Blick auf die Frage nach den Bedingungen der Transformation (rassistischer) Machtverhältnisse durch die Präsenz von Pädagog*innen of Color kann für diesen Fall konstatiert werden, dass das pädagogischen Handeln von Cem, welches als Akt der Anerkennung differenter Lebenswelten beschrieben werden kann, problematisiert und erschwert wird.

Mit der Umdeutung der Gegenstände als ‚islamische' Symbole scheint die Markierung von Cem als „Moslem" und ‚Türke' gleichsam auf sein pädagogisches Handeln (hier jenes der Gestaltung des Raumes) übertragen worden zu sein. Diese Markierung, die sich festmacht an seinem Körper, seinem Namen, einer vermeintlichen Herkunft und Religion, beeinflusst somit auch, wie sein pädagogisches Handeln von Kolleg*innen und Vorgesetzten wahrgenommen wird. Er wiederum muss sich zu einer derart rassifizierten und wie gezeigt, problematisierten und in Frage gestellten Professionalität verhalten und positionieren, was einen Teil seiner Professionalität ausmacht. Im folgenden Kapitel gehe ich nun auf Cems Wissen über Rassismus ein, das eine professionelle Kompetenz im Umgang mit Rassismuserfahrungen im eigenen Arbeitskontext widerspiegelt.

In der Interviewpassage zeigen sich Cems Strategien im Umgang mit Rassismus. Er reagiert auf die unausgesprochene Problematisierung seines pädagogischen Handelns, indem er der Schulleiterin antwortet: *„ist ja, st- faszinierend was da für Projektionen abkommen, äh abgehen im Kollegium"*. Seine Strategie besteht also darin, die Vermutungen der Kolleg*innen als *„Projektionen"* zu bezeichnen und damit gleichsam zu entlarven. Er verfügt über Begrifflichkeiten, die es ihm ermöglichen, mit der Situation souverän umzugehen und deutlich zu machen, dass nicht er oder sein Handeln das ‚Problem' sind, sondern die Zuschreibungen der Kolleg*innen. Das Wort *„faszinierend"* verweist auf eine Beobachterposition, die eine schützende Distanz zu der verletzenden Aussage ermöglichen kann. Seine Reaktion deutet auf sein theoretisches, analytisches Verständnis seiner Rassismuserfahrungen, welches bereits im ersten Interviewausschnitt herausgearbeitet wurde. Hier nutzt er es im beruflichen Kontext. Es macht ihn handlungsfähig und erlaubt ihm, mit der unausgesprochen Problematisierung seines professionellen Tuns souverän umzugehen.

Auch durch eine Betrachtung der Art und Weise, wie Cem über die Situation im Interview spricht, lassen sich Hinweise auf seine Strategien im Umgang mit Rassismuserfahrungen finden. Den Besuch der Schulleiterin in der Schulstation kommentiert er mit den Worten: *„also sie konnte noch n Gebetsteppich von nem Wandteppich unterscheiden, //mhm// also die Kompetenz hatte sie noch, (.)"*. Die Formulierung *„also die Kompetenz hatte sie noch"* suggeriert: Immerhin diese

Kompetenz hat sie gerade noch, auch wenn sie andere Kompetenzen nicht hat. Die Kompetenz, einen Gebetsteppich von einem Wandteppich unterscheiden zu können, setzt Cem hier als ‚normal' und setzt damit ein Wissen als Norm, das mit Blick auf gesellschaftliche Machtverhältnisse als Minderheitenwissen gelten kann. Sein Vorgehen bezeichne ich von daher als *subversive Normalisierung von Minderheitenwissen,* womit er implizit auch eine Forderung nach Akzeptanz der Migrationsgesellschaft als Normalität zum Ausdruck bringt. Dabei lassen sich dieses ‚Normalsetzen' und sein Sticheln gegen die Schulleiterin als selbstschützende Haltung gegen erfahrene Zuschreibungen und eine damit einhergehende Abwertung interpretieren. Sowohl das analytisch-biografische Wissen über Rassismus, das sich in seiner Reaktion zeigt, als auch das Wissen über einen selbstschützenden Umgang mit Rassismus, können als wesentlicher Bestandteil von Cems professioneller Kompetenz betrachtet werden. Durch beides kann er die *Bedingungen,* unter denen er pädagogisch arbeitet, beeinflussen.

2 Fazit: Irritierende Präsenz, Replatzierungen und positionierte Professionalität

Eine zunehmende Präsenz von Pädagog*innen of Color in pädagogischen Arbeitsfeldern wurde eingangs als Indiz für eine Verschiebung gesellschaftlicher Machtverhältnisse beschrieben. In der Analyse konnten Irritationen und problematisierende bis abwertende und ablehnende Reaktionen auf die Präsenz und das professionelles Handeln eines Pädagogen of Color herausgearbeitet werden, die als Reaktionen auf jene Verschiebung gesellschaftlicher Machtverhältnisse gedeutet werden können. So lässt sich in der zweiten Interviewpassage eine doppelte Irritation ausmachen. Zunächst irritieren die vermeintlich ‚islamischen' Gegenstände das Kollegium. Als Cem die Situation aufklärt, irritiert er erneut, indem er die Fremdzuschreibung als Fehlinterpretation entlarvt. Damit irritieren sowohl Cems Präsenz, seine Handlungen und auch sein Umgang mit Zuschreibungen dominante Normalitäts- und Zugehörigkeitsordnungen, die in seinem pädagogischen Arbeitskontext wirksam sind.

Die abwehrenden und abwertenden Reaktionen auf seine (körperliche) Präsenz und sein professionelles Handeln implizieren eine Replatzierung, also eine Zurückweisung auf einen Platz des *Anderen,* der in der hegemonialen Ordnung gesellschaftlicher Machtverhältnisse lange nicht als Platz der professionellen Pädagog*in gedacht wurde (vgl. Mecheril et al. 2010, S. 82).

Die Analyse zeigt weiterhin, dass Cem sich bewusst darüber ist, dass die Wahrnehmung und Bewertung seines professionellen Handelns durch Kolleg*innen durch rassifizierende Zuschreibungen beeinflusst ist. Dabei wurde auch auf sein Wissen und seine Kompetenzen im Umgang mit diesen Zuschreibungen und Problematisierungen hingewiesen, die als professionelles Wissen oder auch – einen häufig gebrauchten Terminus in rassismuskritischer Wendung aufgreifend – als ‚interkulturelle Kompetenz' gelesen werden können. Davon ausgehend, dass sich Menschen in Auseinandersetzung mit Rassismuserfahrungen subjektivieren (vgl. Rose 2012), legt die Analyse nahe, dass Pädagog*innen of Color sich in Auseinandersetzung mit Rassismuserfahrungen im eigenen Arbeitskontext professionalisieren. Wenn rassifizierende Differenzierungen sich als bedeutsam für das professionelle Wissen, Handeln und Selbstbild von Pädagog*innen erweisen, verweist dies allgemein auf die Bedeutung gesellschaftlicher Machtverhältnisse als *Bedingungen* unter denen pädagogisches Handeln und die Entwicklung pädagogischer Professionalität in der Migrationsgesellschaft stattfinden. Daher möchte ich nun an den Gedanken der Positioniertheit anknüpfen, wie Stuart Hall ihn in seinen Schriften zu kulturellen Identitäten formuliert hat (vgl. bes. 1994). Menschen sind innerhalb gesellschaftlicher Machtverhältnisse unterschiedlich positioniert. Ihre Positionierung geht einher mit Privilegierungen und Deprivilegierungen und beeinflusst die Wahrscheinlichkeit, bestimmter Erfahrungen und Perspektiven. Das Konzept der Positioniertheit verweist auf die Verwobenheit zweier Ebenen. Zum einen verweist es auf die Existenz und Wirkmächtigkeit von Machtverhältnissen, die in Differenzordnungen wie race, Klasse, Gender ihren Ausdruck finden und in die Subjekte hineingerufen bzw. von denen sie unterworfen werden. Zum anderen verweist es darauf, dass Subjekte sich diese Positionierungen aktiv aneignen, sie annehmen, reartikulieren oder sich ihnen widersetzen, d. h. sich in Auseinandersetzung mit Fremdpositionierungen selbst positionieren (vgl. Hall 1994; Supik 2005). In diesem Sinne kann pädagogische Professionalität in der Migrationsgesellschaft als *positionierte Professionalität* bezeichnet werden.

3 Gedanken zur Weiterentwicklung pädagogischer Professionalität in der Migrationsgesellschaft

Abschließend möchte ich auf der Grundlage dieser Ergebnisse die eingangs aufgeworfene Frage nach einer der Migrationsgesellschaft angemesseneren Pädagogik aufgreifen. Auf die Frage nach den normativen Folgen, die aus der Realität der Migrationsgesellschaft für die Pädagogik zu ziehen sind, schlägt Mecheril eine rigoros reflexive Haltung vor, um mit der unauflösbaren Spannung zwischen der Anerkennung und Dekonstruktion von Differenz umzugehen. Im Zuge dieser Reflexivität werden „[p]rofessionelle Handlungen und Strukturen […] daraufhin befragt […], inwiefern sie zu einer Ausschließung des und der Anderen und/oder zu einer Herstellung der und des Anderen beitragen." (Mecheril 2010b, S. 190) Eine solche Reflexivität gilt nicht in erster Linie der*dem einzelnen Pädagog*in, sondern dem „im pädagogischen Handeln und Deuten maskierte[n] erziehungswissenschaftliche[n], kulturelle[n] und alltagsweltliche[n] Wissen" (ebd., S. 191). Eine solche reflexive Haltung, so meine Folgerung, muss auch explizit auf die Frage der unterschiedlichen Positionierung von Pädagog*innen angewandt werden – d. h. auf Vorstellungen darüber, wer als ‚normale*r' pädagogische*r Professionelle*r gilt, welche Ausschlüsse damit verbunden sein können oder inwiefern gesellschaftliche Differenz- und Dominanzverhältnisse dazu beitragen, die Professionalität *Anderer* in Frage zu stellen und zu problematisieren.

Ausgehend von dem hier untersuchten empirischen Beispiel skizziere ich abschließend, wie auf der professionstheoretischen Ebene sowie der Ebene der pädagogischen Aus- und Weiterbildung gesellschaftliche Machtverhältnisse als *Bedingungen* einer grundsätzlich *positionierten Professionalität* stärker Teil der Weiterentwicklung pädagogischer Professionalität in der Migrationsgesellschaft sein könnten.

Das Wissen über den Umgang mit im eigenen Arbeitsfeld wirksamen Machtverhältnissen und der eigenen Verletzbarkeit wurde hier am Beispiel von Wissen über Rassismus als professionelles Wissen konzipiert, da es die Bedingungen prägt, unter denen pädagogisch gearbeitet wird oder auch die Voraussetzungen dafür schaffen kann, handlungsfähig zu bleiben und pädagogisch arbeiten zu können. Eine derartige Konzeption von professionellem Wissen ist in der Professionstheorie bislang ungewöhnlich, könnte das Verständnis von professionellem Wissen aber fruchtbar erweitern. Ein stärkerer Einbezug gesellschaftlicher Macht- und Ungleichheitsverhältnisse als Bedingungen von Professionalität und Professionalisierungen in die Professionstheorie- und -forschung können hilfreich für ein besseres Verständnis von pädagogischer Professionalität in der Migrationsgellschaft sein.

Im hier vorgestellten empirischen Beispiel werden auch für den pädagogischen Arbeitskontext typische Beziehungsgefüge zwischen Gruppen pädagogischer Professioneller angesprochen – insbesondere beziehe ich mich auf das Verhältnis zwischen Lehrer*innenkollegium und dem pädagogischen Personal der Schulsozialarbeit. Die unterschiedliche institutionelle und professionelle Positionierung der beiden Parteien und die gegenseitige (Nicht)-Wertschätzung konnten hier allerdings nicht weiter in die Analyse einbezogen werden. Es erscheint jedoch sinnvoll, derartige Untersuchungen durch Integration der gesellschaftlichen Positionierung der professionellen Akteure zu ergänzen.

Wenn die eigene Positionierung in gesellschaftliche Machtverhältnisse das professionelle Wissen, Handeln und Selbstbild beeinflussen, kann das für die Ebene der Professionalisierung von Pädagog*innen bedeuten, dies anzuerkennen, indem dieser Aspekt stärker in der pädagogischen Aus- und Weiterbildung berücksichtigt wird. In Bezug auf Rassismus hieße das z. B., im Rahmen der Ausbildung institutionalisierte Orte der Auseinandersetzung mit der eigenen Positioniertheit und ihrer Bedeutung für die eigene Professionalität zu schaffen. Vorschläge für Pädagog*innen of Color finden sich etwa bei Kalpaka (vgl. 2006), Karakaşoğlu et al. (vgl. 2013) oder Lengyel und Rosen (vgl. 2012). Aber auch für als *weiß* positionierte Pädagog*innen ist diese Reflexion relevant; etwa die Auseinandersetzung mit der Frage, was es für das eigene professionelle Handeln und Selbstbild bedeutet, selbstverständlich als ‚normal' und zugehörig zu gelten.

Literatur

Akbaba, Y., Bräu, K., & Zimmer, M. (2013). Erwartungen und Zuschreibungen. Eine Analyse und kritische Reflexion der bildungspolitischen Debatte zu Lehrer/innen mit Migrationshintergrund. In K. Bräu, V. B. Georgi, Y. Karakaşoğlu & C. Rotter (Hrsg.), *Lehrerinnen und Lehrer mit Migrationshintergrund. Zur Relevanz eines Merkmals in Theorie, Empirie und Praxis* (S. 37–57). Münster: Waxmann.

Attia, I. (2009). *Die ‚westliche Kultur' und ihr Anderes. Zur Dekonstruktion von Orientalismus und antimuslimischem Rassismus*. Bielefeld: transcript Verlag.

Attia, I. (2014). *Antimuslimischer Rassismus und Islamophobie bzw. Islamfeindlichkeit*. In Migazin. http://www.migazin.de/2014/10/27/antimuslimischer-rassismus-und-islamophobie/. Zugegriffen: 17. August 2017.

Broden, A., & Mecheril, P. (Hrsg.). (2010). *Rassismus bildet. Bildungswissenschaftliche Beiträge zur Normalisierung und Subjektivierung in der Migrationsgesellschaft*. Bielefeld: transcript Verlag.

Bundesamt für Migration und Flüchtlinge. (2011). *Migranten am Arbeitsmarkt in Deutschland*. https://www.bamf.de/SharedDocs/Anlagen/DE/Publikationen/WorkingPapers/wp36-migranten-am-arbeitsmarkt-in-deutschland.pdf?__blob=publicationFile. Zugegriffen: 16. August 2017.

Collins, P. H. (1986). Learning from the Outsider Within: The Sociological Significance of Black Feminist Thought. In: *Social Problems*. Vol. 33, No. 6, Special Theory Issue (p. 14–32) (Oct.–Dec., 1986).

Dewe, B., & Otto, H.-U. (2001). Profession. In: H.-U. Otto, T. Hans (Hrsg.), *Handbuch Sozialarbeit/Sozialpädagogik* (S. 1399–1423). Neuwied: Luchterhand.

Doğmus, A., Karakaşoğlu, Y., & Mecheril, P. (Hrsg.). (2016). *Pädagogisches Können in der Migrationsgesellschaft*. Wiesbaden: Springer VS.

Essed, P. (1991). *Understandin Everyday Racism. An Interdisciplinary Theory*. Newbury Park u. a.: Sage.

Fereidooni, K. (2016). *Diskriminierungs- und Rassismuserfahrungen im Schulwesen: Eine Studie zu Ungleichheitspraktiken im Berufskontext.* Wiesbaden: Springer VS.

Flick, U. (2011). Das Episodische Interview. In G. Oelerich, & H.-U. Otto (Hrsg.), *Empirische Forschung und Soziale Arbeit* (S. 273–280). Wiesbaden: VS Verlag.

Ha, K. N. (2013). People of Color. In N.-A. Adibeli/ A. L. Hornscheidt. *Rassismus auf gut Deutsch. Ein kritisches Nachschlagewerk zu rassistischen Sprachhandlungen.* (S. 80–84) 2., Auflage. Frankfurt am Main: Brandes & Apsel.

Hall, S. (1989). Rassismus als ideologischer Diskurs. In: *Das Argument*, 178. Heft 6. (S. 913–921) Hamburg: Argument.

Hall, S. (1994). Die Frage der kulturellen Identität. In H. Stuart. *Rassismus und kulturelle Identität – Ausgewählte Schriften 2. Argument Sonderband Neue Folge AS 226.* (S. 180–222) Hamburg: Argument.

Harding, S. (1994). *Das Geschlecht des Wissens. Frauen denken die Wissenschaft neu.* Frankfurt/New York: Campus.

Helsper, W. (2002). Lehrerprofessionalität als antinomische Handlungsstruktur. In M. Kraul, W. Marotzki, C. Schweppe (Hrsg.), *Biographie und Profession* (S. 64–102). Bad Heilbrunn/Obb: Verlag Julius Klinkhardt.

Human Rights Watch (2009). *Diskriminierung im Namen der Neutralität Kopftuchverbote für Lehrkräfte und Beamtinnen in Deutschland.* https://www.hrw.org/sites/default/files/reports/germany0209deweb_0.pdf. Zugegriffen: 18. August 2017

Kalpaka, A. (2006). ‚Parallelgesellschaften' in der Bildungsarbeit – Möglichkeiten und Dilemmata pädagogischen Handelns in ‚geschützten' Räumen. In G. Elverich, A. Kalpaka & K. Reindlmeier (Hrsg.), *Spurensicherung – Reflexion von Bildungsarbeit in der Einwanderungsgesellschaft.* (S. 95–165). Frankfurt/M.; London: IKO.

Kalpaka, A., & Mecheril, P. (2010). „Interkulturell". Von spezifisch kulturalistischen Ansätzen zu allgemein reflexiven Perspektiven. In P. Mecheril, M. Castro Varela, İ. Dirim, A. Kalpaka & C. Melter, *Bachelor | Master: Migrationspädagogik* (S. 77–98). Weinheim; Basel: Beltz.

Karakaşoğlu, Y., Wojciechowicz, A., & Gruhn, M. (2013). Zum Stellenwert von Lehrerinnen und Lehrern mit Migrationshintergrund im Rahmen interkultureller Schulentwicklungsprozesse. In K. Bräu, V. B. Georgi, Y. Karakaşoğlu & C. Rotter (Hrsg.), *Lehrerinnen und Lehrer mit Migrationshintergrund. Zur Relevanz eines Merkmals in Theorie, Empirie und Praxis* (S. 69–83). Münster: Waxmann.

Kraul, M., Marotzki, W., & Schweppe, C. (Hrsg.) (2002). Biographie und Profession. Bad Heilbrunn/Obb: Verlag Julius Klinkhardt.

Kukovetz, B., Sadjed, A., & Sprung, A. (2014). *(K)ein Hindernis. Fachkräfte mit Migrationsgeschichte in der Erwachsenenbildung.* Wien: Löcker.

Lengyel, D., & Rosen, L. (2012). Vielfalt im Lehrerzimmer?! – Erste Einblicke in ein Lern-/Lehr- und Forschungsprojekt mit Lehramtsstudentinnen mit Migrationshintergrund an der Universität Köln. In F. Karim (Hrsg.): *Das interkulturelle Lehrerzimmer. Perspektiven neuer deutscher Lehrkräfte auf den Bildungs- und Integrationsdiskurs.* (S. 71–87). Wiesbaden: Springer VS.

Mecheril, P. (2010a). Migrationspädagogik. Hinführung zu einer Perspektive. In P. Mecheril, M. Castro Varela, İ. Dirim, A. Kalpaka & C. Melter, *Bachelor | Master: Migrationspädagogik* (S. 7–22). Weinheim; Basel: Beltz.

Mecheril, P. (2010b). Anerkennung und Befragung von Zugehörigkeitsverhältnissen. Umriss einer migrationspädagogischen Orientierung. In P. Mecheril, M. Castro Varela, İ. Dirim, A. Kalpaka & C. Melter, *Bachelor | Master: Migrationspädagogik* (S. 179–191). Weinheim; Basel: Beltz.

Mecheril, P. (Hrsg.) unter Mitarbeit von Veronika Kourabas und Matthias Rangger. (2016). *Handbuch Migrationspädagogik*. Weinheim; Basel: Beltz.

Mecheril, P., Castro Varela, M., Dirim, İ., Kalpaka, A., & Melter, C. (2010). *Bachelor | Master: Migrationspädagogik*. Weinheim; Basel: Beltz.

Melter, C., & Mecheril, P. (2011). *Rassismuskritik. Band 1: Rassismustheorie und -forschung*. 2. Aufl. Schwalbach/Ts.: Wochenschau.

Melter, C. (2016). Die nächsten Schritte gegen institutionelle nationalstaatliche Diskriminierung und institutionellen Rassismus. In M. Detzner/A. Drücker & S. Seng (Hrsg.). *Rassismuskritik. Versuch einer Bilanz über Fehlschläge, Weiterentwicklungen, Erfolge und Hoffnungen*. (S. 18–23). Düsseldorf: IDA e.V..

Miles, R. (1991). *Rassismus. Einführung in die Geschichte und Theorie eines Begriffs*. Hamburg: Argument.

Nagel, U. (1997). *Engagierte Rollendistanz: Professionalität in biographischer Perspektive*. Opladen: Leske+Budrich.

Rose, N. (2012). *Migration als Bildungsherausforderung: Subjektivierung und Diskriminierung im Spiegel von Migrationsbiographien*. Bielefeld: transcript Verlag.

Said, E. W. (1981). *Orientalismus*. Frankfurt/M.: Ullstein.

Shooman, Y. (2012). Das Zusammenspiel von Kultur, Religion, Ethnizität und Geschlecht im antimuslimischen Rassismus. In Bundeszentrale für politische Bildung (Hrsg.). *Aus Politik und Zeitgeschichte. Ungleichheit, Ungleichwertigkeit*. (S. 53–57) Jg. 62, Nr. 16-17/2012, Bonn.

Supik, L. (2005). *Dezentrierte Positionierung. Stuart Halls Konzept der Identitätspolitiken*. Bielefeld: transcript Verlag. http://nbn-resolving.de/urn:nbn:de:0168-ssoar-393591 Zugegriffen: 19. Januar 2018

Terkessidis, M. (1998). *Psychologie des Rassismus*. Opladen; Wiesbaden: Westdeutscher Verlag.

Werthern, K. v. (2007). *Knotenpunkt Schulstation. Bildung im Zusammenhang von Familie, Schule und Jugendhilfe*. Saarbrücken: VDM.

Anstelle einer Autor*innenübersicht

Reflexionsbeiträge der Autor*innen und Herausgeber*innen zur Bedeutung der (Selbst-) Positionierung in der Wissenschaft und zum Verhältnis von Theorie und Praxis

Üblicherweise schließt ein Sammelband wie dieser mit einer Übersicht der Autor*innen, einer Aufzählung ihrer Titel, Forschungsschwerpunkte und Tätigkeiten. Stattdessen möchten wir die Autor*innen an dieser Stelle sich selbst mittels der Beantwortung zweier Fragen vorstellen lassen.

Der folgende Beitrag ist dadurch entstanden, dass alle Beteiligten gebeten wurden, auf die gleichen zwei Fragen zu antworten. Die Idee dazu entwickelte sich im Rahmen eines Workshops zur Bedeutung von (Selbst-)Positionierung von Wissenschaftler*innen, zu dem sich die Autor*innen und Herausgeber*innen zu Beginn des Buchprojektes trafen (s. Beitrag: Wer Wissen schafft: Zur Positionierung von Wissenschaftler*innen).

Wir haben uns für zwei Themen entschieden. Zum einen haben wir nach der Bedeutung der eigenen Positionierung für die eigene wissenschaftliche und pädagogische Tätigkeit gefragt. Damit spiegelt er die Themen und Diskussionen, um die es u. a. auf dem Workshop ging, wider und macht Unterschiedlichkeiten und Gemeinsamkeiten der Sichtweisen der Schreibenden sichtbar.

Zum anderen baten wir um Perspektiven zum Verhältnis von Theorie und Praxis (sowie ggf. Kritik an dieser Trennung), da wir die Frage, ob und wie wissenschaftlich generierte Erkenntnisse letzten Endes die pädagogische Praxis verändern können, für grundlegend halten.

Der gemeinsame Beitrag sollte den Autor*innen die Gelegenheit geben, sich auf einer persönlicheren Ebene als dem eigentlichen Beitrag äußern zu können. Ebenso gibt er den Leser*innen die Möglichkeit, an den Erfahrungen und Reflexionen der

Autor*innen teilzuhaben und Impulse für eigene Auseinandersetzungen mit (Selbst-) Positionierung sowie die eigene wissenschaftliche und/oder pädagogische Praxis zu gewinnen. Die Fragen waren folgendermaßen formuliert:

- Welche Bedeutung hat deine eigene Positionierung in Bezug auf deine wissenschaftliche und pädagogische Tätigkeit für dich? (Positionierung)
- Was sind dein Verständnis und deine Erfahrungen bezüglich des Verhältnisses von Theorie und Praxis im Umgang mit Differenz? (Verhältnis Theorie/Praxis)

Mit der Vorstellung der Antworten möchten wir an den zu Beginn formulierten Anspruch des Sammelbandes anknüpfen, das positionierte Wissen der Schreibenden auf selbstbestimmte Weise einzubeziehen und sichtbar zu machen (s. Beitrag: „Wer Wissen schafft: Zur Positionierung von Wissenschaftler*innen")

Wir bedanken uns sehr herzlich bei den Autor*innen für die Bereitschaft, an diesem Format mitzuwirken und ihre Erfahrungen, Perspektiven und Reflexionen zu teilen.

Denise Bergold-Caldwell/Eva Georg:

Positionierung/Verhältnis Theorie/Praxis
Als Autor*innen dieses Sammelbandes entstand die Frage der Positionierung, die bei weitem – je nach Perspektive – keine einfache ist. Die Perspektiven mit denen wir Schreiben und Forschen sind Schwarze feministische, kritische weiße und queere Perspektiven. Unsere Positionierung darin ist jedoch nicht ganz so einfach und unhinterfragbar; Sie verändert sich – zumindest teilweise. Eine Aufzählung aller Kategorien-Zugehörigkeiten erachten wir – nicht nur aus unserer Perspektive – als schwierig. Zu Reflexionszwecken finden wir die Analyse von Privilegien und Nicht-Privilegien sehr angebracht. Aber in der politischen Praxis droht die Analyse der Kategorien, hinter die Analyse der politischen Verhältnisse zu fallen, was wir fatal finden. Wir finden es gut Schwarze und/oder feministische Positionen sichtbar zu machen, queeres Denken und Analysen mitzuführen und anti-ableistische Herangehensweisen zu wählen – besonders in wissenschaftlichen Zusammenhängen. Doch gleichzeitig lässt sich auch sagen, dass wir nicht all diese Kategorien immer auch sichtbar nach außen repräsentieren können. Dies zum einen, weil manche Kategorien eben nicht (immer) sichtbar sind und zum anderen, weil wir beide in mancherlei Hinsicht einfach auch privilegiert sind. Trotzdem wollen wir genau aus diesen Perspektiven Arbeiten, Schreiben, Forschen, Lesen, Lieben und Lachen.

Mart Busche:

Positionierung
Meine Positionierung als geschlechtlich und sexuell flexibel eröffnet eine bestimmte Perspektive auf mein wissenschaftliches und pädagogisches Feld, zuweilen – wie hier in meinem Artikel „All included?" Into what? – Heteronormativitätskritische Perspektiven auf diskriminierungssensible Bildungsarbeit – strukturiert sie auch meinen Zugang und mein Interesse. Ich suche nach Verbindungen und Verbündeten, nach dem im Rahmen dominanter Diskursumgebungen Unpassenden, nach dem Unsprech- oder Lesbaren. Ich bin in vielerlei Hinsicht privilegiert oder ambivalent positioniert: weiß, mit deutschem Pass, überwiegend ablebodied und akademisch ausgebildet, wenn auch ohne akademischen Familienhintergrund. Geschlechtlich und sexuell falsch gelesen zu werden oder schlicht nicht vorzukommen, sorgt hin und wieder für Verletzungserfahrungen, die Fragen aufwerfen: „Verletzt zu werden bedeutet, daß man die Chance hat, über die Verletzung nachzudenken, sich über die Mechanismen ihrer Verteilung klarzuwerden, herauszufinden, wer sonst noch unter durchlässigen Grenzen, unerwarteter Gewalt, Enteignung und Angst leidet und welche Formen dies annimmt." (Butler 2005: 8). Es ist also eine positionierte Wissensproduktion und die kritische Reflexion derselben stellt sowohl ein Moment wissenschaftlicher Verantwortungsübernahme als auch Qualitätssicherung dar. Zugleich ist darin der Wunsch nach einer anderen, gerechteren Wissenschaft eingelagert: „Positionierung ist daher die entscheidende wissensbegründende Praktik, die wie so viele wissenschaftliche und philosophische Diskurse des Westens auch um die Metaphorik des Vision herum organisiert ist. Positionierung impliziert Verantwortlichkeit für die Praktiken, die uns Macht verleihen" (Haraway 1995, S. 87).

Verhältnis Theorie/Praxis
Differenzerfahrungen und Theorien zu Differenz sind für mich so sehr miteinander verquickt, dass die Frage erst mal ein großes Gedankenknäuel in meinem Kopf produziert hat. Wer bin ich, dazu etwas zu sagen, wo doch schon so viele schlaue Leute vor mir dazu geschrieben haben? Gleichzeitig kommt mir die Unterscheidung fragwürdig vor, da ich abstrakte wie alltägliche Theorien auch erlebe und tue und Erlebnisse und Aktivitäten auch denke und davon abstrahiere. Genau genommen – und hier kommt nun eine Theorie zur Umsetzung – wäre mit dem Ansatz der Dekonstruktion die Kategorisierung von Theorie und Praxis zu hinterfragen und auf hierarchisierende Effekte hin zu untersuchen. Akademisch gerahmtes Denken und Schreiben sind zumeist besser bezahlt und angesehen als pädagogisch-praktische oder gar politisch-praktische Tätigkeiten. Und die Akademie tut viel dafür, damit das so bleibt. Kein_e Nachwuchswissenschafler_in

ohne Einschüchterungserfahrungen, keine als „anders" positionierte Person ohne Marginalisierungserfahrungen. Doch nicht verzagen, nicht zuletzt ist deshalb die Allianz von Theorie und Praxis auch ein probates Mittel zur Kritik: Das Streben nach Genauigkeit und das Abbilden von Positionierungen in herrschaftskritischen und differenzsensiblen Analysen geht einher mit dem Verlangen nach einer anderer Art von Wissenschaft, in der auch das vielschichtige, marginalisierte, verwirrende, übersetzungsbedürftige und unmögliche (Erfahrungs-) Wissen einen Platz hat: „Das Ziel sind bessere Darstellungen von Welt, d. h. Wissenschaft" (Haraway 1995, S. 90) und eine umfängliche Umgestaltung der Bedingungen, für nicht den hegemonialen Normen entsprechenden Wissenschaftler_innen, die diese Darstellungen produzieren.

Butler, Judith. 2005. Gewalt, Trauer, Politik. In: Gefährdetes Leben. Politische Essays, 36–68. Frankfurt: Suhrkamp.
Haraway, Donna. 1995. Situiertes Wissen. Die Wissenschaftsfrage im Feminismus und das Privileg einer partialen Perspektive. In: Die Neuerfindung der Natur. Primaten, Cyborgs und Frauen. 73–97. Frankfurt/New York: Campus Verlag.

Isabel Dean:

Positionierung
Die Rolle meiner eigenen Positionierung für meine wissenschaftliche Tätigkeit ist für mich zuerst einmal leichter in der Negation zu bestimmen: Sie stellt für mich keine bloße Aufzählung dar, mittels derer ich verschiedene Differenzmarkierungen und meine damit verbundenen gesellschaftlichen (De-)Privilegierungen offenlege. Eine solche verschriftlichte Bekenntnispraxis finde ich genau dann nicht hilfreich, wenn in einer solchen Aufzählung die Bezüge zu Theorie und Praxis der wissenschaftlichen Reflexion fehlen. Vielmehr verstehe ich meine Positioniertheit als eine Analyseperspektive, mit der ich selbst an meine Forschung herantrete – oft auch, ohne dass meine konkreten Positioniertheiten im geschriebenen Text für die Lesenden in allen Details durchscheinen. Meine eigene Positionierung stellt für mich daher eine Grundlage meines wissenschaftlichen Arbeitens dar, sie verweist auf meine spezifisch situierte Perspektive – und somit auf Aspekte, die mir selbst ganz offensichtlich auffallen, ebenso wie auf solche, die ich nicht so ohne Weiteres wahrnehme. Ich empfinde meine Positioniertheit somit als ein Reflexionswerkzeug, das mir dabei hilft, meine Methodik, meine Fragestellung und die Leerstellen meiner Analyse zu überdenken und immer wieder von Neuem kritisch zu hinterfragen, wieso ich im Verlauf meiner Forschung bestimmte Fragen gestellt, manche verworfen und mich für andere entschieden habe.

Diese spezifischen Schlüsse, die ich in meiner Forschung ziehe, resultieren aus meiner Sicht aber nicht allein aus meinem situierten Blick, sondern genauso auch aus meiner machtkritischen politischen Haltung und der Utopie einer solidarischeren, egalitären und diskriminierungsärmeren Gesellschaft. Beides – Positionierung und politische Haltung – in ihrem miteinander verbündeten Zusammenspiel ernst zu nehmen, bedeutet für mich immer wieder auf's Neue zu versuchen, sensibel für unterschiedliche Erfahrungen und Erzählungen von Diskriminierung und Dominanz zu sein und zu bleiben. Ich möchte daher nicht nur die eigenen Diskriminierungerfahrungen relevant setzen, sondern auch die anderer Personen und Communities, deren Diskriminierung sich von meinen Erfahrungen unterscheidet. Offen für Erfahrungen und Verletzungen anderer zu bleiben, heißt für mich, mich nach Möglichkeit auch mal zurückzunehmen und erst einmal zuzuhören. Hier nicht zu vergleichen oder gar meine Erfahrungen und Verletzungen in Konkurrenz zu denen anderer zu setzen (vgl. Rotter 2017: 62), ist für mich ein zentrales Element einer reflexiven Positionierungspraxis. Ein solcher – offener, zuhörender und solidarischer – Prozess könnte es aus meiner Sicht ermöglichen, auch sehr weit „entfernten Verbindungen" (in Anlehnung an Hügel/Lange 1993) nachzuspüren und hierüber miteinander in Verbindung zu treten.

Verhältnis Theorie/Praxis
Aus meiner Perspektive einer ethnografisch forschenden Kulturanthropologin, die sich vor allem theoretisch-schreibend mit dem pädagogischen Umgang mit Differenz beschäftigt, stellen Theorie und Praxis zwei Seiten einer Medaille dar: das pädagogische Tun und die theoretische Reflexion dieses Tuns. Daher stehen Theorie und Praxis in einem wechselseitigen Verhältnis zueinander. Für die theoretische Forschung ist die pädagogische Praxis der Ausgangspunkt; idealerweise kann sie von den Praktiker*innen viel über den praktischen Umgang mit Differenz lernen. Theoretische Reflexionen des Umgangs mit Differenz können wiederum in die pädagogische Praxis zurückwirken und Veränderungen – zumindest mit – anstoßen, wenn sie sich als praxistauglich und konkret umsetzbar erweisen. Allerdings wird meiner Erfahrung nach diese Einschätzung vonseiten der ‚Praxis' nicht immer geteilt. In der Anfangsphase meiner Forschung habe ich bspw. den Erzieher*innen einer Berliner Kita in einem gemeinsamen Gespräch deren – aus meiner Sicht z. T. von Adultismus und rassistischem Othering geprägten – pädagogischen Praktiken kritisiert. Parallel dazu habe ich ihnen auch mein allmählich wachsendes Verständnis für manche ihrer Maßnahmen mitgeteilt. Meine Rückmeldung stieß bei ihnen jedoch auf Abwehr und Unverständnis; sie wiesen meine Kritik als realitätsfern und unzutreffend zurück. Nichtsdestotrotz blieb ich in vielerlei Hinsicht bei meiner ursprünglichen Einschätzung und meine

kritische Analyse der pädagogischen Praktiken floss in der Folge in Publikationen und die Verschriftlichung meiner Dissertation ein.

Das genannte Beispiel verweist darauf, dass das Verhältnis von Theorie und Praxis eben nicht nur ein wechselseitiges, sondern vor allem auch ein hierarchisches ist; es handelt sich also nicht nur um ein Forschen mit pädagogisch Professionellen, sondern auch ein Forschen über sie. Außerdem unterscheiden sich die Bedingungen und Möglichkeiten der praktischen wie auch der wissenschaftlichen Arbeit stark voneinander. Während die pädagogische Praxis im Umgang mit Differenz unter sofortigem Handlungsdruck steht, können sich Theoretiker*innen Zeit für kritische Reflexionen dessen nehmen, was sie beobachtet, gehört und selbst getan haben. Nicht zuletzt liegt in Bezug auf die Veröffentlichung von gewonnenen Erkenntnissen das letzte Wort bei den Theoretiker*innen. Sie entscheiden, wie und was sie über den Umgang mit Differenz und Diskriminierung (der pädagogisch Professionellen) schreiben. Mit ihren daraus resultierenden Publikationen besteht zudem einseitig die Möglichkeit für sie, sich (wissenschaftlich) zu profilieren.

Aus meiner Sicht ist es kaum möglich, das hier beschriebene Machtverhältnis zwischen Theorie und Praxis zu überwinden – es sollte aber zumindest im Analyse- und Schreibprozess mit reflektiert werden. Umso wichtiger finde ich daher, den pädagogisch Professionellen sowohl in der Forschung als auch in der anschließenden Analyse und Verschriftlichung fair zu begegnen, die Beweggründe und Hindernisse ihres Handelns sowie die strukturellen Rahmenbedingungen ihrer Arbeit aufzuzeigen und diskriminierende Praktiken offen und konstruktiv auf positive Veränderungen hin zu thematisieren. Auch wenn ich mittlerweile nicht mehr den Anspruch habe, meine Forschungsergebnisse direkt den pädagogisch Professionellen zurückzuspiegeln, so erhoffe ich mir doch, zum wissenschaftlichen Diskurs über den Umgang mit Differenz beizutragen und so langfristig mit einigen meiner Anregungen und meiner Kritik in die Aus- und Weiterbildung von pädagogisch Professionellen hineinzuwirken.

Hügel, I. & Lange, C. (Hrsg.). (1993). Entfernte Verbindungen. Rassismus, Antisemitismus und Klassenunterdrückung. Berlin: Orlanda.
Rotter, P. V. (2017). Verstrickungen und Verbindungen. Jalta. Positionen zur jüdischen Gegenwart 01/2017 (01/5777): Selbstermächtigung. Hrsg. von Micha Brumlik, Marina Chernivsky, Max Czollek, Hannah Peaceman, Anna Schapiro & Lea Wohl von Haselberg, (58–72).

Dirk Eilers:

Positionierung
Welche Bedeutung hat deine eigene Positionierung in Bezug auf deine wissenschaftliche und pädagogische Tätigkeit für dich? Eine Grundlegende. Meine gesellschaftliche Positionierung in Bezug auf soziale Klasse ist zugleich Erfahrungszugang, wie auch Hemmnis und Ausschluss. Sie hat sowohl eine objektive als auch eine subjektive Dimension. Ich versuche damit umzugehen indem ich mir eine Distanz aus der Nähe des Themenfeldes herausarbeite und so die strukturellen Bedingungen für mein individualisiertes Erleben besser verstehen kann. Im Sinne der feministischen Epistemologie habe ich aufgrund meiner Alltagserfahrungen ein Erkenntnisprivileg in Bezug auf Klassismus, muss mir aber einen Standpunkt erarbeiten. Dabei hilft mir Theoriearbeit und der kritisch-konstruktive Dialog mit anderen, die über ähnliche oder widersprüchliche Klassismuserfahrungen verfügen. Dieser Dialog ist getragen von intersektionaler Solidarität (u. a. als ein Gefühl der Verbundenheit) und trägt so dazu bei „Schüler*in eigener Erfahrungen" zu werden.

Verhältnis Theorie/Praxis
Ich bin mir nicht sicher ob ich die gängige Unterscheidung zwischen Theorie und Praxis teile, da ich oft an Übergängen arbeite, die diese Dichotomie so nicht zulassen. Wenn ich es dennoch definieren muss bedeutet Praxis für mich Nähe, Theorie Distanz. Ich brauche beides, beides erscheint mir wichtig in meiner Auseinandersetzung mit Differenz. Bezogen auf das Verhältnis von Theorie und Praxis nehme ich verschiedene Problemfelder wahr. Auf der einen Seite sind da die Ernüchterung und eine gewisse Ratlosigkeit, wenn Analysen und Perspektiven die Sphäre der Theorie verlassen und versuchen in die Praxis überzugehen. Von der anderen Seite aus fehlen oft der Raum und die notwendige Distanz, um sich mit kontraintuitiven Inhalten auseinanderzusetzen und nicht zu schnell vermeintliche Evidenzen zuzulassen. Pierre Bourdieu hat als Antwort auf eine ähnlich gelagerte Problematik den Begriff der „engagierte Wissenschaft" geprägt und für die Aufhebung der Trennung zwischen „scholarship" und „commitment" plädiert indem er sich für ein „scholarship with commitment" stark gemacht hat. Darin bietet sich für mich eine Möglichkeit das Verhältnis von Theorie und Praxis anders zu denken.

Hanna Mai:

Positionierung
Meine Positionierung als Frau of Color stellt eine wichtige Motivationsquelle dar, um mich mit gesellschaftlichen Ungleichheitsverhältnissen, Rassismuskritik,

Postkolonialer Theorie, kritischem Weiß-Sein und Migrationspädagogik zu beschäftigen. Dabei war ich, auch aufgrund eines Teils akademischen Hintergrunds meiner Eltern, in der privilegierten Situation, die Wahl meines Studiums meinen Interessen entsprechend treffen zu können. Dort hatte ich die Möglichkeit, mich intensiv mit Fragen zu befassen, die mich schon vor dem Studium beschäftigten und eigene Erfahrungen zu theoretisieren, in einen größeren Kontext einzuordnen und zu verstehen.

Als ich anfing ‚Interkulturelle Pädagogik' zu studieren, wurden in dem Fach zunehmend rassismuskritische Perspektiven rezipiert, die ähnliche kritische Fragen aufwarfen, wie ich sie mir stellte, etwa nach der Rolle der Anderen als Objekt und Subjekt von Forschung. Mich faszinierten postkoloniale (und) feministische Theorien und Wissenschaftskritik, da sie eine Form boten, das Wissen von Minorisierten – Wissen, das ich auch in meiner Familie als präsent erlebte – als wissenschaftliches Wissen über Machtverhältnisse anzuerkennen. Ich lernte aber auch, dass als Frau of Color wissenschaftlich zu Rassismus zu arbeiten die Gefahr mit sich bringt, dass meine Arbeit als ‚zu betroffen' bezeichnet und damit nicht anerkannt wird. Ja, ich empfinde es als Herausforderung, mich nicht auf meinen Erkenntnissen ‚auszuruhen', sondern sie immer wieder zu hinterfragen. Nicht die Differenzdimensionen, mit denen ich mich am intensivsten beschäftigt habe, für am relevantesten zu halten und offen zu sein für anderes Wissen und andere Perspektiven. Vor dieser Herausforderung stehen jedoch m. E. alle Menschen, die ihre Forschungsschwerpunkte ihren Interessen entsprechend wählen konnten. Gesellschaftliche Machtverhältnisse strukturieren wissenschaftliche Arbeit (-sfelder) jedoch auch dahin gehend, dass nicht jede biografische Involviertheit in gleicher Weise bewertet wird. So kenne ich weiße deutsche Männer, die zum Nationalsozialismus forschen, auch weil sie die Rolle ihrer Eltern oder Großeltern in dieser Zeit beschäftigt, die jedoch nicht die Erfahrung machen, dass ihre Arbeit mit dem Vorbehalt, sie seien ‚zu betroffen' konfrontiert und damit ihre Wissenschaftlichkeit in Frage gestellt wird.

Verhältnis Theorie/Praxis
Die Unterscheidung zwischen Theorie und Praxis sehe ich kritisch, da auch in dem was als Praxis bezeichnet wird Theorien, entstehen, während auch Theoriebildung eine Praxis darstellt. Ich finde die Unterscheidung jedoch hilfreich, um zwei Arbeitsbereiche zu kennzeichnen, die sich tatsächlich in mancher Hinsicht voneinander unterscheiden. Dies ist zum einen eine an Hochschulen und Universitäten verortete wissenschaftliche Auseinandersetzung mit erziehungswissenschaftlichen Fragen und zum anderen die tägliche pädagogische Arbeit z. B. an Schulen, Einrichtungen der Sozialarbeit oder der außerschulischen Bildungsarbeit.

Einen Wechsel zwischen meinen eigenen theoretischen und praktischen Arbeitsbereichen erlebe ich manchmal, als würde ich zwischen verschiedenen Zeitdimensionen wechseln. Während im Rahmen einer Forschungsarbeit Monate zur Verfügung stehen können, um sich in aller Tiefe mit einer Frage zu befassen, sind es im alltäglichen pädagogischen Handeln Sekunden, die zur Verfügung stehen, um die gleiche Frage zu beantworten und in einer Situation reagieren zu können. Die knappe Zeit ist dabei nicht nur der Handlungsebene, auf der Praxis stattfindet, geschuldet, sondern auch materiellen Bedingungen der Praxis (z. B. Arbeit in Projekten, die regelmäßig neu beantragt werden müssen oder personelle Unterbesetzung). Darüber hinaus beobachte ich ein gegenseitiges Unverständnis zwischen Theorie und Praxis: „Wie kann es sein, dass in der Praxis immer noch mit Theorien der Ausländerpädagogik der 1980er Jahre gearbeitet wird?" Und andersherum: „Ist ja schön und gut, was da Schlaues geforscht wird, aber wie sollen wir das bitte im Alltag (auch noch) umsetzen?" Um die Bedingungen zu schaffen, um Theoriewissen in die Praxis zu transferieren ist es m. E. notwendig, der Praxis mehr Zeit zu geben, etwa Reflexionsräume und -zeiten, eine bessere finanzielle Absicherung und personelle Aufstellung, Zeit für Supervision und Fortbildungen. Mehr Zeit bzw. eine Auseinandersetzung mit Zeit könnte auch zum gegenseitigen Verständnis zwischen Theorie und Praxis beitragen. Wenn Forschende verstehen, dass es für Praktiker*innen funktional ist, nach konkreten Werkzeugen zu fragen und wenn Praktiker*innen erfahren können, dass sie wissenschaftliche Erkenntnisse tatsächlich zur Weiterentwicklung ihrer Arbeit nutzen können.

Thorsten Merl:

Positionierung

Als jemand, der in erster Generation seiner Familie ein Gymnasium besucht (und ohne Abitur wieder verlassen) hat, studiert hat und promoviert, verstehe ich meinen beruflichen Werdegang als zumindest erwartungswidrigen Bildungsaufstieg, mit dem zugleich fortwährend die Erfahrung der Nicht-Zugehörigkeit im akademischen Milieu einhergeht. Aufgrund meiner Herkunft verstehe ich meine wissenschaftliche Tätigkeit deshalb auch als eine politische Tätigkeit, die nicht nur darin besteht, vermeintlich selbstverständlich einen Platz im akademischen Milieu zu besetzen, sondern vor allem auch darin, Personen im wissenschaftlichen Feld zu fördern, die hinsichtlich ihrer sozialen Positionierung strukturell deprivilegiert sind. Auch betrachte ich es als politische Praxis, meine eigene soziale Herkunft, (die sich u. a. im sprachlichen Ausdruck zeigt) in Vorträgen und Lehrveranstaltungen als Ausdruck eines selbstverständlich heterogenen akademischen Milieus zum Ausdruck zu bringen. Darüber hinaus führt mein eigenes

Scheitern am Gymnasium dazu, dass meine Forschungstätigkeit von dem Interesse geleitet ist, Erkenntnisse für weniger ausschließende Schulen zu generieren.

Verhältnis Theorie/Praxis
Theoretische Perspektiven auf Differenz erlauben es, etwas als etwas Bestimmtes erklären zu können: So erscheint vor dem Hintergrund theoretischer Perspektiven beispielsweise eine situative individuelle Erfahrung als sozialstrukturell konstituiert (bspw. ein verletzender Kommentar als klassistisch diskriminierend). Damit bleibt die (Diskriminierungs-)Erfahrung zwar eine individuell wahrgenommene, sie wird zugleich aber als eine Erfahrung verständlich, die nicht singulär ist, sondern auf hierarchischen gesellschaftlichen Machtverhältnissen beruht und somit die rein situative Erfahrung überschreitet. (Differenz-)Theorie ermöglicht also das je Konkrete umfassender zu erklären und bietet so Orientierung für die Praxis. Dabei ist zugleich eine kritische Perspektive auf die theoretischen Angebote jener mit Differenz befassten Disziplinen notwendig, da diese nicht lediglich existierende Phänomene objektiv beschreiben: Die wissenschaftliche „Beschäftigung mit alltagsweltlich konstruierten sozialen Differenzkategorien stellt diese nicht nur immerzu erneut her, sondern reifiziert damit potentiell zugleich auch die soziale Wirkmächtigkeit dieser Konstrukte" (Diehm et al. 2010, S. 79; Hervorhebung im Original). Ein professioneller pädagogischer Umgang mit Differenz bedarf deshalb sowohl des erklärenden Rückgriffs auf allgemeine (Differenz-)Kategorien, als auch der kritischen Reflexion dieser Kategorien und der verstehenden Rekonstruktion des jeweiligen Einzelfalls in der pädagogischen Praxis (vgl. Helsper 2004, S. 72).

Maryam Mohseni:

Positionierung
Meine eigene Positionierung war und ist eine bedeutende Kraftquelle für mein wissenschaftliches Tun und mein Interesse an rassistischen, sexistischen und klassistischen Herrschaftsverhältnissen. Erkenntnisprozesse über meine Positionierung als Frau of Color ohne deutschen akademischen Familienhintergrund beinhalten für mich sowohl eine kraftschöpfende Befreiungspraxis als auch eine schmerzhafte Lernerfahrung. Mich im Kontext weiße Universität zu bewegen ist für mich mit verschiedenen Spannungsverhältnissen verbunden. Die Universität ist für mich kein Wohlfühlraum, sondern ein Raum, geprägt von Erfahrungen der Marginalisierung, des Schmerzes und der Ohnmacht ebenso der Wut, des Kampfes und Widerstandes. Eng an meine Positionierung geknüpft ist für mich mein Wunsch und mein politisches Engagement für eine gerechtere Gesellschaft. Meine tägliche pädagogische Praxis ist von dem Anliegen motiviert, als eine der wenigen Lehrer*innen of Color empowernd auf Schwarze Schüler*innen und

Schüler*innen of Color zu wirken. Dies gelingt mir unter den Bedingungen rassistischer Verhältnisse mal mehr und mal weniger.

Verhältnis Theorie/Praxis
Wenn ich an meine eigenen bewussten Begegnungen mit Theorie(n) zurückdenke, dann war eine treibende Kraft darin die Suche nach Erklärungen für mein vages Empfinden von Ungerechtigkeit verbunden mit dem Wunsch, mich selbst und meine Erfahrungen (be-)greifbar zu machen. Theorie verstehe ich deshalb als eine Befreiungspraxis, wie bell hooks es treffend formuliert hat, die direkt zum Schmerz sprechen und ein Ort der Heilung sein kann:

> I came to theory because I was hurting – the pain within me was so intense that I could not go on living. I came to theory desperate, wanting to comprehend – to grasp what was happening around and within me. Most importantly, I wanted to make hurt go away. I saw in theory then a location for healing (hooks 1994: 59).

Mit meiner wissenschaftlichen Arbeit geht es mir in Anlehnung an eine kritische Gesellschaftstheorie (vgl. Lösch 2013) darum, Wissen zu produzieren, das zum Abbau rassistischer Verhältnisse beitragen kann. Theorieentwicklung verstehe ich dabei in Anlehnung an bell hooks als eine „liberatory practice" (hooks 1994: 92), die den oft konstruierten Dualismus zwischen Theorie und Praxis aufzubrechen sucht. Theorie ist der Versuch, „to understand both the nature of our contemporary predicament and the means by which we might collectively engage in resistance that would transform our current reality" (hooks 1994: 92). Theorie bietet mir nicht nur die Möglichkeit, aktuelle Herrschaftsverhältnisse zu verstehen, sondern auch Impulse für Widerstandsmöglichkeiten gegen diese Verhältnisse zu finden.

Als pädagogisch Tätige erlebe ich eine große Kluft zwischen machtkritischen Theorien und meiner Alltagspraxis. Ich stehe ich oft selbst dem Unvermögen gegenüber, meinen Ansprüchen im System Schule gerecht werden zu können. Räume, um genau über diese Kluft zu sprechen und Möglichkeiten zu suchen, Brücken zwischen Theorie und Praxis zu bauen, könnten hilfreich sein.

Juliane Spiegler:

Positionierung/ Verhältnis Theorie/Praxis
Es mag ausweichend wirken, wenn ich behaupte, dass für mich in beruflichen Situationen häufig gar nicht meine eigene Positionierung bzw. meine Idee davon, sondern die von ‚anderen' vorgenommenen Zuschreibungen und Verortungen von größerer Relevanz waren und eventuell noch sind. In meiner Wahrnehmung war

in universitären Zusammenhängen für mich ein ‚Positioniertwerden' kaum mit entsprechenden Verhandlungen, auch nicht um dazugehörige Verständnisse und Haltungen verbunden. Dass dies selbst an Universitäten schnell, ständig und unreflektiert passiert und dass diese höchst hierarchisch organisiert sind, gehört zu den ersten Erfahrungen meines Lehramtsstudiums. Derzeit bin ich aufgrund eines Stipendiums nicht als Mitarbeiter_in an meinem Institut beschäftigt und dadurch vielleicht nicht ganz so stark in universitäre (Macht-)Strukturen eingebunden, ich arbeite allerdings als Tutor_in in einem mehrwöchigen Praktikum für Lehramtsstudierende. Daraus ergibt sich die folgende, absolut subjektive und verkürzte Momentaufnahme:

Das Theorie-Praxis-Verhältnis scheint in der universitären Lehrer_innenbildung eine dauerhafte Anforderung darzustellen, wobei meiner Meinung nach mit Blick auf ‚Differenz' hier auf eine besondere Eigenheit hinzuweisen ist. Die fortdauernd an das Lehramtsstudium gestellte Forderung nach Praxis (-relevanz), führt zu konkreten Erwartungen an die universitäre Lehre. Was im Rahmen von Seminaren und Vorlesungen passiert, soll möglichst gut auf den Alltag als Lehrer_in vorbereiten, wodurch Lehrveranstaltungen, die beispielsweise einen theoretischen Fokus haben, von Studierenden als entbehrlich wahrgenommen werden. Theorie(-lektüre), die auf den ersten Blick keinen unmittelbaren Nutzen für die zukünftigen Aufgaben als Lehrer_innen hat, wird ein Eigenwert abgesprochen und Wissenschaft und Forschung werden so einer Praxisorientierung untergeordnet. Ob und inwiefern beispielsweise aktuelle Trends wie ‚Kasuistik' oder ‚Forschendes Lernen' im Rahmen des Lehramtsstudiums ebenfalls dazu beitragen und nicht weiterhin auch dazu führen, dass schulische Formate und Praktiken mehr und mehr Zugang in die Universität finden, kann kritisch diskutiert werden. So wirkt Schule bis in das Studium hinein und sorgt dafür, dass Studierende sich in der Universität, aber eigentlich weiterhin in der Schule befinden. Meines Erachtens scheint das im Kontext von ‚Heterogenität' (die schulpädagogische, unscharfe Übersetzung von ‚Differenz') im besonderen Maße zuzutreffen, wenn das Ziel von universitären Veranstaltungen etwa darin besteht, Lehramtsstudierende „bereits während des Studiums besser auf den Umgang mit Heterogenität und auf Individualisierung im Unterricht" vorzubereiten und zu „zeigen, dass Heterogenität im Klassenzimmer keine Belastung sein muss". Ist der Schwerpunkt allerdings ein theoretischer, werden zum Beispiel (de-)konstruktivistische Theorien besprochen, schulische Normen infrage gestellt oder dortige Machtverhältnisse und deren (Re-)Produktion thematisiert, steht dies meiner Einschätzung nach im Widerspruch mit der Absicht, etwaige Handlungsempfehlungen zum ‚Umgang mit Heterogenität' zu formulieren, wenngleich ich nachvollziehen kann, dass vielleicht bei Studienanfänger_innen der Wunsch danach besteht, gerade wenn derzeit anscheinend fortwährend ‚die Anforderungen der Inklusion' medial aufgegriffen werden.

Das durch theoretische Perspektiven geleitete Hinterfragen von binären Ordnungen und Ungleichheitsverhältnissen mag für Studierende (wie Dozierende, die sich im Rahmen einer universitären Lehrveranstaltung ja selbst in einem entsprechenden Verhältnis befinden) unbequem sein und zu Unsicherheiten führen – und so scheint ein unkritischer Rekurs auf eigene schulische oder in Praktika gewonnene Erfahrungen über ‚die mit Migrationshintergrund', ‚die I-Kinder', ‚die Jungen' und das daraus abgeleitete vermeintliche Wissen als Legitimierung von Positionszuweisungen resp. entsprechenden Praktiken ausreichend, überzeugend oder zumindest einfacher zu sein. Unterricht ist aber maßgeblich durch Unsicherheiten gekennzeichnet, insbesondere im Kontext von ‚Differenz' und so müssen Lehramtsstudierende als zukünftige Lehrer_innen verstehen und aushalten können, dass auch sie in der Schule unweigerlich in nicht-auflösbaren Spannungs- und Machtverhältnissen gefangen sind, die sie zugleich erst schaffen.

Florian Weitkämper und Tom Weidenfelder:

Positionierung
Es bietet die Möglichkeit sich als forschende Person sichtbar zu machen und dem eigenen Wissenschaftsverständnis Ausdruck zu verleihen. Das bedeutet für uns, unsere eigenen Sichtweisen und Überzeugungen im Forschungsprozess und pädagogischen Berufsalltag reflexiv zu durchdringen, um einen kritisch-reflexiven und differenzierten Blick auf Feinheiten und Details von sozialen Phänomenen und Prozessen entwickeln zu können. Dies ist u. E. insbesondere mit teilnehmend-beobachtendem Forschen unumgänglich verwoben, welches die Reflexion der eigenen Involviertheit im Prozess hervorhebt. Im Anschluss an Haraway (1995) und Harding (1994) begreifen wir uns als Forschende selbst historisch, sozial und kulturell unterschiedlich situiert und verstehen uns als Teil einer (erziehungswissenschaftlichen) scientific community, die bestimmte Traditionen und Denkweisen pflegt. Dementsprechend begreifen wir uns als Nachwuchswissenschaftler in einer privilegierten Position, von der aus wir über ‚Andere' – meist nicht der community-Zugehörige – sprechen. Gleichzeitig werden unsere Interessen und Erkenntnisse vorwiegend im Zusammenhang mit einem fertigen, qualifizierenden Produkt gebracht und weniger im Kontext ihres (teils prekären) Entstehungszusammenhangs thematisiert.

Verhältnis Theorie/Praxis
Im Rahmen unserer Lehr- und Forschungstätigkeiten als akademische Mitarbeiter einer (bildungswissenschaftlichen) Hochschule spielt die Reflexion des Verhältnisses von Theorie und Praxis im Umgang mit Differenz eine tragende Rolle. Insbesondere im Austausch mit Studierenden zielen wir darauf ab ein wechselseitiges und ineinander verschränktes Verständnis von Theorie und Praxis zu vermitteln, um davon ausgehend einen fachlich angemessenen Umgang mit Differenz gemeinsam zu diskutieren. Das Ziel sehen wir dabei in der Etablierung einer kritisch-distanzierten Haltung bei Studierenden und sie anzuregen, die Bedeutung von Differenzkonstruktionen und -verhältnissen für sich selbst zu hinterfragen. Dadurch sehen wir die Möglichkeit zur Professionalisierung von Studierenden bzw. zukünftigen pädagogischen Fachkräften beizutragen und in der Planung und Veränderung pädagogischer Praxis zu berücksichtigen. Dieses Ansinnen stellt für uns zugleich eine zentrale Herausforderung in der Lehre dar, weil wir Studierenden dekonstruktive Perspektiven auf soziale Phänomene und Prozesse der Kategorisierung näher bringen wollen und gleichzeitig (aufgrund von Komplexitätsreduktion und Simplifizierung) nicht ausschließen können, dadurch auch gesellschaftliche Differenzen zu reifizieren und zu reproduzieren. Wir betrachten deswegen das Verhältnis von Theorie und Praxis im Umgang mit Differenz als ambivalent, das es nicht aufzulösen gilt, sondern vielmehr als Reflexionsangebot zu verstehen und zu nutzen ist.

Druck:
Canon Deutschland Business Services GmbH
im Auftrag der KNV-Gruppe
Ferdinand-Jühlke-Str. 7
99095 Erfurt